# الإشراف التربوي
### - بين النظرية والتطبيق-

# الإشراف التربوي

## - بين النظرية والتطبيق -

تأليـف

## هشام يعقوب مريزيق

ماجستير إدارة تربوية

- الجامعة الأردنية -

الطبعة الأولى

2008م - 1429هـ

محفوظة جميع الحقوق

المملكة الأردنية الهاشمية

رقم الإيداع لدى دائرة المكتبة الوطنية (2007/11/3356)

رقم التصنيف: 370.2
مريزيق، هشام يعقوب

الإشراف التربوي - بين النظرية والتطبيق

المؤلف ومن هو في حكمه: هشام يعقوب مريزيق

بيانات الناشر: عمان- دار الراية للنشر والتوزيع، 2008.
عدد الصفحات (288)
ر.أ: (2007/11/3356)
الواصفات: /الإدارة التربوية//التربية//التعلم/
ردمك: ISBN 978-9957-499-09-9
* تم إعداد بيانات الفهرسة والتصنيف الأولية من قبل دائرة المكتبة الوطنية.

دار الراية للنشر والتوزيع

شارع الجمعية العلمية الملكية - المبنى الاستثماري الأول للجامعة الأردنية

هاتف 5338656 (9626)

فاكس 5348656(9626) نقال 962 79685200 ص.ب 366

الجبيهة الرمز البريدي 11941 عمان- الأردن
E-mail: dar_alraya@yahoo.com

# الإهداء

- إلى روح والدتي الطاهرة - رحمها الله تعالى - التي سهرت الليالي الطِّوال لأنام قرير العين بدفئها وحنانها الكبير.

- إلى والدي الحبيب الذي علّمني أنّ من سار على الدرب وصل.

- إلى شريكة الحياة المنتظرة ونصفي الآخر، رفيقة العمر القادم السعيد.

- إلى شموع حياتي أخوتي الأعزاء الأحبة.

- إلى شهداء فلسطين الحبيبة الذين قدموا أرواحهم قرابين على مذبح الوطن السليب.

- إلى بلدتي الوادعة الجميلة (بيت جبرين - الخليل) التي دمّرتها أيادي الغدر في 1948/10/27م.

هشام

# دعاء

اللهم أهدنا ووفقنا إلى الحق وإلى طريق مستقيم، ببركة القرآن العظيم، وبحرمة من أرسلته رحمة للعالمين، وأعف عنا يا كريم، وعافنا يا رحيم، اللهم ارزقنا بكل حرف من القرآن حلاوة، وبكل كلمة كرامة، وبكل أية سعادة، وبكل سورة سلامة، وبكل جزء جزاءً، اللهم ارزقنا القناعة، اللهم حببنا في صلاة الجماعة، اللهم ذكرنا يا مولانا بالموت كل ساعة، اللهم احشرنا يا ربنا مع النبي المصطفى صاحب الشفاعة، اللهم إنّا نعوذ بك من علم لا ينفع، ومن قلب لا يخشع، ومن عين لا تدمع، ومن نفس لا تشبع، ومن دعاء لا يسمع.

اللهم إني أسألك علماً نافعاً وقلباً خاشعاً ولساناً ذاكراً شاكراً وعملاً صالحاً متقبلاً ويقيناً صادقاً، اللهم اجعلنا نخشاك كأننا نراك، وأسعدنا بتقواك، ومتعنا برؤياك، واجمعنا بنبيك ومصطفاك، اللهم اختم بالباقيات الصالحات أعمالنا، اللهم ارفع مقتك وغضبك عنا، ولا تؤاخذنا بما فعلنا، اللهم طهّر قلوبنا وأزِل عيوبنا واكشف كروبنا وتولّنا بالحسنى واجمع لنا خير الآخرة والأولى، اللهم اكفنا شر ما أهمنا وغمنا، اللهم اجعل القرآن لنا في الدنيا قريناً وفي القبر مؤنساً وعلى الصراط نوراً وفي القيامة شفيعاً وإلى الجنة رفيقاً ومن النار ستراً وحجاباً والى الخيرات كلها دليلاً وإماماً بفضلك وجودك وكرمك يا أكرم الأكرمين.

اللهم إنك عفو تحب العفو فاعف عنا، اللهم أحسن عاقبتنا في الأمور كلها وأجرنا من خزي الدنيا وعذاب الآخرة، اللهم يا حي يا قيوم برحمتك نستغيث فلا تكلنا إلى أنفسنا طرفة عين ولا أقل من ذلك ونسألك اللهم الفوز بالجنة والنجاة من النار، اللهم اقسم لنا من خشيتك ما تحول به بيننا وبين معصيتك ومن طاعتك ما تبلغنا

به جنتك ومن اليقين ما تهون به علينا مصائب الدنيا ومتعنا اللهم بأسماعنا وأبصارنا وقواتنا أبداً ما أبقيتنا واجعله الوارث منا واجعل ثأرنا على من ظلمنا وانصرنا على من عادانا ولا تجعل مصيبتنا في ديننا ولا تجعل الدنيا أكبر همنا ولا مبلغ علمنا ولا إلى النار مصيرنا واجعل الجنة هي دارنا وقرارنا، اللهم آتنا في الدنيا حسنة وفي الآخرة حسنة وقنا عذاب النار، سبحان ربك رب العزة عما يصفون وسلام على المرسلين والحمد لله رب العالمين.

هشام مريزيق

# المحتويات

| الموضــــــوع | الصفحة |
| --- | --- |

الفصل الخامس

تدريب المعلمين أثناء الخدمة

الفصل السادس

تحليل عملية التدريس

# مقدمة

الحمد لله رب العالمين حمداً كثيراً كما يحب ربنا ويرضى، والصلاة والسلام على نبينا وحبيبنا وقائدنا ومعلمنا رسول الله إلى الناس أجمعين محمد صلى الله عليه وعلى آله وصحبه وسلم، أما بعد...

فلم يعد التعليم اليوم مجرد مؤسسات تمنح شهادات تؤهل الطالب لإيجاد وظيفة أو للتفاخر أمام زملائه وجيرانه بأنه متعلم، بل هو اليوم - مع التطور العلمي ومستجدات الثورة التقنية - جزء من الأمن القومي للشعوب، فالتعليم والمعرفة العلمية اليوم هما عماد نهضة المجتمعات، حيث لم تعد قوة الدول تحسب بعدد قواتها المسلحة أو عدد دباباتها وطائراتها، بل بعدد علمائها ومفكريها وبنوعية المعرفة السائدة في المجتمع وحالة جامعاتها ومعاهدها العلمية، وكثير من دول العالم اليوم تتبوأ المكانة الأولى في العالم ليس لأنها قوية في عدد جيوشها وعدتها بل بعلومها ومعارفها وبرقي جامعاتها ومراكزها البحثية.

وحتى يؤدي التعليم رسالته يجب أن يكون تعليماً عصرياً منفتحاً على علوم العصر دون تجاهل الهوية الثقافية، وأن يكون في مناهجه والمواد التي تُدرس وأساليب التدريس وأدواته، تعليماً يُخرج أجيالاً من المتعلمين ذوي العقول المتفتحة والأخلاق الرفيعة، أجيالاً متشبعة بروح الإبداع والابتكار والنقد البناء والأخلاق والقيم الأكاديمية، يُخرج حملة شهادات يحتاجهم المجتمع ويطلبهم سوق العمل، لا حملة شهادات في تخصصات لا علاقة لها بسوق العمل ومتطلبات المجتمع.

التعليم لم يعد اليوم مجرد مؤسسات تمنح شهادات تساعد حامليها على ولوج سلك الوظيفة، بل هو اليوم أساس نهضة وتقدم الأمم، والأمم المتقدمة اليوم تعتبره جزءاً من أمنها القومي، لأنه بالتعليم يتم خلق رجالات المستقبل وقادة الأمة، والدول

الحريصة على مستقبل الأمة هي التي ترفع من مستوى التعليم وخصوصاً في الجامعات، وهي التي تحترم التخصصات وتنأى بنفسها عن التدخل في الشؤون الأكاديمية إلا على مستوى توفير حرية البحث للطالب والأستاذ.

فلو تناولنا المدرس كمثال لتوضيح ما سبق، لوجدنا بأن العملية التي يتم من خلالها تبصر المدرس لمعالم دوره تشمل ذكرياته السابقة، وخبراته الخاصة، وما يواجهه من انتقادات، فتتشكل لديه معرفة ما عن طبيعة الأدوار المنوطة به، لكن قد تواجهه صراعات حول طبيعة التصرف الأنسب تجاه الطلبة والمديرين وأولياء الأمور ومشرفي التربية، فكل واحد من هؤلاء لديه توقعات مختلفة يؤمل تحققها عند تعامله مع المدرس.

ومع أن المعلم يعتبر من العناصر الرئيسة والفاعلة للنظام المدرسي، إلا أن دوره ليس ثابتاً بل متغيراً باستمرار، فقد يكون إضافة إلى كونه مدرساً زوجاً أو أباً أو شاعراً أو رياضياً، فتختلف بذلك أدواره بحسب المكان الموجود فيه ويتصرف وفقاً للموقف.

ومن ناحية أخرى يحتاج المعلم إلى تنظيم نفسه والقيام بأدواره حسب توقعات الآخرين تجاهه أو ما يسمى لزوميات الدور Role Incumbents فتوقعات الطلبة تختلف عنها لدى المديرين والآباء والمشرفين وغيرهم.

أما على الصعيد الإجرائي فإن أبرز ملامح دور المدرس داخل أسوار المدرسة يتمثل بالدور التدريسي التلقيني {الدور الرعوي Pastoral role} بمعنى الرعاية والعناية بالتلاميذ إلى جانب ما ظهر من اصطلاحات عصرية لعمل المدرس كالمدرس المستشار Teacher-counsellor، والمدرس الأخصائي الاجتماعي Teacher-social-worker، وغيرها.

وقد جاء هذا الكتاب {الإشراف التربوي بين النظرية والتطبيق} ليناقش قضية تربوية هامة تسهم - عند توظيفها في الميدان التربوي كما ينبغي - في مساعدة المعلم على تحسين سلوكه التدريسي- والقيام بواجباته خير قيام، بالإضافة إلى إسهامها في تذليل

الصعوبات والتحديات التي تواجه المعلم في حياته المهنية، وتتمثل هذه القضية في عملية الإشراف التربوي على المعلمين، وقد تم تحليل عملية الإشراف التربوي ضمن هذا الكتاب بأسلوب يراعي التدرج في الخوض في هذا الميدان ليسهل فهمه وإدراكه، لذا تم تقسيم هذا الكتاب إلى ثمانية فصول يناقش كل فصل منها جانباً من جوانب العملية الإشرافية.

ففي الفصل الأول {مدخل نظري إلى الإشراف التربوي} تمت مناقشة مواضيع نظرية تشكل مقدمة عامة في الإشراف التربوي وهي: تعريف الإشراف التربوي، و تطوره، و الحاجة إليه، أما الفصل الثاني {النظرية في الإشراف التربوي} فقد تناول تطور الإشراف التربوي تبعاً لتطور النظريات الإدارية، فقد تمت مناقشة الإشراف ونظرية الإدارة العلمية، والإشراف وحركة العلاقات الإنسانية،والإشراف ونظرية الإدارة العلمية الجديدة، والإشراف التشاركي، وإشراف المصادر البشرية، والإشراف الإكلينيكي.

وفي الفصل الثالث {مصادر السلطة للإشراف التربوي}، تم مناقشة مفهوم السلطة،وتعرّف المصادر التي يستند عليها المشرف التربوي لممارسة سلطاته، وهذه المصادر هي: السلطة البيروقراطية، والسلطة الشخصية، والسلطة التقنية العقلانية (التكنوعقلانية)، والسلطة المهنية، والسلطة الأخلاقية، وفي الفصل الرابع {أساليب الإشراف التربوي} تم مناقشة الأساليب الفردية والجمعية في الإشراف التربوي بما تحويه من أنواع ومسميات مختلفة.

وفي الفصل الخامس {تدريب المعلمين أثناء الخدمة} تم مناقشة عدة مواضيع فرعية في هذا المجال هي: مفهوم تدريب المعلمين أثناء الخدمة، و مراحل بناء برنامج تدريب المعلمين أثناء الخدمة، و أهمية تدريب المعلمين أثناء الخدمة، و أهداف برامج تدريب المعلمين أثناء الخدمة، و الاحتياجات التدريبية للمعلمين، و الخصائص

[السمات] الواجب توافرها في برامج تدريب المعلمين أثناء الخدمة، و التحديات التي تواجهها برامج تدريب المعلمين أثناء الخدمة، و أساليب التدريب المتبعة في برامج تدريب المعلمين أثناء الخدمة، و تقييم برامج تدريب المعلمين أثناء الخدمة.

وفي الفصل السادس {**تحليل عملية التدريس**} تم استعراض مفهوم وأساسيات التعليم الفعال، و أسس التحليل، و نظم تحليل التفاعل، وفي الفصل السابع {**اللقاء الإشرافي**} تم مناقشة جوّ اللقاء الإشرافي، و مناهج في الإشراف التربوي كالإشراف المباشر، و الإشراف غير المباشر، وكان آخر فصول هذا الكتاب هو الفصل الثامن {**مدير المدرسة مشرف تربوي مقيم**} حيث تم فيه تناول المهام الأساسية لمدير المدرسة، وأدوار مدير المدرسة بوصفه مشرفاً تربوياً مقيماً، و علاقة مدير المدرسة بالمشرف التربوي، و مقومات نجاح مدير المدرسة في الإشراف.

وبناءً على ما تقدَّم أرجو الله رب العالمين وربّ الشهداء الغر الميامين أن يبارك في هذا الجهد المتواضع، الذي قدّر الله جلّ وعلا أن يكون نشره مصادفاً لحلول شهر رمضان المبارك، والذي لم أبغي من خلاله إلا تقديم ما قد يسهم في رسم صورة واضحة عن هذا التخصص التربوي الهام ليساعد بالتالي في تحسين عملية التدريس في النظم التربوية وبخاصة العربية والإسلامية منها راجياً الله عزّ و جلّ أن يجعل هذا العمل في ميزان حسناتنا يوم العرض عليه إنّه نعم المولى ونعم النصير، والحمد لله رب العالمين.

**هشام مريزيق**

**أيلول 2007م**

**رمضان 1429هـ**

# الفصل الأول

# مدخل نظري إلى الإشراف التربوي

- مدخل.

- تعريف الإشراف التربوي.

- مهام الإشراف التربوي.

- تطور الإشراف التربوي.

- الحاجة إلى الإشراف التربوي.

- أهداف الإشراف التربوي.

- التخطيط للإشراف التربوي.

# الفصل الأول

## ● مدخل:

يعدّ الإشراف التربوي منظومة متكاملة من العمليات التي تسعى عبر تكاملها إلى تحقيق هدف عام واحد يتمثل بتجويد العملية التعليمية التعلمية، وبعبارة أخرى يهدف الإشراف التربوي إلى تحسين البيئة الصفّية وتفعيل كل ما من شأنه تحقيق الفائدة للطلبة، وذلك لتحسين مخرجات النظام التربوي من الناحية النوعية، وفي سعي الإشراف التربوي لتحقيق هذا الهدف لابد من تضافر الجهود للإحاطة بالأركان الأساسية للنظام التربوي المتمثلة بالطالب والمعلم والمنهاج، إذ يقع ضمن مسؤوليات الإشراف التربوي المساهمة في تناول السلوكيات التعلّمية للطلبة والبيئة الصفية التي يتلقون فيها تعليمهم، بالإضافة إلى مساعدة المعلمين في إنجاز بعض المهمات كإعداد الخطط الدراسية، وتعرّف أساليب التدريس الحديثة، وتوجيه جهود المعلمين لإفادة الطلبة قدر الإمكان، إلى جانب مساعدة المعلمين على التطوّر المهني من خلال المساهمة الفاعلة في حسن إعدادهم وتأهيلهم وتدريبهم أثناء الخدمة، أما المنهاج فهو بحاجة مستمرة إلى التجديد والتطوير بين الفينة والأخرى وذلك تبعاً لتطور العلوم وتجدد المعرفة، وحتى لا تبقى تلك المناهج دائرةً في فلك الماضي فإنّ على الإشراف التربوي أن يتصدى لهذه المسألة من خلال البحث والاستقصاء المستمرَّيْن لرفد المناهج بالجديد والمفيد والمواكب لمستجدات الحياة المختلفة، حتى يبقى الطلبة والمعلمون -على حد سواء- على اطلاع ومعرفة بمسيرة العلوم والمعارف، ولعل هذا الأمر يصبُّ في أحد أهداف العملية التربوية ككل والمتمثل بإعداد جيل قادر على التعايش مع المجتمع المحيط به والمجتمعات الأخرى.

ويعتبر الإشراف التربوي عملية تربوية فنية متخصصة، تتضمن التعامل مع الآخرين (العاملون في الميدان التربوي)، لذا لابد من وجود سياسة واضحة تحكم هذه العملية من خلال وضع الأسس والأصول الواجب أخذها بعين الاعتبار في التعاملات المختلفة، حيث يعتبر الاحترام المتبادل بين المشرف التربوي والمعلم أساساً لعملية الإشراف الناجحة، إذ تقدّر درجة استفادة المعلم من المشرف بدرجة الاحترام بينهما، وإذا كان ثمة صلة وثيقة بين المشرف التربوي والمعلم فإنّ هذا يشكل مجالاً خصباً لتبادل الخبرات والأفكار والاستفادة منها بما يفيد ويطوّر العمل التربوي.

إلا أنّ الواقع التربوي – وبخاصة العربي – يشهد سلوكيات إشرافية لا تتناسب والمفهوم النظري لهذه العملية، فلا زال التأثّر بالنمط التقليدي المعتمد على علاقة الرئيس والمرؤوس ظاهراً في النظم التربوية المختلفة، ولا زال الخوف هو السمة الأبرز لمشاعر المعلمين عند زيارة المشرف التربوي لهم في الغرف الصفية، هذا بالإضافة إلى اعتماد أسلوب النقد غير البنّاء من قبل شريحة واسعة من المشرفين تجاه المعلمين، مع العلم بأنّ الإشراف التربوي الحديث يتخذ مستويات عدة ينبغي على كل مشرف تطبيقها بعد فهمها وتعرّف أهدافها، ويمكن تحديد هذه المستويات بالآتي:

## الإشراف الوقائي:

لم يخطئ العرب حين قالوا: الوقاية خير من العلاج، إذ لابد لنا لتجنب المشكلات المستقبلية أن نعدّ أنفسنا بشكل جيد وأن نخطط بوضوح لما نعمله، وكذلك الحال بالنسبة للمشرف التربوي الذي يُفترض فيه أن يكون مُعلماً أصلاً ومارس مهنة التدريس لفترة من الزمن وأثبت كفاءته فيها، حيث يستطيع بذلك تقدير حاجات المعلمين المهنية والمشكلات التي قد يواجهونها في الميدان، فيستفيد المشرف بذلك في إعداد الخطط الإشرافية المناسبة، ووضع تصوّر لكيفية مساعدة المعلمين في فنيات المهنة وإدارة الأنشطة الصفية ومجابهة أيّة متاعب قد تحدث.

والمشرف التربوي هو في الأصل معلم اكتسب خبرة في أثناء ممارسته للتعليم مسبقاً وقيامه بزيارة معلمين ووقوفه على أساليب تدريسهم، ولديه القدرة على أن يتنبأ بالصعوبات التي قد تواجه المعلم الجديد عند مزاولته التدريس بالإضافة إلى أن المشرف التربوي يتميز بقوة ملاحظته وقدرته على أن يدرك الأساليب التي تؤدي إلى إحراج المعلم، وإزعاجه، وقلقه وجلب المتاعب له، وهنا تأتي مهمة المشرف التربوي في التنبؤ بالصعوبات والعوائق، وأن يعمل على تلافيها والتقليل من أثارها الضارة وأن يأخذ بيد المعلم ويساعده على تقييم نفسه ومواجهة هذه الصعوبات والتغلب عليها ذاتياً.

والصعوبات هنا متنوعة والمواقف متعددة، وعلى المشرف التربوي أن يختار من الطرق ويستعمل من الأساليب ما يتناسب مع الموقف الذي يواجهه، فقد يشرح الموقف ويضع مع المعلمين خطة مواجهته، والتغلب عليه أو تلافيه، وقد يختار طريقاً آخر مع فريق آخر من المعلمين، كأن يستدرجهم معه في مناقشات وافتراضات واقتراحات تؤدي إلى تصور ما يمكن أن يحدث من أخطاء أو متاعب في المستقبل، وبذلك يدرك المعلمون ما قد يعترضهم من متاعب إذا لم يعملوا على تلافيها وتجاوزها، وهنا لابد من الإشارة إلى خير ما يفعله المشرف التربوي هو العمل على:-

أ. أن يغرس في نفوس المعلمين بعض المبادئ التربوية التي تعينهم على أن يتلافوا الوقوع فيما يمكن أن يعترضهم من متاعب.

ب. أن يقيم بينه وبينهم جسوراً من الثقة والمحبة بحيث تزول الشكوك وترسخ الطمأنينة في نفوسهم.

والإشراف الوقائي يعصم المعلم - نسبياً - من أن يفقد ثقته بنفسه عندما تجابهه متاعب وصعوبات لم يتسنّى له إعداد نفسه لمواجهتها، أو لم يتوقعها، لذا فإنّ هذا

الإشراف يمنحه المقدرة على كسب تقدير الطلاب واحترامهم له والحفاظ على هذا المكسب، وعلى مواصلة النمو والتطور في المهنة ومواجهة مواقف جديدة[1].

## الإشراف التصحيحي:

يعتبر الإشراف التصحيحي مُكمِّلاً للإشراف الوقائي ومعالجاً للثغرات التي قد تنجم عنه، فإن وُجدت بعض الأخطاء الفنية في سلوك المعلم التدريسي فإنّ على المشرف التربوي مساعدة المعلم على تصحيح هذه الأخطاء وتجنب الوقوع فيها لاحقاً، ومن أهم الأخطاء الفنية التي يمكن أن يقع فيها المعلم:

- إعداد الخطط الفصلية.
- إعداد دفتر تحضير الدروس (الخطط اليومية).
- ضعف إدارة الصف (عدم ضبط الصف).
- ضعف استخدام الوسائل التعليمية وتوظيفها في خدمة العملية التعليمية.
- استخدام طرق تدريسية لا تتناسب والمرحلة العمرية أو الدراسية للطلبة.

لذا فإنّ على المشرف أن يأخذ بيد المعلم دون إشعاره بالحرج أو بالنقص، بل ينبغي أن يكون هدفه التعاون مع المعلم من أجل الخروج بحصة صفية مفيدة.

وبمقدور المشرف التربوي أن يساعد في تصحيح مثل تلكم الأخطاء، وذلك بالتحاور معه وتعريفه بالبدائل التي يمكن أن تكون ملائمة أكثر من غيرها للمادة الدراسية أو للمرحلة التعليمية، فقد لا ينتبه المعلم إلى أنّ الطريقة التي يستخدمها لا تتناسب والمرحلة الدراسية لطلبة صفوف المرحلة الابتدائية مثلاً، أو قد يغيب عن ذهن المعلم مراعاة الفروق الفردية بين الطلبة، أو قد لا يأخذ بعين الاعتبار أهمية التحليل والتطبيق والتقييم، الأمر الذي يتطلب تدخل المشرف التربوي[2].

---

(1) يحيى محمد نبهان، الإشراف التربوي بين المشرف، المدير، المعلم، ص49، بتصرف.

(2) يحيى محمد نبهان، المرجع السابق نفسه، ص52، بتصرف.

وإن كان لابد من معالجة الخطأ داخل الحصة - إذا كان الخطأ فادحاً ولا يمكن تفاديه – فإنّ على المشرف التربوي الاستئذان من المعلم وتصحيح الخطأ دون التسبب بأي إحراج للمعلم أمام طلبته، وان يقوم في الوقت عينه بالإشادة بالمعلم والتعبير عن الثقة به وذلك بطريقة غير مباشرة وبشكل لا يثير انتباه الطلاب.

فإذا دخل المشرف التربوي صفاً، وفي نيته اكتشاف أخطاء المعلم فسوف يعثر عليها؛ فالخطأ من سمة الإنسان، وقد يكون الخطأ يسيراً وقد يكون جسيماً حسبما يترتب عليه من ضرر، والمشرف التربوي الذي يحضر إلى المدرسة وفي نيته مسبقاً أن يفتش عن الأخطاء بتسقطها فمهمته سهلة ميسرة، إلا أن من واجب المشرف التربوي إذا كان الخطأ لا تترتب عليه أثار ضارة، و لا يؤثر في العملية التعليمية أن يتجاوز عن هذا الخطأ أو أن يشير إليه إشارة عابرة، وبأسلوب لطيف، بحيث لا يسبب حرجاً لمن أخطأ، وبعبارات لا تحمل أي تأنيب أو تجريح أو سخرية، أما إذا كان الخطأ جسيماً يؤدي إلى توجيه التلاميذ توجيهاً غير سليم، أو يصرفهم عن تحقيق الأهداف التربوية التي خطط لها، فالمشرف التربوي هنا يكون أحوج ما يكون إلى استخدام لباقته وقدراته في معالجة الموقف سواء في مقابلة عرضية أو في اجتماع فردي بحيث يوفر جواً من الثقة والمودة بينه وبين المعلم، عن طريق الإشارة إلى المبادئ والأسس التي تدعم وجهة نظره، وتبين مدى الضرر الذي ينجم عن الأخطاء التي وقع فيها المعلم. ثم يصل معه إلى اقتناع بضرورة التخلص من هذه الأخطاء، وهنا تكون فائدة الأشراف التربوي التصحيحي وفاعليته في توجيه العناية البناءة إلى تصحيح الخطأ دون إساءة إلى المعلم أو الشك في قدرته على التدريس.

## الإشراف البنائي:

بعد التأكد من تحقيق المستويين السابقين للأهداف المأمول تحقيقها، وبعد التخطيط الجيد من قبل المشرف التربوي، وتعرّف الأخطاء والعثرات ومعالجتها، فإنّ

هذا قد لا يكفي للنهوض بعملية التدريس وتحقيق أقصى درجة من الفائدة للطلبة، إذ لابد من البناء على ذلك ومحاولة اقتراح بدائل تربوية مما اطّلع عليه المشرف التربوي – بحكم وظيفته – وتعريف المعلم بها، ولا شك في أن ذلك يعتمد على إدراك المشرف التربوي للأهداف التربوية، وثقته بإمكانيات وقدرات ومهارات المعلمين ورغبتهم في تطوير أنفسهم مهنياً من خلال اكتساب سلوكيات مهنية حديثة تسهم في رفد العمل التربوي باستراتيجيات وأساليب مبتكرة تحقق فائدة عظيمة للطلبة.

**ويمكن تلخيص مهمة الأشراف البنائي في النقاط الآتية:**

- استخدام أفضل الإمكانات المدرسية والبيئية في خدمة التدريس.
- العمل على تشجيع النشاطات الإيجابية وتطوير الممارسات القدامى.
- إشراك المعلمين في رؤية ما يجب أن يكون عليه التدريس الجيد.
- تشجيع النمو المهني للمعلمين وإثارة روح المنافسة الشريفة بينهم.

ويسهم الإشراف البنائي في استمرار التجديد والتطوير والتحديث في الممارسات والأساليب الإشرافية بغية تحسين السلوك التدريسي للمعلم وتجنُّب المواقف السلبية، ويتحقق ذلك من خلال مساعدة المعلمين على النمو المهني وتطوير مهاراتهم، واقتراح أساليب تدريسية حديثة ومفيدة لتحلَّ محل الأساليب التقليدية غير المحببة والاهتمام بحاجات المعلمين ومحاولة تلبيتها.

وللقيام بتلك المهام في المستويات الثلاث السابقة، ولتحقيق الهدف من عمله لابد للمشرف التربوي من التركيز على متابعة المناهج المدرسية باستمرار، والمطالعة المستمرة التي تمكّنه من تعرّف آخر المستجدات التربوية لإفادة المعلمين بها من خلال زيارتهم في الميدان بشكل متكرر، وليس كما هو متبع عادة لمرّة أو مرتين خلال العام الدراسي، كما عليه بناء علاقة مهنية إيجابية مع المعلمين وملاحظة أمور عدة عند زيارته كالمظهر

الخارجي للمعلم وحسن هندامه وقوة شخصيته وطريقة ضبطه للصف وطريقة تدريسه ومناقشته للطلبة ومدى تأثّر الطلبة بالمعلم، ومراعاته للفروق الفردية بينهم، وقبل كل شيء لابد للمشرف من اختيار الوقت الملائم لمقابلة المعلم وزيارته في الغرفة الصفية، بحيث لا تكون العملية ارتجالية أو غير مخطط لها – هذا وسيتم تناول موضوع الزيارة الصفية في فصل لاحق من هذا الكتاب بمشيئة الله تعالى -.

إنّ الإشراف التربوي الحديث ومن خلال سعيه لتحسين عملية التعليم يتميّز بخصائص عدة يكتسبها من فحوى الوظائف الدائرة في فلكه، فالإشراف عملية شاملة تهتم بجميع عناصر العملية التعليمية سواء ما يختص بالبيئة أم بالعناصر البشرية في العملية التعليمية، كما يعتبر الإشراف التربوي عملية تعاونية تقوم على الشراكة بين المشرف التربوي والمعلم ومدير المدرسة - التي يعمل فيها المعلم – والطالب، وذلك من خلال التنسيق فيما بينهم وتبادل الآراء ووجهات النظر والخروج بصيغة توافقية تهدف إلى النهوض بالمدرسة والعملية التعليمية، وينبغي على المشرف التربوي في هذا المجال تقبّل الآراء المخالفة لرأيه والتعامل معها بعقلانية وموضوعية والاستفادة من تلك الآراء التي قد تفيد العمل الإشرافي، فالإشراف التربوي عملية إنسانية تقدّر قيمة الفرد وتسعى إلى كسر الحواجز بين المشرف (الذي قد يكون ممثلاً لجهات عليا في النظام التربوي في بعض الأحيان) وبين المعلمين، والعمل على بناء جسور الثقة معهم – وسيتم تناول تأثير حركة العلاقات الإنسانية على الإشراف التربوي في فصل لاحق من هذا الكتاب إن شاء الله تعالى، لما لهذه العلاقات من دور واضح في العمل الإشرافي والتربوي -.

إنّ موقع المشرف التربوي في النظام التربوي أكسبه أهمية خاصة ؛ بسبب اتصاله بأطراف العملية التعليمية، لذا لابد أن يأخذ المشرف التربوي بعين الاعتبار احتياجات هذه الأطراف، وأن يكون منسجماً مع ما يُتوقع منه تجاه المعلم والطالب والمدير والبيئة

المدرسية كأدوار أساسية ينبغي عليه القيام بها، وتتطلب تلك الأدوار أن يكون المشرف التربوي موثوقاً به، ويعتمد على أخلاقيات مهنية كالصدق والنزاهة والصراحة، ولا يعتمد اعتماداً كليّاً على سلطته الرسمية وفق القوانين والتعليمات والأنظمة، أو سلطته الفنية المتمثلة بخبراته ومعلوماته[1].

## * تعريف الإشراف التربوي:

إنّ الإشراف التربوي كغيره من المفاهيم التربوية لا يمكن وصفه في تعريف جامع وشامل بحيث يستوعب عناصره وفعالياته جميعاً، ولا يوجد تعريف واحد أو وصف بعينه للإشراف التربوي يقبله جميع المختصين[2]، ويختلف ذلك باختلاف المدارس التربوية، فلكل مدرسة وجهة نظر، وتتطلع إلى المفاهيم من زاوية تختلف عن غيرها من المدارس، كما يختلف الأمر من عالِم إلى آخر، الأمر الذي أنتج أشكالاً ونماذج متعددة من التعريفات والتي يجمع بينها قواسم مشتركة يمكن تحديدها بما يلي:

- أنّ الإشراف التربوي يهدف إلى تحسين أداء المعلم.
- أنّ الأشراف التربوي هو خدمة فنية متخصصة.

وللإحاطة بأكبر قدر ممكن من تعريفات الإشراف التربوي لابد من استعراض جملة منها لنتبين المقصود من هذا المفهوم وتكوين فكرة شاملة حوله، فقد عرّفه (بن هاريس Ben Harris) بأنّه: ما تفعله هيئة العاملين في المدرسة بالراشدين والأشياء للمحافظة على أو تغيير العملية التي تقوم بها المدرسة بطرق تؤثر بشكل مباشر في عمليات التعليم المستخدمة في تشجيع تعلّم التلميذ، أما (موشر و بيربيل Mosher & Purple) فقد اعتبرا الإشراف التربوي بأنّه: تعليم المعلمين كيف يُعلّمون، وأنّ العمل

---

(1) إبراهيم الخطيب، أمل الخطيب، الإشراف التربوي فلسفته، أساليبه، تطبيقاته، ص63، بتصرف.
(2) إيزابيل فيفر و جين دنلاب، الإشراف التربوي على المعلمين : دليل لتحسين التدريس، ص23، بتصرف.

فيه مع المعلمين كأفراد وظيفة فرعية هامة وقيادة مهنية في إعادة صياغة التعليم العام بمناهجه وطرق تدريسه وأشكاله على وجه التحديد، وعرّفه (سيرجيوفاني و ستارات Sergiovanni & Starratt) بأنه: عملية يستخدمها أولئك المسؤولون في المدارس عن تحقيق جانب من أهداف المدرسة، والذين يعتمدون مباشرة على الآخرين لمساعدتهم في تحقيق هذه الأهداف[1].

كما عرّفه (كوجان Cogan) بأنّه: العمل الموجّه نحو تحسين سلوك المعلمين الصفّي وممارساتهم التعليمية الصفيّة[2]، وعرفته (كوسموسكي Kosmoski) بأنّه: عملية قيادية هدفها الرئيس تحسين أداء المعلم التدريسي، وعرّفه (أتشيسون و جول Acheson&Gall) بأنّه: عملية تهدف إلى تحسين أداء المعلم الصفي، كما عرّفه (جلكمان وآخرون Gllskman&Others) بأنّه: مساعدة المعلم في تحسين تدريسه، وعرّفه (بليس Blasé) بأنّه: عملية تساعد المعلمين في اكتشاف المعرفة وبناء مهارات لتحسين ممارساتهم التدريسية، أما (وايلز و بوندي Wiles & Bondi) فقد عرّفا الإشراف التربوي بأنّه: وظيفة قيادية رئيسة لتنسيق وإدارة الأنشطة التعليمية التي تتعلق بالتعليم[3].

وعرّف (بوردمان Bordman)الإشراف التربوي بأنه: المجهود الذي يُبذل لاستثارة وتنسيق وتوجيه النمو المستمر للمعلمين في المدرسة بشكل فردي وجماعي، وذلك لفهم وظائف التعليم فهماً أفضل وتنفيذها بصورة أكثر فاعلية، ليصبح المعلمون أكثر مقدرة على استثارة وتوجيه النمو المستمر لكل طالب نحو المشاركة الذكية والمعمّقة في بناء المجتمع[4].

(1) إيزابيل فيفر و جين دنلاب، المرجع السابق نفسه، ص24، بتصرّف.

(2) محمد عيد ديراني، درجة التزام المشرف التربوي في الأردن بأصول الزيارة الصفية كما يراها المعلمون والمشرفون.

(3) محمد عيد ديراني، أسباب نفور المعلمين من المشرفين التربويين كما يراها المعلمون والمديرون والمشرفون في الأردن.

(4) تشارلز بوردمان، الإشراف الفني في التعليم، ص9.

وهناك من يذهب إلى أن الإشراف هو: خدمة فنية تعاونية، تهدف إلى دراسة الظروف التي تؤثر في عملية التربية والتعليم، والعمل على تحسين هذه الظروف بالطريقة التي تكفل لكل تلميذ أن ينمو نمواً مطرداً وفق ما تهدف إليه التربية المنشودة[1]، ويعرفه (سيد حسين) بأنه: عملية تهدف إلى تحسين المواقف التعليمية عن طريق تخطيط المناهج أو الطرق التعليمية التي تساعد التلاميذ على التعلم بأسهل الطرق و أفضلها بحيث تتفق وحاجاتهم، وبهذا يصبح المشرف الفني قائداً تربوياً[2].

أمّا التعريف الذي سنعتمده في هذا الكتاب فيرى أنّ الإشراف التربوي عبارة عن منظومة متكاملة من الأنشطة المتخصصة والمنظمة والمستمرة التي تقع ضمن مسؤوليات المشرف التربوي بهدف مساعدة المعلمين على التطوّر المهني واكتساب خبرات جديدة، وتنمية مهاراتهم لتحسين عملية التعليم وتحقيق الأهداف المنشودة من النظام التربوي.

فالإشراف التربوي كما يظهر من التعريف لا يقتصر على نشاط بعينه، بل إنّه يحوي مجموعة من الأنشطة يقوم بها المشرف تجاه المعلمين بهدف مساعدتهم في فنيات المهنة، ويأتي ذلك من كون المشرف التربوي معلم سابق ذا خبرة في التدريس ومطّلع على المستجدات ومساهمٌ في تطوير المناهج المدرسية، ويتفاعل المشرف ضمن هذه الأنشطة مع المجتمع المدرسي بأسلوب يُفترض أن يكون تعاونياً دون استعلاء أو تصيّد للأخطاء كما كان شائعاً في المراحل الأولى لهذه العملية حين كان يطلق عليها التفتيش ومن ثم التوجيه، أو ما يقابل ذلك من مسمّيات رديفة.

---

(1) منصور حسين ومحمد مصطفى، سيكلوجية الإدارة المدرسية والإشراف الفني، ص 43.

(2) سيد حسن حسين، درسات في الاشراف الفني، ص 38.

- **مهام الإشراف التربوي:**

على ضوء التطورات التي حدثت على هذا المجال التربوي الهام في النظم التربوية الحديثة، يمكن إجمال مهام وواجبات المشرف التربوي فيما يلي:

**- أولاً: الإسهام في تطوير المناهج:**

تتعدد الأدوار والمسؤوليات في عملية تطوير المناهج، حيث تعتبر هذه العملية متسلسلة بتسلسل الوظائف التربوية و يعتني بها مجموعات مختلفة من العاملين في النظام التربوي

تسير بالعمل عبر مراحله المختلفة بينما يقوم كل منهم بدور مختلف عن الآخر، ويكون دور المشرف التربوي في تطوير المناهج دوراً تشاركياً مع المعلمين والمتخصصين في المساقات المختلفة.

**- ثانياً: الإشراف على الموقف التعليمي وتنظيم البيئة التدريسية:**

لا تقتصر عملية التعليم على وضع المنهج المتطور، بل لابد من الإشراف على الموقف التعليمي والمساهمة في تنظيم البيئة التدريسية، فعلى المشرف المساهمة في ذلك من خلال المساعدة في التعامل مع معطيات المواقف التعليمية وتوظيفها في خدمة العملية التعليمية، وكذلك من خلال المساعدة في تصنيف الطلبة إلى مجموعات متجانسة بحيث يستفيد الطلبة من بعضهم البعض، هذا بالإضافة إلى اختيار الأوقات المناسبة للمواد الدراسية بحيث يتقبلها الطلبة ويستطيع - ضمن نطاق مقدرته - تقديم أفضل جهد ممكن.

**- ثالثاً: الإشراف على النمو المهني للمعلمين:**

يسعى الإشراف التربوي الحديث إلى مراعاة حاجات المعلمين في ظل المتغيرات السريعة في مجالات الحياة المختلفة بشكل عام وفي الميدان التربوي بشكل خاص، حيث

ينبغي على المعلم متابعة ما يستجد من إنجازات في ميدان التربية، ومن هنا تبرز الحاجة إلى النمو المهني للمعلم، كما يبرز دور المشرف التربوي في تشجيع المعلمين على مواكبة التطورات والاهتمام بالمستجدات في التربية الحديثة.

## - رابعاً: الإشراف على طرق التعليم وأساليبه:

تحسين الموقف الصفي هو من المهام الرئيسة التي تقع ضمن مسؤوليات المشرف التربوي، حيث يحتاج المعلمون – وبخاصة الجدد منهم – إلى مساعدة المشرف في الجوانب الفنية من عملهم، كما لا يخفى أنّ للمشرف دور – أو هكذا ينبغي أن يكون – في توفير التسهيلات التعليمية كالوسائل والأدوات والأجهزة التي تسهم في إثراء العملية التعليمية داخل الغرفة الصفية، بالإضافة إلى جمع المعلومات وتنسيقها بغية وضعها في المناهج الدراسية ونقلها للطلبة، وذلك بفعل الانفجار المعرفي الهائل وتدفق المعلومات في شتى مناحي العلوم والمعارف، فأصبح لزاماً مواكبة الوفرة المعرفية، ولن يكون ذلك إلا من خلال أفراد متابعين وباحثين عن المفيد منها وتوظيفه في خدمة النظام التعليمي، وقد يكون ذلك متاحاً من خلال تنظيم الدورات التدريبية للمعلمين، أو عقد المؤتمرات التربوية المتخصصة التي من شأنها أن تفتح مجالاً واسعاً أمام المعلمين للاطلاع على كل جديد.

## - خامساً: الاهتمام بالمعلم المستجد في التدريس:

من مهام المشرف التربوي الرئيسة التعامل مع المعلم الجديد (الذي لا يمتلك خبرة تدريسية) بأسلوب يساعده على التكيف مع البيئة الجديدة التي انخرط فيها، و يساعده في مواجهة التحديات والسيطرة على المواقف المختلفة وكذلك السيطرة على المشكلات التي قد تواجهه.

**- سادساً: تقييم العملية التعليمية:**

إن الإشراف التربوي وبحكم العلاقة المباشرة بالعملية التعليمية مسؤول عن تقييم جوانب هذه العملية، ولا تقتصر عملية التقييم التي يقوم بها الإشراف التربوي على بيان مقدرة المؤسسة التربوية على تحقيق أهدافها فحسب بل هي عملية متكاملة تشتمل كل جانب من جوانب هذه المؤسسة كما لا تقتصر على إصدار حكم عابر بل هي إعطاء قرار زمني بناءً على دراسة متعمقة للمجال المراد تقييمه.

ولعلّ من أهم ما يتضمنه مفهوم الإشراف التربوي هو عنصر التقييم الذي يشكّل مهمةً بالغة الحساسية والأهمية في عمل المشرف التربوي، حيث يسعى الإشراف التربوي إلى تعرّف إمكانيات المعلمين وقدراتهم ومهاراتهم وأساليبهم التدريسية، ودرجة إتقانهم للمهنة أثناء تواجدهم في الغرفة الصفية، وللوصول إلى هذه المعلومات فإنّ على المشرف التربوي وأثناء زيارته للمعلم قياس درجة توافر المواصفات السابقة في المعلم وتفريغها على نماذج خاصة، وتزويد الإدارات العليا بالنتائج التي تم التوصل إليها، ولعلّ هذا العنصر هو المسؤول عن مشاعر الخوف والرهبة التي تسيطر - بنسبٍ متفاوتة - على علاقة المعلمين بالمشرفين، فهذا الأمر يلعب دوراً هاماً في مستقبل المعلم المهني، فيدخله في حالة نفسية مضطربة أثناء تعامله مع المشرف، ولكن لابد من أن تتسم عملية التقييم بالبعد المهني الذي يقوم على الموضوعية وليس على المزاج الشخصي للمشرف التربوي، فالهدف من عملية التقييم هو تعرّف إمكانيات المعلم وجوانب القوة والضعف لديه، لتطوير جوانب القوة وتنميتها ومعالجة جوانب الضعف لتحقيق الفائدة للجميع.

## • تطور الإشراف التربوي:

لا يوجد علم أو ميدان أو مجال في شتى جوانب الحياة ومنها التربوية بقي على حاله لفترة زمنية طويلة، إذ لابد من أنّه خضع لسلسلة من التغييرات والتطورات المواكبة للعصر- الحديث والمستجدات المتلاحقة من حيث المنهج والأسلوب والتطبيق، ومن بين هذه المجالات الإشراف التربوي الذي تطور عبر الزمن لمواءمة روح العصر، وتمشياً مع تطور النظريات الإدارية، ولعلّه من البديهي إدراك أنّ ما كان ملائماً في زمن ما ليس بالضرورة أن يكون كذلك في زمن آخر، فقد كان الإشراف التربوي سابقاً – والذي كان يحمل مسميات مختلفة من منطقة إلى أخرى - يتبع أساليب ومناهج مختلفة عمّا هي عليه الآن، إضافة إلى اختلاف أسلوب تطبيقه في الميدان، فمن المسميات القديمة المشهورة كانت مسميات التفتيش والمراقبة والتوجيه، وقد كانت تمارس خلال تلك الحقب الماضية أساليب تفتيشية ورقابية لا تتناسب والبعد القيمي لمهنة التعليم، وكانت تثير نوعاً من الانزعاج أو الاستياء في الأوساط التربوية وفي مناطق كثيرة من العالم.

إلا أنّ النظرة اختلفت تجاه طبيعة العلاقة بين المعلمين (الممارسين في الميدان) وبين من هم في موقع المسؤولية، ليتم وفقاً لهذه النظرة زيادة الاهتمام في إعادة صياغة تلك العلاقة وتحويلها من علاقة رئيس ومرؤوس إلى علاقة زمالة واحترام متبادل تسودها المهنية واحترام الآراء المتباينة، ليشمل ذلك السعي نحو تغيير مسمّى هذه الوظيفة إلى الإشراف، إلا أنّ المعلمين - وبالرغم من الاتجاهات الحديثة في الإشراف التربوي وما طرأ على فلسفته وأهدافه وأساليبه من تغيير - لا زالوا يعانون من القلق والانزعاج والخوف أحياناً في علاقتهم بالمشرفين التربويين - تلك العلاقة التي تشكّل الزيارة الصفية أو الميدانية الركن الأساس فيها - وذلك بسبب ارتباط هذه العلاقة من خلال الزيارة الصفية بعملية التقييم[1].

---

(1) محمد عيد ديراني، المرجع السابق، بتصرف.

إذاً ثمة بُعدان رئيسان قد أسهما وبشكل فاعل في نمو وتطور مفهوم الإشراف التربوي، حيث يمثل البعد الأول تراكم عوامل اجتماعية وثقافية كالنمو السكاني الذي سبب ازدياد أعداد الطلبة الملتحقين بالدراسة وبالتالي ازدياد الحاجة إلى المعلمين الذين يحتاجون بدورهم إلى من يقف بجانبهم ويساعدهم في فنيات المهنة، هذا بالإضافة إلى تطوّر المجتمع المحيط بالمدرسة، فقد ازدادت أعداد المتعلمين والمثقفين، وانحسرت الأميّة إلى حدٍّ كبير في كثير من المجتمعات، الأمر الذي أدّى إلى اهتمام أولياء الأمور بتعليم أبنائهم والحرص على توفير بيئة تربوية مناسبة لهم واختيار المعلمين من ذوي الكفاءة والمهارة، مما أدى إلى سعي النظم التربوية إلى توفير مشرفين تربويين للمساهمة في رفع كفاءة المعلمين وملاحظة سلوكياتهم التدريسية، لبناء مشاعر الثقة بينهم وبين المجتمع المحيط بهم (أولياء أمور الطلبة).

أمّا البعد الثاني فيتعلق بالنظريات والبحوث في الإدارة وميادين التجارة والصناعة، والتي تم توظيفها والاستفادة من نتائجها في الإدارة التربوية التي يُعدّ الإشراف التربوي وظيفة من أهم وظائفها، فقد أسهمت هذه النظريات - التي تطورت وأجريت عليها العديد من التجارب والتطبيقات - بعد توظيفها في الميدان التربوي في تطوير العديد من العمليات التربوية ومن بينها الإشراف التربوي، هذا وسيتم تناول موضوع تطور الإشراف التربوي تبعاً لتطور النظريات الإدارية في الفصل الثاني من هذا الكتاب وبشيء من التفصيل إن شاء الله.

إنّ التطور المستمر في هذه العملية حتى وصولها إلى مسمى الإشراف التربوي كان بفعل جملة من العوامل المتداخلة والمؤثرة بطريقة مباشرة أو غير مباشرة في النظم التربوية، سواء أكانت تلك العوامل بشرية أم مادية أم اجتماعية، فتمّ بناءً على ذلك إدخال التعديلات على شكل ومضمون هذه العملية بما يتواءم والواقع القائم في الميدان التربوي لمساعدة المعلم على النمو المهني الذي يسهم في المحصلة في نمو الطلبة، وبناءً

على ذلك يمكن استعراض مراحل تطور مفهوم الإشراف على المستوى العالمي كما يلي:

## المرحلة الأولى: مرحلة الإشراف التقليدي:

تعود هذه المرحلة إلى ما قبل عام 1930، حيث كان الإشراف في تلك الفترة - على اختلاف مسمياته كالتفتيش والمراقبة أو غير ذلك من المسميات - يستمد قوته من قوة السلطة التي يمتلكها المشرف (المفتش)، ومن النظريات التي يعتمد عليها التفتيش كنظرية الإدارة العلمية، الأمر الذي منح هذه العملية طابع الأمر والنهي تجاه المعلمين حيث كان ينظر إليهم على أنهم غير قادرين بما فيه الكفاية على تدبُّر أمور العملية التعليمية، وأنهم بحاجة إلى المراقبة والتفتيش المستمريْن، لضمان التزامهم بالعمل الموكل إليهم دون تقصير، وكان أسلوب التلقين هو الأسلوب السائد في علاقة المشرف بالمعلم إضافة إلى مظاهر الاستعلاء والسيطرة التي كان يمارسها المفتشون، وذلك نتيجة لاعتقاد المشرفين (المفتشين) بأنهم يعلَمون المواد الدراسية وطرق تدريسها بينما لا تتوافر هذه الدراية لدى المعلمين، وأنّهم بحاجة إلى خبرات المفتشين لمعرفتها، وقد كان إجبار المعلمين على اتباع أسلوب تدريسي- معين يختاره المشرف أمراً مألوفاً، وكان ذلك نتيجة للصلاحيات الواسعة التي كان يحظى بها المفتشون.

لقد أثبتت هذه الطريقة عدم نجاعتها في التفاعل ضمن نظام تربوي إنساني جلُّ تعاملاته تتم مع البشر، فالنظام التربوي لا يمكن التعامل معه باعتباره خط إنتاج في مصنع يتطلب آليات ومهارات محددة بعينها للخروج بقوالب ذات شكل محدد، فالأمر في النظام التربوي مختلف تماماً، حيث يعتمد على الابتكار والمرونة في طرح الأفكار وتبادلها مع الآخرين، ويقوم على الأخذ بكل جديد ومفيد وتوظيفه في خدمة هذا النظام.

## المرحلة الثانية: المرحلة الانتقالية في الإشراف:

بدأت هذه المرحلة مع انتهاء المرحلة الأولى، وكانت على النقيض منها تماماً، إذ تميزت بالتعامل الديمقراطي الذي يتميز بالاحترام والتلطف إلى المعلم، واعتباره قادراً على الإبداع وابتكار الأساليب التدريسية المفيدة، إلى جانب الاهتمام بالتطور المهني للمعلم، إلا أن من أهم المآخذ على هذه المرحلة من تاريخ تطور مفهوم الإشراف أنه أسيء استخدام العلاقات بين المشرفين والمعلمين وتحولت إلى علاقات شخصية لا تأخذ البعد المهني بعين الاعتبار في كثير من دول العالم، الأمر الذي استلزم إعادة النظر في مضمون الإشراف وعدم التطرف في استخدام عناصره.

## المرحلة الثالثة: مرحلة الإشراف التربوي الحديث:

وهي المرحلة القائمة حتى يومنا هذا (العقد الأول من القرن الحادي والعشرين) وتتضمن تداخل عمليات الإشراف وتكاملها مع بعضها البعض وعدم التركيز على جانب دون آخر، وذلك بفعل دراسة جوانب القوة والضعف في المرحلتين السابقتين، وما نجم عنها من نتائج إيجابية وسلبية على حدٍّ سواء، الأمر الذي دعا إلى اتخاذ تدابير عدة لتنظيم علاقة المشرفين التربويين بأطراف العملية التعليمية في الميدان بغية تنسيق الجهود للوصول إلى نتائج أفضل.

وعليه فإنّ الإشراف التربوي الحديث يؤمن بتعدد مصادر الإشراف، ولم يعد مقتصراً على المشرفين التربويين فحسب، فمن أهم التطورات التي شهدها الإشراف التربوي هو تنويع مصادر العملية الإشرافية وعدم حصرها بفرد واحد أو جهة واحدة[1].

---

(1) راتب السعود، الإشراف التربوي، اتجاهات حديثة، ص109، بتصرف.

وبناءً على ذلك، واستناداً إلى التعريفات العديدة التي تناولناها آنفاً، فإن الإشراف التربوي الحديث يتميز بجملة من الخصائص التي اتفق عليها الدارسون والباحثون والمهتمون في هذا المجال، ولعل من أهم هذه الخصائص ما يلي:

1. الإشراف التربوي عملية قيادية تتوافر فيها مقومات الشخصية القوية التي تستطيع التأثير في أركان العملية التعليمية من أجل تحسين تلك العملية وتحقيق أهدافها.

2. الإشراف التربوي عملية تفاعلية تتغير ممارستها بتغير الموقف والحاجات ومعطيات الميدان التربوي.

3. الإشراف التربوي عملية تعاونية تتقبل جميع الآراء وتحترم وجهات النظر المتباينة وتعمل على مناقشتها لمواجهة المشكلات التربوية واقتراح الحلول المناسبة لها.

4. الإشراف التربوي عملية تُعنى بتنمية العلاقات الإنسانية وتعزيز العمل التشاركي في الميدان التربوي القائم على الاحترام والزمالة بعيداً عن مؤثرات السلطة وكثرة العقوبات وتصيد الأخطاء.

5. الإشراف التربوي عملية مرنة لا تعترف بالإجراءات الروتينية، وتسعى نحو تنويع الأساليب التربوية والتعليمية.

6. الإشراف التربوي عملية مستمرة في سعيها نحو الأفضل والمفيد للعملية التربوية والتعليمية، لذا فإنها تقوم على التواصل المستمر بين طرفي العملية الإشرافية.

7. الإشراف التربوي عملية واقعية تعتمد على الممارسة الميدانية في تشخيص جوانب القوة والضعف في العملية التعليمية.

8. الإشراف التربوي عملية تراعي الفروق الفردية بين المعلمين – أو هكذا يفترض بها أن تكون – فتقبل المعلم الضعيف كما تقبل المعلم المبدع والنشيط.

ويرتبط نجاح المشرف التربوي ارتباطاً وثيقاً بصفاته الشخصية و المهنية ولعل أهم الصفات التي ينبغي أن يتمتع بها المشرف التربوي ما يلي:

- امتلاك حصيلة علمية وتربوية مع الحرص على التجديد والتطوير.

- الحضور الذهني المستمر والتفاعل مع المعلمين أثناء اللقاء بهم.

- إدراك طبيعة عمله وتخصصه.

- المهارة في تصريف الأمور.

- مواكبة المستجدات في مجال الإشراف والعملية التربوية و التعليمية حتى يبقى على اطلاع بما يدور حوله في النظام التربوي.

- امتلاك أسلوب تعبيري متميز، و مهارة الحوار الهادف.

- نقل الأفكار بأسلوب مقنع.

- امتلاك مهارات الاستيعاب والملاحظة والتواصل مع الآخرين.

- الصدق والأمانة أثناء القيام بالأعمال الموكولة إليه.

وينبغي على المشرف التربوي أن يتعامل بمرونة، بحيث لا يتقيد بأسلوب إشرافي واحد مع جميع المعلمين الذين يتولى الإشراف عليهم، بل عليه أن ينوع في أساليبه بحكم المواقف التعليمية المتباينة، وحالة المدرس الذي يقوم بزيارته، بل وعليه أن يراعي حالته النفسية، وتمكنه أو ضعفه في التدريس، وأسباب ذلك الضعف، فقد يكون الضعف ناجماً عن عدم الإعداد الكافي، أو الافتقار إلى الخبرة والممارسة التي تعد المعلم إعداداً جيداً، أو إلى سوء استخدام الوسائل التعليمية، إلى غير ذلك من الأسباب.

## • الحاجة إلى الإشراف التربوي:

هل ثمة حاجة للإشراف التربوي ؟ وإن كانت هنالك حاجة فما هي الأسباب الموجبة للإشراف على المعلمين ؟ وفي المقابل هل يحتاج المعلم – الذي يقع ضمن مسؤولياته تعليم الآخرين والسير بهم نحو آفاق المعرفة – إلى من يوجهه أو يشرف عليه

بعد أن أمضى ردحاً من الزمن في دراسة تخصص ما وتدريسه لطلابه؟ وهل يحتاج المعلم ذو الخبرة الطويلة إلى من يرشده للأساليب التعليمية المناسبة وكيفية تنفيذ الأنشطة الصفية ؟ ألا يستطيع المعلم بدوافع ذاتية وبوازع أخلاقي ومهني أن يطوّر نفسه مهنياً ويطّلع على الجديد ضمن نطاق تخصصه؟.

إنّ مفهوم الإشراف التربوي لا يُنكر ذلك، بل يؤيده بشكل كبير، ولكن وبفعل التطور التنظيمي في النظم التربوية وزيادة تعقيدها بمرور السنين، وبفعل ازدياد أعداد الطلبة وبالتالي ازدياد أعداد المعلمين والإداريين في الميدان كان لزاماً تقسيم العمل والمسؤوليات وقيام كل فرد بالأعمال المناسبة له من حيث التخصص، فبدأت بذلك أهمية الإشراف تتنامى لترتيب العمل التعليمي والتربوي وإرشاد العاملين على اختلاف خبراتهم بما هو أنسب وأصلح لعملهم، ويشترط فيمن يقوم بعملية الإشراف التربوي أن يكون ذا خبرة تدريسية مناسبة للقيام بالعمل الإشرافي، بالإضافة إلى التأهيل الأكاديمي المتقدم سواء في تخصصه الأساسي أم في الأعمال الإشرافية.

ويقع ضمن مسؤوليات المشرف التربوي ابتكار طرق وأساليب تدريسية حديثة وأفكار جديدة لإفادة المعلمين بها وتطبيقها في الميدان وذلك بالاعتماد على النظريات الحديثة في مجال التربية بهدف تطوير أعضاء هيئة التدريس مهنياً، كما ينبغي على المشرف تحديد الاحتياجات المهنية والتدريبية للمعلمين ومحاولة المساعدة في تلبيتها للوصول إلى الهدف العام المنشود من الإشراف، وتختلف حاجات المعلمين باختلاف سنوات خبرتهم في مهنة التعليم، وقد قسّم (كاتز Katz) هذه الحاجات ضمن أربع مراحل هي [1]:

---

[1] إيزابيل فيفر و جين دنلاب، المرجع السابق نفسه، ص22، بتصرف.

**1. مرحلة البقاء Survival Stage**

وتكون في السنوات الأولى من حياة المعلم المهنية، وهنا ينبغي تعريف المعلم بقواعد المهنة ومهاراتها، وإكسابه بصيرة فيها، إضافة إلى طمأنته وتشجيعه، الأمر الذي سيكون ذا فائدة كبيرة له.

**2 . مرحلة الإدماج Consolidation Stage**

وهي المرحلة التي يكون فيها المعلم قد اكتسب بعض المهارات والخبرة القليلة في التدريس، ويمكن تقدير هذه المرحلة بالسنوات الثلاث الأولى من الحياة المهنية للمعلم، لذا يحتاج المعلم هنا إلى الاستفادة من ذوي الخبرات الطويلة في الميدان أو من المشرفين، لاختيار الأساليب التدريسية الملائمة والمريحة له ولطلبته.

**3 . مرحلة التجديد Renewal Stage**

وهي المرحلة التي قد يقع فيها المعلم في دائرة تكرار الأعمال والأنشطة التعليمية دون الإتيان بجديد، وقد يحدث ذلك في السنة الثالثة أو الرابعة من حياة المعلم المهنية، وهنا يحتاج المعلم إلى الانخراط في الدورات التدريبية المواكبة للحداثة والتطور في النظم التربوية، وتجربة أساليب مختلفة في التدريس مثل التسجيل التلفزيوني لتحليل عملية التدريس وتعرّف الإيجابيات وتنميتها، وكذلك تعرّف السلبيات ومحاولة معالجتها.

**4 . مرحلة النضج Stage of Maturity**

وفي هذه المرحلة يُفترض أنّ المعلم قد وصل إلى مستوى جيد من الخبرة التي تؤهله للإمساك بزمام الأمور في الغرفة الصفية، وذلك بعد خمس سنوات تقريباً من حياته المهنية، لذا يكون المعلم بحاجة إلى الاطّلاع على كلّ جديد ومفيد في تخصصه بشكل رئيس، وفي المعارف الأخرى، ليكون على دراية بالثقافة والمعرفة من حوله، لا غريباً عنها، لذا ثمة آليات عدة تلعب دوراً فاعلاً في تنمية هذه الجوانب لدى المعلم

منها على سبيل المثال لا الحصر: الدراسات العليا – بما تشتمل عليه من فنيات ومسلكيات تخدم العملية التعليمية –، بالإضافة إلى المشاركة في الندوات والمؤتمرات العلمية للاطّلاع على تجارب الآخرين في أمور التربية والتعليم.

إنّ التوسع في الخدمات التعليمية بفعل ازدياد أعداد الطلبة وبالتالي ازدياد أعداد المدارس، يتطلب وجود دور فاعل للإشراف التربوي، وذلك بهدف إدارة النظام التربوي بشكل يسهم في تحقيق الأهداف المرجوة منه، ولإيجاد كفايات تعليمية مناسبة بسبب ازدياد حجم النظام التربوي وانتشاره بشكل متسارع.

وقد اكتسب الإشراف التربوي أهمية كبيرة، ذلك أنه يتابع العملية التربوية ومشكلاتها، ويضع الحلول لها، ويتعامل مع المعلم و الطالب و الكتاب المدرسي والمناهج التعليمية، وهو حلقة الوصل بين الميدان والأجهزة الإدارية والفنية التي تشرف على عملية التعليم، كما أن المشرف التربوي يُعنى بالمقارنة بين المواقف التعليمية التي ينظمها المعلمون، فينقل الخبرات من معلم إلى آخر ومن مدرسة إلى أخرى [1].

ويرى معظم التربويين أن العملية التربوية بحاجة إلى الإشراف التربوي، فهو ضرورة حتمية لعدة أسباب هي:

**- أولاً: التطورات والمستجدات في المجالات العامة و منها مجال التربية:**
نتيجة للبحوث والدراسات المتواصلة في مجال التربية، وكذلك التقدم في ميادين المعرفة بشكل عام، فإنّ الإحاطة بهذه المعارف المتجددة والدراسات والبحوث المتخصصة المتتالية أمر غير متاح لغالبية المعلمين، ويعود ذلك إلى عوامل كثيرة منها طبيعة الإعداد المسبق للمعلمين - وبخاصة القدماء منهم -، وطبيعة المسؤوليات المناطة

---

(1) إبراهيم الخطيب، أمل الخطيب، المرجع السابق نفسه، ص32.

بالمعلم ولذلك فإنه يتحتم وجود مشرفين لمتابعة تطور المعارف والممارسات التربوية الحديثة وضمان إحاطة المعلمين والإداريين بمستجدات التربية.

### - ثانياً: المساهمة في تطوير التعليم:

إن التربية هي الوسيلة الأساسية للإصلاح والتقدم، فتحسين التربية هو من أهم ما يسهم في هذا الإصلاح والتطور والنمو بشكل فاعل، وتحسين التربية التعليم (من حيث النوع) يقوم على رفع مستويات المعلمين الأكاديمية والمهنية بما يطور ثقافتهم العلمية والمهنية لإدراك المستجدات والتطورات ضمن نطاق تخصصاتهم ومواجهة تحدياتها.

وتقوم عملية تطوير التعليم على حُسن تربية المعلمين وإعدادهم للتدريس، وذلك من خلال إعدادهم قبل الخدمة في دور إعداد المعلمين، وكذلك استمرار إعدادهم وتدريبهم أثناء الخدمة بعد احتكاك المعلم بالمشكلات الميدانية، حينها يقترن ما يتعلمه من حقائق تربوية بالواقع العملي، وتصبح الفرصة مواتية للتطوير والتقدم.

### - ثالثاً: عدم إمكانية متابعة جميع النواحي التدريسية والفنية والإدارية من قبل مدير المدرسة:

إن المهام والمسؤوليات الملقاة على مدير المدرسة كبيرة، الأمر الذي لا يمكنه من متابعة جميع النواحي الفنية والإدارية بفاعلية ودقة، بالإضافة إلى عدم إلمامه بجميع التخصصات، فقد يستطيع مدير مدرسة ابتدائية متابعة معظم التخصصات ولكن يستحيل ذلك لمدير مدرسة ثانوية، لذلك فالمعلم بحاجة ماسة لشخص متخصص يشرف على عمله وينقل له خبرة زملائه ليسهم في حل الكثير من المشكلات التي تواجهه، وهذا الشخص هو المشرف التربوي الذي يتمتع – كما ذُكر ذلك سابقاً – بخبرة تدريسية واسعة.

-

- *رابعاً*: تفاوت مستويات المعلمين:

لابد من وجود مشرفين تربويين لمساعدة المعلمين على تحقيق أفضل النتائج في عملهم، ذلك أن المعلمين ليسوا على مستوى واحد من الإعداد الأكاديمي والمهني قبل الخدمة، إضافة إلى تفاوت قدراتهم ومهاراتهم التدريسية، لذا فإن تعاون المشرفين التربويين مع المعلمين من شأنه أن يجعل عمليات إعداد المعلمين قبل الخدمة وتدريبهم أثناء الخدمة عملية متصلة الحلقات من شأنها أن تسهم في نموهم المهني.

- **خامساً: حاجة المعلمين إلى التوجيه:**

في جميع المجالات السياسية والصناعية وغيرها، وفي جميع المؤسسات الخاصة منها والعامة تكون الحاجة ماسة إلى التوجيه و الإشراف لتحديد الحاجات النفسية والاجتماعية للأفراد ومحاولة إشباعها وتهيئة فرص النمو واكتساب الخبرات والتقدم الوظيفي للعاملين، والمعلم أيضاً يحتاج إلى من يوجهه ويشرف عليه حتى يتقن أساليب التعامل مع الطلاب وتزداد خبرته التدريسية.

- **سادساً: الحاجة إلى تبادل الخبرات بين المعلمين:**

لا يستطيع المعلم بجهد شخصي الاستفادة من خبرات زملائه في نفس التخصص أو من المعلمين بشكل عام، ذلك أن هذا الأمر يتطلب جهداً ووقتاً مضنيين لتحقيقه - وقد يكون من المستحيل تحقيقه - لذلك فإنّ الإشراف التربوي من خلال أساليبه المتعددة يعتمد على تبادل الخبرات بين المعلمين في مجال التخصص وبين المعلمين بصفة عامة و على نطاق واسع.

- **سابعاً: الفجوة الواسعة بين النظرية والتطبيق:**

تهتم المساقات الجامعية التي يتلقاها الطالب (الذي سيصبح معلماً بعد تخرجه من الجامعة) بالجانب النظري البحت في مهنة التعليم ولا تهتم كثيراً بالجانب الميداني إلا في

حدود ضيقة لا تكفي لممارسة المهنة على الوجه الأمثل، الأمر الذي استوجب تدخل الإشراف التربوي لمتابعة المعلمين الجدد ومساعدتهم في حياتهم المعنية الجديدة، هذا إلى جانب وجود عدد كبير من المعلمين غير المؤهلين لمهنة التدريس وقد مارسوا عملهم دون إلمام بكثير من طرق التدريس والعلوم التربوية، لذا استلزم ذلك برامج إشرافية يقوم بها المشرفون التربويون تجاه هؤلاء المعلمين فلابد من الإشراف المباشر عليهم للمضي قدماً في مهنة التدريس.

- **ثامناً: عدم إلمام المعلمين الجدد بفنيات عملية التدريس:**

إن عدم إلمام المعلمين الجدد بفنيات التدريس التي تحتاج إلى الوقت والخبرة، وكذلك عدم الإلمام بالفروق الفردية بين التلاميذ من حيث قدراتهم واحتياجاتهم، والذي يحتاج إلى خبرة طويلة في مجال التدريس، يحتم ضرورة وجود المشرفين التربويين.

- **تاسعاً:المعلم المنقول:**

إن المعلم المنقول من بيئة مدرسية إلى بيئة مدرسية جديدة يحتاج لان يتأقلم ويتكيف مع الوضع الجديد ليتلاءم مع الإمكانات والفروق الجديدة وهذا يحتاج للتوجيه من المشرف التربوي.

إنّ دور المشرف التربوي لا يقتصر على زيارة المعلم في المدرسة وتوجيهه وإرشاده حول فنيات العمل التدريسي والقيام بتقييمه وكتابة التقارير حول أداء المعلم، الأمر الذي يثير استياء شريحة واسعة من المعلمين جرّاء تلك الزيارة التي يغلب عليها – حتى وقتنا الحاضر وفي معظم النظم التربوية – طابع التفتيش والمراقبة، فالمشرف هو معلّم اكتسب خبرة ومهارة جيدة في العمل التدريسي، ويعلَم طبيعة المهنة ومتاعبها، الأمر الذي يُلزمه التعامل بروح الزمالة مع المعلمين، ولا يقف الأمر عند هذا الحد، إذ

تعتبر زيارة المشرف للمعلم جزءاً يسيراً من العمل الذي ينبغي أن يكون ضمن مسؤوليات المشرف، فلابد للمشرف من أن يقدم المساعدة للمعلم في اختيار وتحديد وتطبيق الخطط الدراسية والتنسيق معـه في جزئيات العمل بما يعود بالفائدة على الطلبة، إضافة إلى ضرورة إشراك المشرف التربوي في اختيار وصياغة المناهج الدراسية ضمن تخصصه، وفتح المجال لـه للبحث والاستقصاء لاختيار المواد العلمية المناسبة للمناهج.

### • أهداف الإشراف التربوي:

يسعى الإشراف التربوي نحو النهوض بالنظام التربوي عبر عملياتـه المتكاملـة مـع بعضـها البعض، ووظائفه المتعددة والمسخّرة في خدمة المؤسسات التربوية.

ولتحقيق التميز للنظام التربوي يسعى الإشراف إلى تحقيق جملة من الأهداف لعلّ من أبرزها:

1. تحسين عملية التدريس.
2. مواكبة المستجدات في التخصصات المختلفة.
3. تحقيق النمو المهني للمعلمين.
4. حل مشكلات المعلمين وتلبية احتياجاتهم الوظيفية.
5. مساعدة المعلمين على إدراك أهداف التربية والسعي نحو تحقيقها.
6. مساعدة المعلمين على تعرّف أفضل الأساليب التدريسية.
7. تنسيق البرامج التعليمية.
8. تقييم عمل المؤسسات التربوية.
9. مساعدة المعلمين على تعرّف خصائص طلبتهم ومشكلاتهم.
10. ترغيب المدرسين الجدد في مهنتهم وإكسابهم المهارات التي يحتاجون إليها.

**ويوجز البعض أهداف الإشراف التربوي فيما يلي:**

- تقييم وتنمية العملية التربوية و التعليمية.
- توفير متطلبات المدارس من الكفايات البشرية والتجهيزات اللازمة.
- متابعة فعاليات اليوم الدراسي من الناحيتين التربوية والإدارية.
- تحسين المناهج وعملية التدريس وتطوير المادة.
- تطوير الخبرات والمهارات في مجال التعليم.
- تطوير النمو المعرفي عن طريق البحوث والنشرات والندوات.
- التغلب على الصعوبات والعقبات التي تواجه المسيرة التعليمية.
- متابعة درجة التقيد باللوائح المنظمة للعملية التعليمية في المدارس.
- تقسيم المعلمين إلى فئات من حيث الحاجة إلى الخدمات الإشرافية المناسبة لهم.
- إعداد التقارير الدورية وإجراء الدراسات والإحصاءات للتقييم والمعالجة.

**ويرى البعض الآخر أنّ أهداف الإشراف التربوي تتمثل فيما يلي:**

- إثارة اهتمام المعلمين وتشويقهم بالعملية التعليمية وتحسينها،أي أن يكون هناك استمرارية في التحسين على أن يكون التحسين واستمراره دون هدف بل يربط بالهدف الذي يحدد. بحيث يساعد هذا على نمو المعلمين نمواً مهنياً مستمراً[1].
- مساعدة المعلم على إدراك الغايات التربوية بشكل واضح، وتعرف دور المدرسة في تحقيق هذه الغايات
- مساعدة المعلم على الإلمام التام بالمنهاج والمقررات الدراسية ضمن نطاق تخصصه.

(1) رداح الخطيب واخرون، الإدارة والإشراف التربوي، ص 139.

- مساعدة المعلم على إدراك مشكلات الطلبة وحاجاتهم والتحديات التـي تـواجههم بهـدف مسـاعدتهم على مواجهتها.

- تحسين المناخ المدرسي وتعزيز علاقات التعاون بين أفراد الأسرة المدرسية والسعي نحو تطويرهم مهنياً وعلمياً.

- بناء قاعدة خلفية صلبة بين جماعات المعلمين بحيث ينظر الواحد منهم انه مكمل للآخر ومعزز له[1].

- التأكد من درجة كفاءة المعلم في مهنته وذلك لتعزيز جوانب القوة ومعالجة جوانب الضعف لديه.

- إيجاد مناخ ملائم للمعلم الجديد، ومحاولة تكييفه مع الوضع الجديد.

- مساعدة المعلم في تشخيص ما يلقاه مـن صعوبات في عمليـة التعلـيم وفي رسـم الخطـة لـتلافي تلـك الصعوبات والتغلب عليها.

**وهناك من يذهب إلى أن أهداف الإشراف التربوي تتمثل فيما يلي:**

- محاولة تحقيق الأهداف التربوية، وتوجيه المعلمين إلى مراعاتها، وإلى إدراك الفرق بين الغاية والوسيلة.

- مساعدة المدرسين على اتباع أفضل الأساليب التربوية والاستفادة منها في التدريس، وإطلاعهم على كـل جديد في ميدان تخصصهم.

- تحديد حاجات المعلمين، وتكوين علاقات إنسانية طيبة بين أعضاء هيئة التدريس.

- احترام شخصية المعلم واحترام قدراته الخاصة ومساعدته في تحديد مشكلاته وتحليلها واقتراح الحلـول المناسبة لها.

- العمل على تنظيم البيئة التربوية و تنسيق البرامج التعليمية لتحسين العملية التدريسية.

---

(1) محمد حامد الافندي، المشرف التربوي، ص 130.

- مساعدة المدرس على تقييم أعمال التلاميذ، و تقييم نفسه.

وأخيراً فإنّ مسؤولية التربية هـي دراسـة وتحديد الأهداف التعليميـة العامـة، وهـذه العمليـة تتطلب خدمات تربويين مهنيين كالمشرفين، ولكن لا تقتصر مسؤوليـة الإشراف التربوي علـى الاشـتراك في هذه العملية وحسب، بل تتطلب مسؤولية خاصة هـي تسـهيل العمليـة ونشر الإنتـاج وتوزيعـه علـى مستوى الاختصاص، كما ينبغي إشراك المعلمين للعمل مع المشرفين في تطوير الأهداف التربويـة لتعزيـز التناسق والتعاون فيما بينهم لتحقيق توقعات النظام التربوي.

## \* التخطيط للإشراف التربوي :

يمثل التخطيط الركيزة الأولى في رسالة المشرف التربوي، فعن طريقه تحدد الأولويـات الإشرافيـة، وتختار النشاطات والفعاليات والبرامج الإشرافية الملائمة لتحقيق أهداف الإشراف التربوي، بعيداً عـن العشوائية والعفوية التي ينتج غالباً عنها عديد من المشكلات فضلاً عن ضياع الوقت وإهداره فيما لا طائل منه.

ومن الموجهات الأساسية التي يضعها المشرف التربوي أمامه وهـو مقبـل علـى تخطيطه لعمليـة الإشراف التربوي ما يلي:

1. أن تكون خطته للإشراف التربوي نابعة من نتائج تحليل المعلومات و البيانات التي يحصل عليهـا مـن مجالات الإشراف التربوي، بمعنى أن تلبي الخطة حاجات أساسية تتمثل في تطوير قدرات المعلمين، و المنهج الدراسي، و البيئة المدرسية.

2. أن تكون أهداف الإشراف التربوي واضحة ومرتبـة حسـب الأولويـات التي يظهرهـا تحليـل الواقـع والتصور المستقبلي، بحيث تتجه جميع الجهود لتحقيقها.

3. اختيار الوسائل و الإجراءات و المستلزمات الفاعلـة و المناسبة لتحقيـق أهـداف الإشراف التربوي، اختياراً يتفق و أساليب تحقيق الأهداف.

4. أن تكون الخطة خاضعة للتجريب لتثبت فاعليتها، و إبراز أوجه قوتها ونقاط الضعف فيها دون استعجال للنتائج.
5. أن تتضمن الخطة إجراء تقييم لكل النشاطات و الأدوات التي استخدمت وفق معايير محددة، وأن تكون متلازمة مع النشاطات الإشرافية.
6. أن يبتعد التخطيط عن الرتابة والنمطية والروتين الممل و الأساليب التقليدية، ويتجه إلى الإبداع.
7. أن تكون الخطة في عدة مستويات، بمعني أن تتجزأ الخطة السنوية إلى خطة فصلية وشهرية، يراعى فيها التوافق و الانسجام و عدم التعارض.

## الخطة الإشرافية وعناصرها:

يحتاج المشرف التربوي أن يرسم خطة سنوية فاعلة متكاملة تتضمن مجالات الإشراف التربوي الرئيسة: رفع كفاية المعلمين، وتطوير المناهج الدراسية، وتحسين البيئة المدرسية، بما تتضمنه من عناصر متفاعلة، بشرية ومادية.

ينبثق من الخطة السنوية التي يضعها المشرف التربوي ثلاثة مستويات: الخطة الفصلية،والخطة الشهرية، والخطة الأسبوعية. وتتضمن كل منها مجموعة من الأهداف في مجالات الأشراف التربوي و الأنشطة الإشرافية الملائمة وجدولة زمنية تتناسب مع نوعية الأهداف، و النشاطات الإشرافية والإمكانيات المتوافرة، و أنشطة تقويمية مبنية على دلالة الأهداف.

**ويمكن تفصيل مراحل بناء الخطة الإشرافية كما يلي:**

- **أولاً: مرحلة جمع البيانات والإحصاءات الأولية:**

تعد هذه المرحلة أساسية وهامة في عمل المشرف التربوي، إذ عن طريقها تستخرج مجموعه من المؤشرات والموجهات لأهداف خطته ونشاطاتها، وهذه المرحلة تتضمن:

أ. عدد المدارس التي يشرف عليها ومراحلها وتوزيعها الجغرافي.

ب. نوعية البيئات المدرسية التي يشرف عليها، ومدى انسجام إداراتها ومعلميها.

ج. عدد المعلمين والمديرين ومؤهلاتهم وسنوات خبراتهم.

د. مستويات تحصيل الطالب كما أظهرتها نتائج الاختبارات وخصوصا في المادة التي يشرف عليها.

هـ. المناهج الدراسية التي يشرف على تنفيذها والتعديلات الحادثة عليها.

و. الظروف الاجتماعية والاقتصادية في البيئة المحلية للمدارس التي يشرف عليها.

ز. تقديرات الأداء الوظيفي للمديرين والمعلمين.

ح. التقنيات والإمكانيات المادية المتوافرة في المدارس.

- **ثانياً: تنظيم المعلومات والبيانات والإحصاءات وتبويبها:**

لكي يسهل تناول المعلومات والبيانات وتوظيفها في الكشف عن الحاجات الإشرافية، يمكن تنظيمها على النحو التالي:

1. حفظها وتبويبها في الحاسب الآلي حسب نوعية البيانات وموضوعاتها أو تنظيمها في ملفات خاصة حسب المجالات الإشرافية.
2. تلخيصها في بطاقات خاصة سهلة التناول.

مع التأكيد في هذه المرحلة على ضرورة تحديث المعلومات والبيانات وتنميتها من المصادر المتاحة.

## - ثالثاً: مصادر المعلومات والبيانات والإحصاءات:

توجد عدة مصادر يمكن أن يستقي منها المشرف التربوي معلومات وبيانات وافية في المجالات التي يستهدفها ومنها:

1. الاستبيانات التي تعممها الإدارة التعليمية.
2. نتائج اجتماعات وزيارات العام الماضي.
3. نتائج تحصيل الطلاب مثل الخلاصة النهائية لنتائج طلاب المرحلة الثانوية التي تصدر الإدارة العامة للتعليم.
4. نماذج أسئلة الاختبارات الفصلية والنهائية التي يعدها المعلمون.
5. الملاحظات الموضوعية غير المتسرعة التي يدونها المشرفون التربويون عن المديرين والمعلمين و الطالب.
6. أقسام الإشراف التربوي في إدارات التعليم ولاسيما ما يتعلق منها بالمعلمين الجدد والمقررات الدراسية المعدلة.

## - رابعاً: مرحلة وضع الخطة الإشرافية:

نظراً لأن عملية الإشراف عملية تعاونية، وتحقيق أهدافها يتطلب تضافر جهود كل من المشرف والمعلمين والمديرين كذلك يجب أن تكون معطيات الخطة نابعة من تعاون بعض من يعنيهم الأمر مما يضمن تأييد جميع أطرافها، وان هذه الخطوات تتمثل في الآتي:

أ. تحديد الأهداف العامة للخطة السنوية بحيث تشتمل على مجالات الإشراف التربوي.

ب. تحديد الأهداف ذات الأولوية والتي من الممكن إنجازها في الفترة الزمنية المحددة للخطة.

ج. وضع مجموعة من الأنشطة والأساليب الإشرافية التي تكفل تحقيق أهداف الخطة وذلك مثل: الندوات، والمشاغل التربوية، و الزيارات الصفية، و النشرات التربوية، والدروس النموذجية وغيرها.

د. تحديد الصيغة النهائية للخطة ومناقشتها مع بعض المستفيدين منها.

## – خامساً: مرحلة التنفيذ:

لتسهيل تنفيذ الخطة العامة تجزأ إلى خطط فصلية، وشهرية، وأسبوعية تترابط معا في وحدة عضوية واحدة، وتأخذ الصورة التنفيذية عدة أشكال مثل الزيارات الصفية أو المشاغل التربوية أو البرامج التدريبية وعموما يشتمل أي نشاط إشرافي على المكونات التالية:

أ. تحديد أهداف النشاط الإشرافي بصورة إجرائية.

ب. تحديد الأدوات والوسائل المناسبة للقيام بالنشاط الإشرافي.

ج. تحديد البرنامج الزمني لتنفيذ النشاط ومكانه.

د. تحديد أسماء المشرفين أو المديرين أو المعلمين المتعاونين في تنفيذ النشاط الإشرافي، وتحديد مهامهم بدقة.

هـ. التنسيق مع الفئة المستهدفة من المعلمين في تحقيق أهداف البرنامج وتحديد توقيته الزمني.

و. تحديد الأنشطة التقويمية المناسبة لقياس مدى تحقق أهداف النشاط أو البرنامج.

فالتخطيط للإشراف التربوي من المقومات الرئيسة لنجاح المشرف التربوي، ولا يستطيع أن يستغني عنه، وذلك من منطلق أن الإشراف التربوي يجب أن يستند إلى

أهداف واضحة وشاملة تنبثق من تحليل واقع المجالات الإشرافية التي يعمـل في إطارهـا، وهـو مسـؤول عن الارتقاء بها، كما يعتمد على جمع المعلومات و البيانات الوافيـة عـن المعلمـين وكفـايتهم و المنـاهج الدراسية، وصياغة خطة عمل محددة تتلاءم مع نوعية الأهداف وطبيعتها، فالتخطيط للإشراف التربوي أسلوب للتفكير في المستقبل بتحديد معالم سير العمل اعتماداً على حاجات الميدان ومتطلباته وظروفه بما يكفل تحقيق أهدافه المرسومة.

# ملخص الفصل الأول

- يهدف الإشراف التربوي إلى تحسين التدريس.
- الإشراف التربوي عملية تربوية فنية متخصصة.
- الإشراف التربوي الحديث يتخذ مستويات عـدة هـي الإشراف الوقـائي، الإشراف التصحيحي، الإشراف البنائي.
- الإشراف التربوي كغيره من المفاهيم التربوية لا يمكن وصفه في تعريف جامع وشامل بحيث يستوعب عناصره.
- للمشرف التربوي مهام وواجبات تتعلق بالمناهج والمواقف الصفية والأساليب التدريسية والنمو المهني للمعلمين وغيرها من القضايا التربوية.
- تطور الإشراف التربوي بفعل جملة من العوامل المتداخلة والمؤثرة بطريقة مباشرة أو غير مباشرة في النظم التربوية.
- يتطلب التوسع في الخدمات التعليمية بفعل ازدياد أعداد الطلبة وبالتالي ازدياد أعداد المدارس، وجود دور فاعل للإشراف التربوي.
- يسعى الإشراف التربوي نحو النهوض بالنظام التربوي عبر عملياته المتكاملة مع بعضها البعض، ووظائفه المتعددة والمسخّرة في خدمة المؤسسات التربوية.
- يمثل التخطيط الركيزة الأولى في رسالة المشرف التربوي.
- للخطة الإشرافية مراحل ينبغي على المشرف التقيد بها لبناء خطة ناجحة.

# الفصل الثاني

# النظرية في الإشراف التربوي

- تمهيد.

- تطور الإشراف التربوي تبعاً لتطور النظريات الإدارية.

- الإشراف ونظرية الإدارة العلمية.

- الإشراف وحركة العلاقات الإنسانية.

- الإشراف ونظرية الإدارة العلمية الجديدة.

- الإشراف التشاركي.

- إشراف المصادر البشرية.

- الإشراف الإكلينيكي.

# الفصل الثاني

## تمهيد

من البديهي الإدراك بأنّ النظرية تختلف باختلاف استخداماتها واختلاف العلوم والمعارف التي تطبق فيها، إلا أنّ المتفق عليه أنّ النظرية تعني مجموعة من الفرضيات التي يمكن التوصل من خلالها إلى مبادئ تخدم علماً معيناً، وقد أسهم العديد من العلماء في وضع تعريفات تدور في فلك التعريف السابق للنظرية، فقد عرّفها (فيجل Feigl) بأنها: مجموعة من الفروض يمكن منها باستخدام المنطق الرياضي التوصّل إلى مجموعة من القوانين التجريبية، وعرّفها (سارجنت و بلزل Sargant & Blisle) بأنها مجموعة من المعتقدات التي يقبلها الفرد كموجّهات في طريقة حياته، كما عرّفها (مور Moore) بأنها مجموعة من الفروض التي يمكن منها التوصل إلى مبادئ تفسّر طبيعة الإدارة، وعرّفها (جريفث Griffiths) بأنها: مجموعة من الفروض التي يمكن أن يُستخلص منها قوانين تجريبية قابلة للاختبار.

إذاً فالنظرية تصوّرٌ عام في مجال ما يوازي التعريف في قيمته ويسهم في تفسير البيانات للوصول إلى النتائج، وتعتبر النظرية في الغدارة التربوية ضرورة ملحّة للتعامل بطريقة سليمة في المواقف التي تواجه الإداري التربوي أو المشرف التربوي - وهو من يهمنا في هذا الصدد - كما تعتبر النظرية وسيلة وليست غاية، ذلك أنها تشكل البوصلة التي يتم من خلالها توجيه الممارسة في العمل التربوي نحو الاتجاه الصحيح،فهي تمثل إطاراً مرجعياً، حيث يتم الرجوع إليها لحل المشكلات من خلال تحديد البدائل المناسبة لحل المشكلة، الأمر الذي توفره النظرية.

ويعود الاهتمام بالنظرية في الإدارة التربوية - والتي يعتبر الإشراف جزءاً منها – إلى منتصف القرن العشرين تقريباً، حيث كان السبق في التأليف في هذا الموضوع من نصيب (كولادراسي وجيتيزلز) في كتابهما "استخدام النظرية في الإدارة التعليمية" وذلك في عام 1954.

ولابد من الانتباه إلى الفرق بين مبادئ النظرية في النواحي العلمية، ومبادئها في النواحي الاجتماعية والإنسانية، ففي النواحي العلمية تستند النظرية إلى براهين وحقائق علمية ثبتت صحتها، أما في النواحي الاجتماعية والإنسانية فإنها تستند إلى معايير تحدد مفهوم النظرية ومجال عملها، ولعلّ أهم هذه المعايير[1]:

- الأسس والمبادئ التي يعتمدها الإداري في عمله.
- الحقائق المطلوبة وطريقة جمعها (جمع المعلومات بالأسلوب العلمي).
- المعرفة الجديدة التي توصل إلى فرضيات قابلة للاختبار.
- تفسير المواقف الإدارية.
- التوصّل إلى النظرية.

وتسهم النظرية في إكساب العمل الصفة العلمية بعيداً عن أسلوب التجربة والخطأ، فهي تسهم في تنظيم المعرفة وتنسيقها، وفي توفير المبادئ والأسس الملائمة للمواقف المختلفة، كما تساعد في التعامل مع المشكلات والتحديات بأسلوب علمي صحيح، وكذلك في شرح وتفسير المواقف الإدارية المختلفة باختلاف الزمان والمكان.

## • تطور الإشراف التربوي تبعاً لتطور النظريات الإدارية:

يعتبر الإشراف التربوي وظيفة هامة من وظائف الإدارة التربوية، وعنصراً لا يمكن الاستغناء عنه لإدارة ناجحة للنظم التربوية، وإن غاب الإشراف لا يمكن لعِقد

(1) أحمد الطبيب، الإدارة التعليمية، ص57، بتصرف.

الإشراف أن يكتمل أو يحقق الأهداف المرجوة منه كما لو كان الإشراف متوفراً وفاعلاً، وبما أنّ الإدارة التربوية تستقي من الإدارة العامة كثيراً من مبادئها وأساليبها الإدارية فقد اعتمدت عليها أيضاً في توظيف النظريات الإدارية الخاصة بالإدارة العامة في المجال التربوي وذلك من خلال تطوّر الفكر الإداري بشكل كبير ومتسارع بفعل البحوث والدراسات المتلاحقة في هذا المجال.

وقد تأثّر الإشراف التربوي - كوظيفة إدارية - بالتطورات المختلفة للنظريات والدراسات الإدارية التي ما انفك روادها يبذلون الجهود المضنية للخروج بنتائج تفيد ميادين العمل المختلفة.

وبناء على ما سبق فقد تطورت الأساليب الإشرافية اعتماداً على تطور النظريات الإدارية - كما تم الإشارة إلى ذلك في الفصل الأول -، وسيتم في الصفحات التالية من هذا الفصل إن شاء الله مناقشة بعض النظريات الإدارية ودرجة تأثيرها على الإشراف التربوي (أو المسمّيات المختلفة له) وتبيان مدى ملاءمتها للنظم التربوية وأفضلية كل نظرية على الأخرى.

وتعتبر المدرسة الكلاسيكية الأقدم من بين المدارس والتيارات التي درست العملية الإدارية، وقد سادت هذه المدرسة منذ عام 1880 إلى عام 1930 تقريباً، ويؤمن رواد هذه المدرسة بضرورة مركزية الإدارة، بحيث يتم وضع السياسات واتخاذ القرارات لأية مؤسسة في المستويات العليا للهيكل الإداري، بينما يوكل أمر تطبيقها وتنفيذها إلى المستويات الدنيا في المؤسسة، ويتم ذلك استناداً إلى فرضية مفادها أنّ المهارات الإدارية تحدد ضمن المستويات الأعلى للهيكل الإداري[1].

(1) هشام مريزيق، دراسات في الإدارة التربوية.

## • الإشراف ونظرية الإدارة العلمية:

تعتبر نظرية الإدارة العلمية النظرية الأقدم في الإدارة، إذ تعود إلى أوائل القرن العشرين، وقد وضعها (فريدريك تايلور) وناقشها في كتابه "مبادئ الإدارة العلمية"، وكان تايلور - الذي كان يعمل مهندساً صناعياً في شركة خاصة لصناعة الفولاذ في الولايات المتحدة الأمريكية - يهدف إلى تحسين الإنتاج، فدرس إمكانية تحين قابلية الأفراد لزيادة الإنتاج، كما درس الظواهر الإدارية علمياً لفهم وتعرّف العوامل التي تؤثر في أداء العاملين أثناء العمل، وتبيّن له بعد دراسات حثيثة أنّ هذه العوامل تتمثل في: رضى العاملين عن أجورهم (رواتبهم)، وتوفر الحقوق الوظيفية للعمال.

وقد سميت نظرية تايلور بـ (العملية) ؛ لأنها اعتمدت على الملاحظة الموضوعية الدقيقة وعلى أسلوب تحليل المهمات[1]، فقد سعى تايلور إلى اكتشاف الوقت الملائم وحركات الجسم اللازمة لإنجاز عمل ما بأسرع وأفضل طريقة ممكنة، فدرس تحليل الوقت والحركة في العمل وذلك بالاعتماد على تطبيق بعض المهارات والواجبات في العمل، وقد برّر ذلك بوجود منفعة متبادلة بين المؤسسة والعاملين، فإدارة المؤسسة تبغي إنتاجية أعلى، والعاملون يرغبون في أجور أعلى لتحسين ظروفهم المعيشية، واستنتج تايلور أنّ بالإمكان تحقيق ذلك إن طُبِّقت مبادئ نظريته التي اعتبرت قواعد للعمل الإداري لفترة من الزمن والمتمثلة فيما يلي:

- **دراسة الوقت:** وتعني دراسة المدة التي يتطلبها إنجاز مهمة معينة، وتحديد هذه المدة وإلزام العاملين التقيد بها وذلك بناء على طبيعة تلك المهمة.

---

(1) كمال دواني، الإشراف التربوي: مفاهيم وآفاق، ص58.

- **المهمة اليومية:** وتعني تحديد وتوضيح العمل المناط بالفرد خلال اليوم، لتجنب إضاعة الوقت دون عمل، ويشمل ذلك العاملين في المستويات العليا والدنيا في المؤسسة.

- **الأجر بالقطعة:** وتعني أنّ الأجر الذي يتقاضاه العامل مرتبط بإنتاجه، فكلما زاد الإنتاج زاد الأجر.

- **انفصال التخطيط عن الأداء:** ويعني أنّ التخطيط للعمل من مسؤولية الإدارة، وأنّ أداء العمل من مسؤولية العاملين، وهذا المبدأ لا يعطي الحق للعاملين بالتدخل في سياسات المؤسسة أو خططها.

- **الطريقة العلمية في العمل:** وتعني وجود طريقة للقيام بالمهمات على العاملين الالتزام بها بدقّة، حيث تقوم الإدارة بتحديدها وتدريب العاملين عليها، وذلك للقيام بالعمل بأسهل وأسرع وأدقّ طريقة بغية زيادة الإنتاج.

- **السيطرة الإدارية:** وتعني أن تقوم الإدارة بالسيطرة على سير العمل من خلال أفراد تقوم بتدريبهم أيضاً على طرق إنجاز المهمات، لتكون مسؤوليتهم الإشراف على العاملين وتوجيههم، وعادة ما تناط هذه المهمة برؤساء الأقسام والمراقبين.

- **الإدارة الدينامية:** وتعني - من وجهة نظر تايلور - إعادة النظر في القوانين واللوائح المعمول بها، وذلك لتنظيم العمل وتحديثه وتطويره.

**وقد واجهت نظرية الإدارة العلمية انتقادات عدة لعل من أهمها:**

1. أنها ركّزت على الحوافز المالية فقط لزيادة الإنتاج، وأهملت دور الحاجات الاجتماعية والإنسانية كلياً والتي تؤثر بالتأكيد على معدل إنتاج الأفراد.

2. أنها فصلت صنع السياسات عن تطبيقها، الأمر الذي يصادر حرية العاملين في إبداء آرائهم واقتراحاتهم، كما يُلغي استشارتهم حول سياسات المؤسسة مما يجعل التخطيط ووضع السياسات بعيداً عن الحقيقة والواقع.

3. أنها تجعل الإدارة تسلّطية في التعامل مع الأفراد، حيث تنفرد المستويات العليا في الإدارة بوضع السياسات.
4. أن العلاقة بين المؤسسة والأفراد هي علاقة تعاقدية (بموجب عقود)، مما يعطي الإدارة الحق في وضع أي قيود أو شروط على العمال بغرض تحقيق حد أقصى للربح والحفاظ على مصالح المؤسسة، وقد يشمل ذلك الاستغناء عن خدمات الفرد.
5. أنها اهتمت بمصلحة المؤسسة على حساب مصلحة العاملين، فربطت تحسين أحوالهم بمدى إنتاجهم فقط.

يتبيّن مما سبق أنّ الإدارة العلمية تعتبر العاملين أفراداً تابعين للإدارة العليا يتم تسخيرهم لتنفيذ الأعمال المحددة لهم مسبقاً والمُدَرَّبين عليها حسب ما تراه الإدارة صحيحاً ونافعاً لمصالح المؤسسة، ولا ينبغي في هذه الحالة الأخذ بآراء العاملين، ذلك أنهم يتقاضون أجراً على أعمالهم.

هذه الأفكار والافتراضات نُقلت إلى الإشراف التربوي، حيث يُنظر إلى المعلمين وفقاً له كأدوات لتنفيذ المنهاج الدراسي المُعد إعداداً مُتقناً وبأنظمة تعليمية جاهزة، يعقبها عملية إشرافية منتظمة للتأكد من أنّ المعلمين يقومون بمهماتهم وفقاً للخطة المرسومة[1]، وكانت هذه النظرة سائدة بوضوح في النظم التربوية في كافة أنحاء العالم في الربع الأول من القرن العشرين، وبما أنّ المعلمين يتلقون رواتب نتيجة لعملهم فإنّ عليهم إنجاز الأعمال الموكولة إليهم بكفاءة عالية، وعليه تتم مكافأتهم، أما إذا لم يحسنوا إنجاز مهماتهم فيتم الاستغناء عنهم، وكان المشرف التربوي نتيجة لذلك هو من يُصدر الأحكام على المعلمين ويساهم في تصنيفهم إلى مستويات توضّح مدى كفاءتهم في العمل.

(1) كمال دواني، المرجع السابق نفسه، ص58، بتصرف.

إنّ التعامل مع العملية التدريسية وكأنها خط إنتاج في مصنع أمر خاطئ، فالنظام التربوي نظام إنساني يتم من خلاله التعامل والتفاعل مع شرائح مختلفة من البشر- من حيث المعتقدات والأفكار والتوجهات والقيم، ولابد من التحلّي بقدر كبير من المرونة في التعاطي معهم وليس ضمن قالب معين من السلوكيات، إذ لا تعني ملاءمة سلوك ما في موقف تعليمي معين ملاءمته لمواقف أخرى في أماكن أو أزمنة أخرى، وعليه فإنّه من الأفضل أن تكون العلاقة بين المشرف التربوي والمعلمين إيجابية في جوٍّ تسوده مشاعر الاحترام والزمالة وتقدير الآخرين وأفكارهم، بعيداً عن أجواء الضبط والمراقبة والمحاسبة التي تحكمها علاقة رئيس بمرؤوس والتي لم تَعُد أمراً مقبولاً في نظم تربوية حديثة تسعى نحو التطوّر والإبداع.

### • الإشراف وحركة العلاقات الإنسانية:

لم تصل حركة العلاقات الإنسانية إلى حد الاعتراف بها كنظرية ، أو لم تنتج نظرية جديدة محددة، لكنها ارتبطت بمفاهيم مثل [الإنسان الاجتماعي، والإدارة الديمقراطية، والإدارة التشاركية]، ويعتبر {إلتون مايو - الأستاذ في جامعة هارفرد} رائد هذه الحركة، والذي اشتهر من خلال "دراسات هوثورن" التي أجريت في مصانع هوثورن التابعة لشركة {وستيرن إليكتريك} في شيكاغو بالولايات المتحدة الأمريكية، فقد ركزت هذه الدراسات في تجاربها على متغيرات عدة كالإضاءة وبرنامج العمل والأجور (الرواتب).

## تجارب هوثورن (أثر هوثورن):

أجرى {إلتون مايو} وفريق البحث المساعد له، عدة تجارب في مصانع هوثورن، وأدخلوا متغيرات مختلفة في كل تجربة كما يأتي:

### 1. التجربة الأولى: علاقة العمل بمستوى الإضاءة:

حيث افترض مايو بأن مستويات الأداء ستتحسن بزيادة مستوى الإضاءة، لكنـه فوجئ بتحسـنها بوجود إضاءة خافتة.

### 2. التجربة الثانية: علاقة الأداء ببرامج العمل:

وافترض فيها أن التعب الجسدي والإجهاد يـؤثر غـلى مسـتوى الإنتاجيـة بانخفاض الأداء، لكن النتيجة كانت زيادة الإنتاج بالرغم من التعب والإجهاد.

### 3. التجربة الثالثة: علاقة الأداء بتغيير طريقة دفع الأجور

حيث افترض مايو بأن الأخيرة ستؤثر سلباً في مستوى الأداء لـدى العاملين، لكـن النتيجـة كانت عكس ما توقع.

ولعل السبب في تلك النتائج المخالفة لتوقعات مايو المنطقية يعود إلى إبلاغ مايو للعاملين بأنهم تحت التجربة والدراسة، بالإضافة إلى قيام مساعدي مايو بدور المشرفين على العـاملين، الأمـر الـذي أدى إلى تفانيهم في العمل وزيادة إنتاجهم.

لقد لاحظ مايو زيادة الإنتاج في حالة خفض مستويات الإضاءة، وتغيير بـرامج العمـل، وتغيـير طريقة دفع الأجور، وكان متوسط هـذه الزيـادة { 112 % }، واسـتنتج أن السـبب وراء انـدفاع الأفـراد لزيادة الجهد في العمل في ظل المتغيرات السابقة، يعود إلى أن لـديهم حاجـة نفسـية عميقـة لاهتمام المنظمة بهم والانفتاح عليهم، والاستماع إلى مشاكلهم.

كما أشار إلى النتائج الاجتماعية لأثر هوثورن، والمتمثلة بالأبعاد الإنسانية للعمل (علاقـات المجموعة)، فهذه العلاقات تؤثر بفاعلية على السلوك بغض النظر عن المعايير التنظيميـة للمؤسسـة أو مصالح الأفراد الشخصية.

لقد استعمل الكثير من المدراء أسلوب مايو في مؤسساتهم لتحقيق مكاسب سريعة في معدلات الإنتاج، فكان ذلك بطرق متعددة منها: إعلان التفتيش المفاجئ، أو مراقبة العاملين بآلات التصوير، فيبقى العاملون مهتمين بإنجاز أعمالهم بأفضل شكل وسرعة قياسية، كما أصبحت طريقته فلسفة الإدارة السائدة في حينها، فقد قامت العديد من الإدارات بإعطاء المشرفين الفرصة للعب الأدوار التي لعبها مساعدي مايو في أثناء دراسته، لكن ذلك أسهم في تراجع الإدارة في الكثير من المؤسسات، بسبب انشغالها في أمور غير حيوية للأفراد أو للمؤسسة، مما أدى إلى الحد من حركية المجموعات داخل المنظمات.

## أفكار وتوصيات حركة العلاقات الإنسانية:

1. يجب أن لا يتصرف المشرفون كمشرفين أو مراقبين، وإنما كأصدقاء ومستشارين للعمال.
2. اهتمام المدراء وقلقهم على نوعية العمل أو الإنتاج، لا يجب أن يكون على حساب الجوانب الاجتماعية والإنسانية للعمل.
3. أخذ آراء الأفراد بشكل دوري حول شعورهم تجاه العمل والمشرفين والزملاء.
4. معدل الإنتاج ناجم عن الروح المعنوية للأفراد والإشراف الإنساني.
5. احترام آراء العاملين واستشارتهم قبل أي تغيير في المنظمة.

لقد جاءت حركة العلاقات الإنسانية على النقيض تماماً من نظرية الإدارة العلمية (بما كانت تفرضه من قسوة على العاملين وعدم الاهتمام برضاهم وإمكانياتهم وحتى آرائهم في طبيعة العمل الذي يقومون به)، لهذا استطاعت حركة العلاقات الإنسانية وعلى وجه الخصوص في عصرها الذهبي (1935 – 1960) الظهور بقوة وخاصة بعد توظيفها في الميدان التربوي وإظهار وجهة نظرها في المدارس والمعلمين.

وقد نظرت هذه الحركة إلى المعلمين باعتبارهم أشخاصاً لهم حقوق ينبغي أن يحصلوا عليها، وتقديم مصلحتهم على جميع المصالح، وذلك لضمان قيامهم بأعمالهم في جوٍّ مريح، فالهدف الرئيس لهذه الحركة هو إيجاد شعور بالرضى لدى المعلمين وإشعارهم بمكانتهم وقيمتهم والثقة في قدرتهم على القيام بالعمل بكفاءة عالية، وذلك استناداً إلى افتراض مفاده أنّ أعضاء هيئة التدريس الذين يشعرون بالرضى يعملون بحماس أكبر وتسهل قيادتهم كما يسهل التعامل معهم، إضافة إلى أجواء الاحترام المتبادل التي ستسود داخل أروقة المؤسسة التربوية، وقد ظهرت مع حركة العلاقات الإنسانية مفاهيم جديدة تفيد المشرفين في ممارساتهم الإشرافية ومن بين تلك المفاهيم: المعنويات، وديناميـة الجماعة، والإشراف الديمقراطي[1].

إنّ العلاقات الإنسانية ليست مجرد كلمات طيبة أو عبارات مجاملة تُقال للآخرين، وإنما هي بالإضافة إلى ذلك تفهُّمٌ عميق لقدرات الناس وطاقاتهم وإمكاناتهم وظروفهم ودوافعهم وحاجاتهم، واستخدام كل هذه العوامل في حفزهم على العمل معاً كجماعة تسعى لتحقيق هدف واحد في جو من التفاهم والتعاون والتعاطف[2].

ولا يمكن إغفال دور العلاقات الإنسانية القائمة على الاحترام المتبادل وتقدير الآخرين في إقبال المعلمين على الإنجاز والإبداع بأقصى ما يستطيعون من جهد، وفي كسر حاجز الرهبة بينهم وبين المشرفين التربويين، فعند توافر هذه العلاقات بين الطرفين يكون اللقاء بينهما – بلا أدنى شك – مثمراً وإيجابياً ويسهم في رفد العملية التعليمية بكل مفيد.

(1) كمال دواني، المرجع السابق نفسه، ص59، بتصرف.

(2) جودت عزت عطوي، الإدارة التعليمية والإشراف التربوي، ص187.

إلا أنّ سوء توظيف واستثمار حركة العلاقات الإنسانية في الإشراف التربوي، إضافة إلى بعض الأفكار النظرية الخاطئة نوعاً ما، أدّت إلى تحوّل الإشراف - أثناء ممارسته وفق مبادئ حركة العلاقات الإنسانية - إلى إشراف متساهل أو متسيّب غلب عليه طغيان المصالح الشخصية، وروابط القربى، والصداقة، بين المشرفين والمعلمين على حساب مصلحة العمل، فلم يعد باستطاعة المشرفين التأثير على المعلمين إلا من خلال العلاقات الشخصية بين الطرفين، ولعلّ أهمّ ما قيل عن هذه الحركة بأنها "وعدت بالكثير ولم تنجز إلا القليل".

## • الإشراف ونظرية الإدارة العلمية الجديدة:

بينما كان [ فريدريك تايلور ] منهمكاً بالكتابة عن نظريته العلمية في الإدارة في أمريكا، كان المهندس الفرنسي [ هنري فايول ] يدعو لنظرية علمية في كتابه: {الإدارة الصناعية والعامة General and Industrial Management} والتي أكد فيها بشكل أكبر على الخاصية المركزية للإدارة، كما شدد فيها على ضرورة التضحية بمصالح الفرد من أجل مصالح المؤسسة، ويرى [ فايول ] بأن السلوك الإداري يتضمن خمس وظائف هي:

*التنبؤ والتخطيط.

* التنظيم.

* الأمر.

* توحيد وتنسيق الجهود.

* التحكم والسيطرة.

وقد حاول [فايول] من خلال أبحاثه ودراساته، تحليل التركيبة الإدارية وكذلك الطريقة التي تنفذ بها الأعمال الإدارية، وكان قلقاً في تحليله من تسلسل السلطة،

والمركزية في السلطة وكذلك من التركيب الخارجي للتنظيم، ولكنه استنتج في النهاية أربعة عشر مبدأً تخص العمل والمنظمة وهي كما يلي:

* **تقسيم العمل**: إذ يجب تقسيم النشاطات في المؤسسة أو المشروع إعتماداً على المهارات المتخصصة.

* **السلطة والمسؤولية**: بمعنى تنفيذ الواجبات المختلفة من قبل أعضاء المؤسسة وحق السلطة في إعطاء الأوامر للأفراد لتنفي الأعمال وهذا يعتمد على موقع الفرد وقوة الشخصية.

* **الانضباط**: فعلى العاملين إتباع القواعد والتعليمات المحددة من الإدارة.

* **وحدة الأمر**: أي استلام الأوامر من قائد واحد فقط.

* **وحدة الاتجاه**: بمعنى أخذ جميع العناصر الداخلية في المؤسسة وتوحيدها تحت رمز واحد للأوامر والتوجيهات.

* **تبعية مصالح الفرد للصالح العام**: وهذا يتضمن التضحية من أجل تحقيق أهداف المؤسسة.

* **المكافأة**: بمعنى تعويض العاملين بشكل كافٍ من خلال العلاوات والأجور بناءً على عملهم.

* **المركزية**: أي أن تتركز السلطة في شخص واحد، وتفويض السلطة عند الضرورة.

* **تسلسل السلطة** من القمة إلى القاع في التركيبة الإدارية.

* **أن يكون هناك مكان لكل شيء**، ووضع كل شيء في مكانه الصحيح.

* **العدالة**.

* **الاستقرار**: بأن لا يغير العاملون وظائفهم كنتيجة للإدارة السيئة، أو لاستيائهم من العمل.

* **المبادرة**: أي تشجيع الأفراد على أخذ زمام المبادرة في التخطيط والتطبيق.

**\* روح الوحدة:** وذلك بتحسين الروح المعنوية لدى العاملين بالطرق المختلفة.

لقد جاءت **نظرية الإدارة العلمية الجديدة** كردّ فعل على حركة العلاقات الإنسانية التي أسهمت في إيجاد نمط إداري تسيّبي لا يهتم بالمؤسسة بقدر اهتمامه بالأفراد، وطبقت هذه النظرية في الميدان التربوي واستخدمت كطريقة في الإشراف شأنها في ذلك شأن بقية النظريات الإدارية الأخرى، وهي شبيهة من حيث التوجه بنظرية الإدارة العلمية لـ (تايلور) ولكن مع بعض الاختلافات في الشكل والتطبيق.

إنّ النتائج السلبية التي نجمت عن حركة العلاقات الإنسانية وما تسببت فيه مـن عـدم اهتمام بأداء المعلم في غرفة الصف وعدم الاهتمام بعمليات الضبط والرقابة والمساءلة، كلّ ذلك أدى إلى ظهـور هذه النظرية وتوظيفها في مجال الإشراف التربوي وذلك في ستينات القرن العشرين، فظهرت بناءً علـى ذلك إجراءات تقييم الحاجات التربوية وتحليل النظم ومبادئ الإدارة بالأهداف.

ومع أنّ الإشراف التربوي وفقاً لهذه النظرية قد لجأ إلى ممارسات أكثر موضوعية، إلا أنـه لم يلـق ترحيباً من المعلمين في الميدان، ذلك أنّه لم يكن يختلـف عـن ذلك الإشراف الـذي يطبّـق مبـادئ نظريـة تايلور من حيث التركيز على أساليب الضبط والمساءلة، وكذلك التركيـز علـى بُعـدي العمل والإنتاج، وضرورة تنفيذ الواجبات الموكولة إلى المعلمين بدقة، فقد كانت الانتقادات الموجهـة إلى إشراف الإدارة العلمية الجديدة مشابهاً لتلك الموجهة لإشراف الإدارة العلمية التقليدية.

## • الإشراف التشاركي:

ينادي هذا الأسلوب الإشرافي بأن يكون الجهد المبذول مـن قبـل المعلمـين طبيعياً وضـمن قدراتهم وإمكانياتهم التي يحتملونها، وأنّ التعامل معهـم لا يسـتدعي الرقابة أو المسـاءلة أو السـيطرة الخارجية، أو التهديد بالعقاب، ذلك أنّ إقبالهم على العمل محكوم

بدوافع ذاتية يسعون من خلالها وبإرادتهم نحو تحقيق أهداف المؤسسة التربوية، ويرى مؤيدو هذا الأسلوب أنّ ذلك من شأنه زيادة قابلية المعلمين نحو العمل وزيادة الحس بالمسؤولية، الأمر الذي يدفعهم إلى الابتكار والإبداع في العمل التدريسي.

يفترض الإشراف التشاركي أنّ المعلمين يعملون بجد ويسعون نحو الإنجاز، وأنّ بإمكانهم تحمّل الأعباء المترتبة على عملهم، كما أنّ بإمكانهم تحمل مسؤوليات إضافية وذلك من باب حب العمل والانتماء للمهنة، وبناءً على هذه الافتراضات يتم تحديد الثواب المادي والمعنوي للمعلمين، أما العقاب فلا يُحبّذ الحديث عنه، وبما أنّ المعلمين يتصفون بهذه الصفات - من وجهة نظر الإشراف التشاركي - فإنّ المشرف التربوي وفقاً لهذا الأسلوب هو إنسان يتحلّى بالصبر والتسامح واللطف في التعامل بالإضافة إلى تواضعه وثقافته الواسعة، كما يتميز بهدوء الأعصاب والتنظيم والتنسيق والتعاون مع المعلمين بطريقة إيجابية، إلى جانب أنّه طَموح ولديه رؤية مستقبلية ولديه كذلك مقدرة على التفاوض والإقناع.

**لقد اتجهت المؤسسات التربوية إلى استخدام هذا الأسلوب من الإشراف التربوي، وذلك بسبب:**

1. حاجة المعلمين إلى خدمات ومساعدات داخل الغرفة الصفية.
2. التطور السريع للمعرفة (الانفجار المعرفي) والتخصص في التدريس، الأمر الذي يتطلب مشرفين مؤهلين لمساعدة المعلمين في مواجهة التغيرات وإكسابهم المهارات المواكبة للتغيير.
3. افتقار بعض المشرفين لمهارات العمل الإشرافي، وعدم مقدرتهم على تقديم جميع الخدمات.
4. الحاجة المَلحة إلى التنسيق بين أطراف العملية التربوية.

ويتميز أسلوب الإشراف التشاركي باعتباره من الأساليب التطويرية في الإشراف التربوي، بروح الانفتاح والتعاون المستمر بين المشرف والمعلم، والقدرة المتميزة للمشرف التربوي على التنسيق بين المعلمين وتحسين مشاعرهم واتجاهاتهم ودعم قيمهم وتبنيها، وإيجاد جو ملائم من الثقة والتقدير المتبادل، مما يؤدي إلى تحسين نوعية التعليم وبناء شخصية متوازنة لكل من المشرف التربوي والمعلم [1].

## الأسس الفلسفية للإشراف التشاركي:

يبدو الإشراف التشاركي تطبيقاً عملياً لأفكار المدارس البراغماتية وإعادة البناء والتقدمية والتي تمثلت بالأفكار التالية:

1. المعلومات والحقائق ليست موجودة خارج نطاق الإنسان كما تعتقد الفلسفة المثالية، فلا حقائق خارج نطاق الواقع.

2. بالإمكان الوصول إلى الحقائق والمعلومات من خلال البحث والاستقصاء والتجريب.

3. يمكن للإنسان أن يحدد مشكلته ويضع فروضاً ويختبرها سعياً للوصول إلى نتيجة فإذا تكررت النتائج مراراً تصبح حقائق.

4. إن الحقائق نفسها حقائق ظرفية تختلف من وقت إلى آخر فليس هناك حقائق ثابتة مطلقة في حياتنا العملية أو المهنية.

5. الحقائق نتاج تفاعل بين الإنسان والبيئة.

## • إشراف المصادر البشرية:

يمثل إشراف المصادر البشرية مجموعة من المفاهيم والممارسات التي ترتبط بنظرية إدارية تُعرف بنظرية المصادر البشرية والتي تؤكد على الاهتمام ببعدي الإنتاج والعلاقات، وكذلك التركيز على الكفاءة الفردية، والالتزام، والمسؤولية الذاتية،

---

(1) يحيى محمد نبهان، المرجع السابق نفسه، ص115.

وتختلف نظرية المصادر البشرية عن حركة العلاقات الإنسانية من خلال الاهتمام الأعمق بالحاجات الإنسانية، وبإمكانيات العاملين، فالسعادة والمعنويات وحدها لا تكفي لتقدُّم المؤسسة، بل لابد من توفر فاعلية الأداء وتحمّل المسؤولية لذلك.

وتؤمن نظرية المصادر البشرية بجملة من الأفكار والمبادئ التي تعتبرها مسلمات تنطلق منها في تطبيق الإدارة، ومن أهم هذه المسلمات[1]:

- تهيئة مناخ المنظمة بشكل يحفّز العاملين فيها نحو تحقيق أقصى درجة من الفاعلية في الأداء.

- التأكيد على المعرفة والخبرة والإبداع لدى العاملين.

- توافر الثقة العالية بين أفراد المؤسسة الواحدة.

- التركيز على المرونة في العمل أكثر من التركيز على التسلسل الوظيفي.

وتعـود جـذور إشراف المصـادر البشـرية إلى نظريـة (Y) في الإدارة لـ (دوغـلاس مكروجـر .D McGregor)[2] والتي تقوم على افتراضات إيجابية بشأن العاملين، وتؤكد على أنّ الفرد العامل في مؤسسة ما له حاجات ينبغي تلبيتها، وذلك على عكس نظريته الأخرى في الإدارة والتي سميت بنظرية (X) والتي تقوم على افتراضات سلبية بشأن العاملين، ومع أنّ ما يهمنا هنا هو الإحاطة بنظرية (Y) وتعـرّف افتراضاتها، إلا أنه لا ضير من تعرف افتراضات نظرية (X) أيضاً، وذلك للإحاطة بجوانب هذا الموضوع كافة حيث من المعلوم أنه لا تُذكر إحداهما إلا ويشار إلى الأخرى وذلك لوجودهما على طرفي نقيض يثير في النفس الرغبة في تعرّفهما معاً. وفيما يلي تبيـان لهاتين النظريتين اللتين اصطلح على تسميتهما بـ (نظرية XY في الإدارة).

---

(1) جودت عزت عطوي، المرجع السابق نفسه، ص49، بتصرف.
(2) دوغلاس مكروجر: عالم نفس اجتماعي أمريكي، و هو رائد نظرية ( XY ) وناقشها في كتابه " الجانب الإنساني للمشروع " عام 1960.

تهتم نظرية XY بالحوافز، وتعتبر مبدأً أساسياً مقبولاً لتطوير أساليب وتقنيات الإدارة الفعالة، وتحتل هذه النظرية دوراً مركزياً في التطوير التنظيمي والثقافة التنظيمية المتحسنة، كما تعتبر رسالة تذكير مفيدة تحوي القواعد الطبيعية لإدارة الأشخاص والتفاعل معهم، في الوقت الذي قد تهمل فيه هذه القواعد بسهولة تحت ضغط العمل اليومي.

ويؤكد [مكروجر] بأن ثمة نظرتان أساسيتان تجاه الإداريين، ترى الأولى بأن العديد من المدراء يقومون بعملهم اعتماداً على نظرية X، ويحصلون على نتائج سلبية عموماً، أما النظرة الثانية فترى بأن المدراء المطلعين على نظرية Y، ويوظفونها في عملهم، يحصلون على أداء ونتائج أفضل، ويسهم ذلك في نمو وتطوير الأفراد.

## نظرية X {أسلوب الإدارة الاستبدادية}:

تفترض هذه النظرية بأن الإنسان يكره العمل، ويتفاداه ما أمكنه ذلك، لذا فإن أكثر الناس يجب أن يُجبروا على العمل لتحقيق أهداف المنظمة تحت تهديد العقاب، كما يفضل الفرد العادي أن يُوجه ويُرشد ويُدار ليتفادى المسؤولية، وهو قنوع نسبياً وغير طموح، بل يرغب قبل كل شئ بتأمين حاجاته.

### خصائص مدير نظرية X:

(تنطبق هذه الخصائص هنا على المشرف إن كنا نتحدث عن مشرف تربوي يتبع أسلوب نظرية (X) في الإدارة):

- غير متسامح.
- منفصل ومعزول عن الإفراد.
- بعيد ومتغطرس.
- هدوء أعصابه قصير زمنياً.

- يصدر الأوامر والتوجيهات والتعليمات.
- يصدر التهديدات ليجبر الأفراد على إطاعة الأوامر وتنفيذ التعليمات.
- لا يشارك، ولا يعمل بروح الفريق.
- غير مكترث برضى الموظفين وروحهم المعنوية.
- فخور بنفسه إلى حد التكبر.
- بليغ، وأحادي الاتجاه.
- غير اجتماعي، ولا يعتبر مستمعاً جيداً.
- حقود ولا يشكر أو يمدح، بل ويحجب الجوائز والمكافآت.
- يلوم الأفراد عند حدوث خطأ ما، بدلاً من التركيز على التعلم من التجربة ومنع تكرارها.
- لا يرحب بالاقتراحات.
- ينتقد كل شئ، وينتقم إن أمكن له ذلك.
- حزين.
- يتمسك بالمسؤولية.

إن التعامل مع المدراء (أو المشرفين) ذوي نظرية X ليس سهلاً أبداً، فهم مزعجون جداً في تعاملهم، ومن طرق تفاديهم عدم الخوض في مجابهة معهم - في بعض المسائل - لأن النتائج لـن تكون سارة للعاملين أ المعلمين (إن كنا نتحدث عن الميدان التربوي).

ويتعامل المدراء أو المشرفون ضمن هذه النظرية مع الحقائق والأرقام، فعملهم يقوم على قيـاس أعمال الأفراد ونتائج نشاطاتهم، فليس لديهم اهتمام بالقضايا الإنسانية، لـذا لا يـستفيد المـرء شيئاً إن حاول مناشدة إحساسهم أو إنسانيتهم أو مبادئهم الأخلاقية.

المدير أو المشرف في نظرية X، يدرب الأفراد على القيام بأعمال معينة بالطريقة الأمثل والأكفأ - من وجهة نظر النظام التربوي - والتي تؤدي إلى النتائج المرغوبة تنظيمياً، الأمر الذي يعطي للفرد سيطرة عملية في عمله - شاء ذلك أم أبى -.

إذاً فجوهر هذه النظرية هو الاهتمام بالنتائج والمواعيد النهائية، والعمل الإجباري، وعند تحقيق النجاح تتسع فسحة الحرية للفرد قليلاً مع التأكيد على عدم الاهتمام بمشكلات الفرد الخاصة.

## نظرية Y:

تنادي هذه النظرية بأن لا يجهد الفرد نفسه فوق طاقته التي يحتملها، بل أن يكون جهد العمل طبيعياً كما في الأعمال الأخرى أو حتى كما في اللعب، ويطبق الأفراد ضمن هذه النظرية ضبط النفس، والاتجاهات الذاتية لتحقيق الأهداف التنظيمية دون رقابة أو سيطرة خارجية أو تهديد بالعقاب، بل على العكس يهتم هذا النوع من الإدارة بتقديم الحوافز والمكافآت للأفراد حسب إنجازاتهم والتزامهم بأهداف المنظمة والوظيفة، الأمر الذي يزيد من قابليتهم ورضاهم وشعورهم بالمسؤولية في أغلب الأحيان، هذا بالإضافة إلى قدرتهم على استخدام درجة عالية من الخيال والإبداع في حل المشكلات التنظيمية على نحو واسع.

عند اتباع هذا الأسلوب يتم تحديد المسؤوليات والمهام المنوطة بالفرد ويتم أيضاً تحديد الثواب المادي والمعنوي الذي سيحصل عليه عند انتهاء العمل الموكل إليه، و لا يذكر هنا العقاب الذي سيتم إيقاعه بالفرد في حالة التقصير أو الإهمال في التنفيذ؛ لأن هذا الأسلوب يفترض أن معظم الأفراد العاملين يعملون بجد واجتهاد لتحقيق الأهداف الموضوعة مسبقاً من قبل الإدارة، هذا بالإضافة إلى أن الحافز المعنوي والمكافأة المادية محددة وواضحة المعالم، ويفترض هذا الأسلوب أن معظم الأفراد العاملين يمكنهم

تحمل مسئوليات إضافية ويسعون لها، وفي حالة حدوث تقاعس في التنفيذ يتم بناء عليه تحديد العقاب أو الجزاء الذي يتناسب مع التقصير الذي حدث.

**خصائص مدير نظرية Y:**

(تنطبق هذه الخصائص هنا على المشرف إن كنا نتحدث عن مشرف تربوي يتبع أسلوب نظرية (Y) في الإدارة).

- الصبر والتسامح.
- اللطف والمرح في التعامل مع الأفراد.
- هدوء الأعصاب عند التعامل مع المشكلات.
- التواضع والعمل بروح الفريق.
- الثقافة الواسعة، وينتقد بطريقة حضارية وغير مزعجة.
- إمكانية تغيير القرار بناء على اقتراح من أحد العاملين معه إن كان في مصلحة المنظمة.
- الرؤية مستقبلية و الطموح.
- التنظيم و التنسيق و التعاون و الالتزام و الإيجابية.

**أما فيما يخص العاملين (أو المعلمين في النظام التربوي) فإنّ من أهم افتراضات نظرية (Y) ما يلي:**

- الإنسان إيجابي بطبيعته، وهو مُحبٌ للعمل ويسعى لتلبية حاجات المؤسسة وأهدافها.
- الإنسان لا يقاوم التغيير، إنما يعمل بما فيه مصلحة المؤسسة.
- الحوافز المادية ليست وحدها القادرة على دفع العاملين لتحقيق أعلى مستوى من الفاعلية.
- الإنسان يمتلك العديد من الخصائص والاستعدادات التي تؤهله لتحمّل المسؤولية.

- الإدارة هي المسؤولة عن تنظيم الوسائل الإنتاجية لصالح أهداف المؤسسة.

وأخيراً يركز هذا الأسلوب الإشرافي على رضى المعلمين من جهة، وعلى عملية تعليمية مبدعة وناجحة إلى أعلى درجة ممكنة، وذلك من خلال إيجاد بيئة ملائمة للعمل في أجواء تسودها الثقة وتقدير الذات والرضى العام.

- **الإشراف الإكلينيكي:**

يهتم الإشراف الإكلينيكي بتشخيص المواقف التدريسية، ودراسة جوانب القوة والضعف فيها، وتفسيرها، بغية معالجة المشكلات التي تعترض تلك المواقف، لذا فإنَّ هذا النوع من الإشراف يُدعى أيضاً بالإشراف العلاجي والإشراف العيادي، ذلك أنّه يركّز على التشخيص والعلاج، من خلال ملاحظة وتحليل سلوك المعلّم التدريسي- داخل غرفة الصف سعياً نحو تحسينه وتطويره وتحديد احتياجاته.

ويُعدّ (كوجان و جولد هامر Cogan & Goldhammer) أول من طبّق هذا الأسلوب الإشرافي، فقد طوّرا هذا المفهوم لتوظيفه في برامج إعداد المعلمين قبل الخدمة في برنامج الماجستير في التربية في جامعة هارفرد، وأصبح هذا الأسلوب فيما بعد يستخدم في تدريب المعلمين أثناء الخدمة، فقد ذهب (كوجان Cogan) إلى تعريف الإشراف الإكلينيكي بأنه: مجموعة من الفرضيات والتطبيقات المُصممة لتحسين أداء المعلم في الصف، ومن ثمَّ جمع المعلومات من خلال النشاطات الصفية، وتحليلها بالتعاون بين المشرف والمعلم، أما (جولد هامر Goldhammer) فقد عرّف الإشراف الإكلينيكي بأنه: ملاحظة سلوك المعلم الصفي بدقة، وجمع المعلومات عن أداء المعلم أثناء الزيارة الصفية، ومن ثمَّ مقابلة المشرف للمعلم بعد الزيارة مباشرة.

يؤكد الإشراف الإكلينيكي على العلاقات القوية والطيبة بين المشرف والمعلم في جوٍّ يسوده الاحترام المتبادل والزمالة والصداقة، وليس علاقة رئيس بمرؤوس، ولعلّ

هذا هو ما يعطي الإشراف الإكلينيكي تلك المكانة المتميزة بين أساليب الإشراف التربوي.

ويتجه الإشراف الإكلينيكي نحو تحليل عمل المعلم وعمل الطالب، بغية إثارة الرغبة في التطور والتغيير لدى المعلمين، لتحسين أنماط سلوكهم التعليمي، كما يتناول الإشراف الإكلينيكي سلوك المعلمين التعليمي ومواقفهم الصفية بشكل مباشر من خلال مساعدتهم على إدراك سلوكهم بتعمّق في ضوء الأهداف التعليمية التي يقررونها، وإثارة الدافعية لديهم لاقتراح أساليب تدريسية جديدة ذات أثر أفضل في الوصول إلى الأهداف المرجوة.

ومن الممكن أن يستخدم هذا الأسلوب وينفذ من قبل عدد من المعلمين يخططون معاً، ويحللون تعليماً واحداً أو أكثر من أعضاء فريقهم، ضمن برنامج تحسين التعليم وتبادل الخبرات على مستوى المدرسة أو مجموعة من المدارس.

**لقد بيّن (كوجان Cogan) أنّ عناصر الإشراف الإكلينيكي (العلاجي، العيادي) تتضمن:**

- إيجاد مناخ إشراف صحي بشكل عام.
- إيجاد نظام خاص لإشراف يقوم على الدعم المتبادل بين المشرف والمعلم يسمّى الزمالة.
- إيجاد دورة إشراف تشتمل على المؤتمرات وملاحظة المعلمين أثناء قيامهم بالتعليم.

## خطوات الإشراف الإكلينيكي:

كثيرٌ هم العلماء والأساتذة الذين طوّروا خطوات الإشراف الإكلينيكي، ولكن لم يكن ثمة اختلافات جوهرية في مضمون وجهات النظر المختلفة حول هذا الموضوع، إلا أنّ الاختلاف كان في بعض المصطلحات المستخدمة في وصف تلك الخطوات وفي شرحها، ويمكن جمع ما طوّره علماء التربية في هذا المجال في الخطوات الخمس التالية:

- **أولاً: اللقاء الأول قبل الزيارة الصفية (اللقاء القبلي):**

إنّ الهدف من هذه الخطوة هو بناء علاقة بين المشرف والمعلم، علاقة تقوم على الثقة والتعاون والدعم المتبادل بين الطرفين، ويترتب على كلا الطرفين ضمن هذه الخطوة تحديد البيانات والمعلومات التي يلزم جمعها، وطريقة تسجيلها وتصنيفها، وذلك بأسلوب تعاوني يحاول فيه المعلم صياغة أهدافه وحاجاته وتزويد المشرف بجميع المعلومات التي قد يحتاجها أثناء الزيارة لملاحظة سلوك المعلم، وفي الجانب الآخر فإنّ على المشرف مساعدة زميله المعلّم في التخطيط للدرس، وصياغة الأهداف، وذلك في حدود العلاقة الودية بينهما.

وإذا لم يكن المعلم مُلمّاً بأسلوب الإشراف الإكلينيكي، فإنّ على المشرف أن يوضّح له أغراض هذا الأسلوب وخطواته ومنافعه خلال هذا اللقاء، ولربما يجب على المشرف أيضاً أن يراجع هذا الأسلوب مع المعلمين الذين سبق لهم أن تعرّضوا له[1].

إن الملاحظة الشخصية التي يقوم بها أي شخص غير مطلع على هدف النشاطات الصفية، قد تؤدي في كثير من الأحيان إلى سوء فهم وتفسير، مما يؤثر على طبيعة العلاقة اللازمة بين المعلم والمشرف، ولذلك على المشرف أن يوضح للمعلم مفهوم وطبيعة الإشرافي الإكلينيكي، وأغراضه، وخطواته ومنافعه في اللقاء الأول قبل الزيارة.

(1) إيزابيل فيفر و جين دنلاب، المرجع السابق نفسه، ص82.

ومن المؤكد أن هذا اللقاء الأول قبل الزيارة يوضح للمشرف خطة الـدرس، والطـرق التـي يمكن بها تقييم تعلم الطلاب، كما يساعد على توضيح الموقف الصفي وعلاقة الدرس بالوحدة الدراسـية، كمـا يشير إلى استجابات التلاميذ، ومن الممكن مراجعة الخطط أو تعديلها إذا ما ظهر في أثناء المناقشـة مـا يستدعي ذلك، ولا شك بأن المعلومات التي يجمعها المشرف عن التلاميـذ سـوف تسـاعده عـلى القيـام بعمله، كما تعينه على فهم خطة المعلم وإجراءاته التعليمية.

فقد تكون ثمة مشكلات تتعلق بالمشاركة الصفية مثلاً، أو سـلوك التلاميذ، أو غـير ذلك مـن المشكلات التي تتطلب الاتفاق على طرق تحليلها والعمل على اقتراح الحلول المناسبة لها. كما أن هـذا اللقاء يمنح المشرف فرصة لإقامة علاقة تقوم على الاحترام والود مـع المعلـم، حيـث يتبـادلان المعلومـات التي تلزمهما وتساعدهما على فهم الدرس المراد ملاحظته.

### - ثانياً: الملاحظة:

يُقصد بالملاحظة: مشاهدة كل ما يدور داخل الغرفة الصفية مـن أنشـطة، وتسجيلها بالطريقـة التي اتفق عليها المشرف مع المعلم مسبقاً، وقد يشمل ذلك ملاحظة السلوك التدريسي للمعلم فقـط، أو سلوك كل من الطالب والمعلم، وقد تشمل الملاحظة كذلك السلوك اللفظي أو غير اللفظي أو كليهما.

**وثمة عدة نظم يمكن للمشرف استخدامها لجمع المعلومات وتسجيلها، ومنها:**

◄ النظام الكتابي: ويتضمن التسجيل الحرفي لما يدور داخل الغرفة الصفية.

◄ نظام الرمز: ويتضمن إعطاء السلوكيات الدائرة أثناء الحصة رموزاً خاصة، يقوم المشرف بتفريغها بعد الملاحظة وكتابتها بشكل مفصّل.

- التسجيل الصوتي والتسجيل المرئي: ويتضمن استخدام آلة تصوير لرصد السلوك التدريسي للمعلم وسلوكيات الطلبة.
- النظام الشفوي: ويتضمن الملاحظة دون تسجيل أيّة معلومات، وإنما استرجاعها من الذاكرة في وقت لاحق.

ولابد من أن يكون لدى المشرف عدد من طرق التسجيل المختلفة حتى يتكيف مع أي ظروف طارئة، ومع أن المشرف قد يكون له ذاكرة ممتازة إلا أن النظام المكتوب له فوائده، حيث ينظر المعلم إلى السجل على أنه بيانات موضوعية وحيادية لا تتدخل فيها عوامل شخصية، كما أن التسجيل يؤكد ما حدث فعلاً في الصف الأمر الذي يزيد من اطمئنان المعلم تجاه ما يتم تسجيله، أما سرد الوقائع شفوياً دون أي توثيق فإنّه يُحاط بعلامات استفهام كثيرة، ويعتبر النظام الشفوي من أسوأ تلك النظم، ذلك أنّه يؤدي إلى فقدان كثير من المعلومات التي قد تكون هامة في تقييم العملية التدريسية، لذا فإنّ الأنظمة التي تعتمد التسجيل الكامل والحرفي تعتبر موثوقة وموضوعية ولا يمكن التلاعب في معلوماتها وبياناتها، الأمر الذي يزيد من اطمئنان المعلم حول طريقة تسجيل البيانات.

وهناك آليات فنية لابد من أخذها بعين الاعتبار أثناء جمع المعلومات وتتمثل في الاتفاق على مكان جلوس المشرف في الغرفة الصفية حيث يُفضّل جلوسه في المقعد الأخير، حتى لا يلفت أنظار الطلبة إليه فلا يتفاعلون مع مجريات الحصة بشكل فاعل، كما ينبغي الاتفاق على المدة التي سيمكث فيها المشرف داخل الصف، ويفضّل أن يبقى حتى نهاية الحصة، إضافة إلى أن يقوم المعلم بتعريف الطلبة بالمشرف عند دخوله في بداية الحصة، وكذلك لابد من اتفاق كل من المعلم والمشرف حول موضوع التدخل اللفظي وغير اللفظي من قبل المشرف أثناء الحصة، وأن يكون هذا التدخل - إن حدث - بطريقة لا تؤثر على سير الحصة.

**- ثالثاً:تحليل البيانات:**

وهي الخطوة الثالثة للإشراف الإكلينيكي، وتتضمّن تصنيف وتنظيم المعلومات التي جمعت أثناء الملاحظة، وتدوينها بشكل منسّق، وإجراء المعالجات اللازمة لها لتشكّل إطاراً مرجعياً للقاء الثاني (اللقاء البعدي) بعد الملاحظة، وينبغي هنا عدم التلاعب في البيانات التي جمعت، فتحليل البيانات يعني فحصها وإعادة ترتيبها ليسهل فهمها، ويسهل النقاش فيها فيما بعد، ويُفضّل أن يقوم المشرف بإشراك المعلم في تحليل البيانات، لإضفاء مصداقية أكبر لهذه العملية.

وتحليل البيانات جزء من عملية إصدار الحكم على جميع عناصر الملاحظة من قبل المشرف، وعلى المشرف تمحيص ومراجعة الملاحظات المُسجّلة مهما كانت صغيرة أو بسيطة كما عليه – من خلال خبرته - تحديد المعلومات والبيانات والملاحظات الأكثر أهمية للمعلم في حياته المهنية وبما يسهم في تطوّره وتنميته مهنياً.

وفي هذه الخطوة لابد للمشرف التربوي من أن يحدد الأولويات، ويخطط لإشراك المعلم في تحليل البيانات المسجلة – والتي قام المشرف بتنقيتها وتنظيمها لتسهيل تحليلها -، ولابد من ذكر نقاط القوة لدى المعلم والتخطيط لتعزيزها وتشجيع المعلم على الاستمرار بها، وإذا كانت هناك حاجة إلى إحداث تغيير في سلوك المعلم التدريسي، فإنّ المهمة يجب أن تكون تعاونية ومريحة وتتقبل رأي المعلم ووجهات نظره.

- رابعاً: اللقاء البعدي:

ويكون هذا اللقاء بين المشرف والمعلم بناءً على ترتيب مسبق، والهدف منه دراسة البيانات التي تم تحليلها، وذلك بطريقة تعاونية يشترك فيها الطرفين، ويتبادلان الأفكار بغية تفسير المواقف التدريسية والأنشطة الصفيّة المدوّنة، والتي لاحظها المشرف التربوي أثناء الحصة، ولابد هنا من أن يبدأ المشرف بالحوار وذلك بعرض الجوانب الإيجابية أولاً وتشجيع المعلم على الاستمرار فيها، ومن ثم يناقشه في الجوانب السلبية، ويحاول بالتعاون مع المعلم اقتراح بدائل مناسبة لتحسين سلوكه التدريسي، فالهدف من الملاحظة هو تحسين التدريس وتحسين أساليبه، وعلى المشرف أن يزوّد المعلم بتغذية راجعة وصفيّة وليست تقييمية، ليستطيع المعلم تقبّلها والاستفادة منها.

وتتجلى أهمية هذا اللقاء من أنه لقاء بعد الملاحظة مباشرة – مع الأخذ بعين الاعتبار الوقت اللازم لتحليل البيانات - ؛ لأن الاهتمام بالدرس يتناقص بسرعة إذا ما تأخر عقد اللقاء، حيث يقدم المشرف للمعلم المعلومات عما حدث في غرفة الصف، باحثاً عن قاعدة لتحسين التدريس، وتقديم التغذية الراجعة، بهدف تشجيع المعلم على التقييم الذاتي، ومساعدة المعلم على تطوير مهاراته وأساليبه التدريسية.

ويوفر جو اللقاء البعدي المتسم بالودية والثقة والصراحة والموضوعية بيئة خصبة للقاء إشرافي ناجح ومثمر حيث يشعر المعلم فيه بأن المشرف يقف من أدائه موقفاً إيجابياً، وخاصة حين يبدأ باستعراض نقاط القوة في سلوك المعلم التدريسي، وهذه نقطة هامة ينبغي على كل مشرف الانتباه لها وتطبيقها لرفع الروح المعنوية لدى المعلم وذلك على النقيض من الطريقة التي يشرَع فيها المشرف بذكر جوانب الضعف والقصور لدى المعلم.

وتتضمن العلاقة القائمة على الثقة كتمان الأسرار والمحافظة عليها، فكل ما يدور في اللقاء أو في غرفة الصف يجب أن يظل معلومات سرية، إلا إذا وافق المعلم على مشاطرة الآخرين في آرائه[1].

- **خامساً: التقييم بعد اللقاء البعد:**

بما أنّ الإشراف التربوي بشكل عام والإشراف الإكلينيكي بشكل خاص يهدفان إلى تحسين العملية التعليمية، فإنه ينبغي التركيز في كل مرحلة من مراحل الإشراف على هذا الهدف، وفي التقييم الذي يعني إصدار الحكم على ما تم عمله سابقاً، لابد من الأخذ بعين الاعتبار أنّ الهدف من التقييم هو تحديد ما إذا كانت العملية الإشرافية قد حققت المرجو منها أم لا، وتحديد الاحتياجات التي ينبغي توفيرها، والتحسينات التي ينبغي اقتراحها لتحسين الخطوات السابقة، إضافة إلى تقييم مدى الفائدة التي تحققت لكل من المشرف والمعلم جرّاء هذه العلاقة المهنية.

ومن المفترض أن يكون التواصل بين المشرف والمعلم على أعلى مستوى، وذلك من أجل متابعة الخطة التي تم الاتفاق عليها بعد (اللقاء البعدي)، بحيث يفكر كل منهما في التحسينات التي يمكن أن يقترحها حول الخطة، وتنمية علاقة طيبة بينهما، وتدريب المعلم على القيام بعملية التقييم الذاتي، وتشجيع المعلمين الآخرين على استعمال الإشراف الأكلينيكي، وأن يوصي المعلم زملائه باللجوء إلى هذا المشرف طلباً للمساعدة.

إنّ التقييم بعد اللقاء الثاني يُسهم في مساعدة المعلمين والمشرفين، وإعطائهم تغذية راجعة حول سلوكياتهم المهنية، ليحاولوا تطويرها وتنميتها، ومحاولة إجراء بعض التعديلات في عملها لتحسين الدورات الإشرافية القادمة.

---

[1] إيزابيل فيفر و جين دنلاب، المرجع السابق نفسه، ص91.

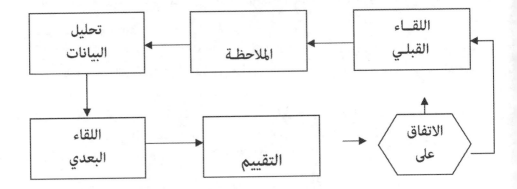

**شكل يوضح خطوات الإشراف الإكلينيكي**

## الحاجة إلى الإشراف الإكلينيكي:

ثمة مبررات عديدة تجعل من هذا الأسلوب الإشرافي ضرورة تربوية حتمية، ومنها:

1. عدم كفاية الإعداد قبل الخدمة لتلبية متطلبات سوق العمل، وضعف الممارسات التعليمية الصفية وقلة – إن لم يكن انعدام – الخبرة التدريسية، التي يعاني منها المعلمون الجدد بشكل عام.
2. عدم كفاية الممارسات الإشرافية الأخرى بأساليبها وأدواتها وبما ينشأ عنها من علاقات سلبية المعلم والمشرف التربوي في أغلب الأحيان.
3. التطورات والمستجدات في العملية التعليمية، والتجديدات التربوية وتسارعها وازديادها كماً ونوعاً، وضغطها المتواصل على المدرسة، وعدم نجاح الكثير من الأساليب الإشرافية تحسين سلوك المعلم الصفي.

4. أنّ العملية التعليمية معقدة لدرجة كبيرة، بحيث تستدعي التحليل الدقيق للنشاطات الصفية، الأمر الذي يوفّره أسلوب الإشراف الإكلينيكي.
5. أنّ المعلمين بحاجة إلى علاقة مهنية تتضمن الاحترام المتبادل والحرص على تنمية بُعد الزمالة بين المعلم والمشرف.

## أهداف الإشراف الإكلينيكي:

- التفاعل الحقيقي بين المشرف والمعلم في بيئة صفية حقيقية لزيادة فاعلية دور المعلم من خلال اشتراكه في عملية التخطيط والتحليل والتقييم والمعالجة، بناءً على اتفاق مسبق بينهما في جو تسوده مشاعر الود والثقة، وبذلك يختفي عنصر المفاجأة الذي قد تعتمده أساليب أخرى في الإشراف، الأمر الذي يؤدي إلى تحسين سلوكيات المعلمين التعليمية.
- تحسين المواقف الصفية، بعد تحليلها وتَبَيُّن جوانب القوة والضعف فيها، الأمر الذي يسهم في مساعدة المعلم على تعديل سلوكه التعليمي من خلال اقتراح سلوكيات تعليمية جديدة و ملائمة.
- مساعدة المعلم على اختيار السلوكيات الجديدة المقترحة.

## مزايا الإشراف الإكلينيكي:

بناءً على ما سبق ذكره حول الإشراف الأكلينيكي، فإنه يمكن إجمال المزايا والسمات الإيجابية التي يتميز بها هذا الإشراف فيما يأتي:

1. العلاقات الإيجابية بين المشرفين والمعلمين والعاملين في المدرسة، والتي تقوم على الثقة والاحترام المتبادلين، وتنطلق من مشاعر الود واللطف بين الزملاء.
2. الثقة بقدرات ومهارات المعلم العلمية والمهنية.

3. أنه إشراف تعاوني يقوم على إشراك المعلم في كافة الفعاليات كالتخطيط والتحليل والتقييم.

4. يتضمن خططاً متكاملة مُعدّة بطريقة تعاونية، وتحتوي على أهداف واضحة ومحددة.

5. التفاعل الحقيقي بين المعلم والمشرف في ظل مناخ أساسه التواصل بينهما.

6. توفير التغذية الراجعة حيث تسهم في تطوير الأساليب التدريسية بعد تعرّف جوانب الضعف فيها.

7. تحسين صورة المشرف التربوي في نظر المعلم، وإبعاد النظرة السلبية تجاه الإشراف والمشرفين، وذلك بفعل العلاقة الإيجابية التي تنجم عن هذا الإشراف.

## سلبيات الإشراف الإكلينيكي:

للإشراف الإكلينيكي بعض المآخذ والسلبيات، إذ لا يوجد مجال من مجالات الحياة المختلفة بشكل عام والمجال التربوي بشكل خاص إلا وتشوبه شوائب وتتضمنه عوائق، ومن تلكم السلبيات:

1. أنّ الإشراف الإكلينيكي يتم ضمن موقف صفي، وهو موقف معقد تؤثر فيه مجموعة من العوامل والظروف كالبيئة المدرسية والبيئة المحيطة بالمدرسة، والامتحانات، والبناء المدرسي، وخبرات الطلبة، إلى غير ذلك من العوامل التي يصعب ضبطها.

2. قد تظهر العلاقة بين المشرف والمعلم وكأنها علاقة مدرّب بمتدرب، أو رئيس بمرؤوس، ذلك أنّ المشرف الإكلينيكي يكون مؤهلاً تأهيلاً عالياً.

3. قد لا يقدم المشرف الإكلينيكي توجيهاً حقيقياً للمعلم، بل يزوره، ويخطط للدرس معه، ثم يبدأ عملية الملاحظة والتحليل، وقد لا يؤدي ذلك إلى تطوير السلوك التدريس أو إلى النمو المهني، وإنما إلى تصحيح المواقف السلبية فحسب.

وأخيراً يسهم الإشراف الإكلينيكي في تنمية وتطوير المهارات التدريسية للمعلم، كما يكسبه الثقة بقدراته وثقة المشرفين به نتيجة لإشراكه في تحليل المواقف الصفية وتقييمها، ولا يركز المشرف وفقاً لهذا الأسلوب على شخصية المعلم بقدر تركيزه على الموقف الصفي، هذا مع عدم إنكار ما يعترض الإشراف الإكلينيكي من صعوبات ومشكلات، منها أنّ بعض المشرفين لا يمتلكون مهارات القيام بالإشراف العلاجي، وصعوبة أن يلاحظ المشرف التربوي جميع الأحداث والأنشطة داخل الصف وتسجيلها، هذا بالإضافة إلى طول الوقت اللازم لتنفيذ مراحل وخطوات هذا النوع من الإشراف.

# ملخص الفصل الثاني

- النظرية تعني مجموعة من الفرضيات التي يمكن التوصل من خلالها إلى مبادئ تخدم علماً معيناً.
- يعود الاهتمام بالنظرية في الإدارة التربوية إلى منتصف القرن العشرين تقريباً.
- تسهم النظرية في إكساب العمل الصفة العلمية بعيداً عن أسلوب التجربة والخطأ.
- تطورت الأساليب الإشرافية اعتماداً على تطور النظريات الإدارية.
- الإدارة العلمية تعتبر العاملين أفراداً تابعين للإدارة العليا يتم تسخيرهم لتنفيذ الأعمال المحددة لهـم مسبقاً.
- جاءت حركة العلاقات الإنسانية على النقيض تماماً من نظرية الإدارة العلمية.
- جاءت **نظرية الإدارة العلمية الجديدة** كردّ فعل على حركة العلاقات الإنسانية.
- يفترض الإشراف التشاركي أنّ المعلمين يعملون بجد ويسعون نحو الإنجاز.
- وتعود جذور إشراف المصادر البشرية إلى نظرية (Y) في الإدارة.
- تنادي نظرية (Y) بأن لا يجهد الفرد نفسه فوق طاقته التي يحتملها.
- يهتم الإشراف الإكلينيكي بتشخيص المواقف التدريسية.
- يتجه الإشراف الإكلينيكي نحو تحليل عمل المعلم وعمل الطالب.
- التقييم بعد اللقاء الثاني يُسهم في مساعدة المعلمـين والمشرفـين، وإعطائهم تغذيـة راجعـة حـول سلوكياتهم المهنية.
- يسهم الإشراف الإكلينيكي في تنمية وتطوير المهارات التدريسية للمعلم

# الفصل الثالث

# مصادر السلطة للإشراف التربوي

- السلطة.

- السلطة البيروقراطية.

- السلطة الشخصية.

- السلطة التقنية العقلانية (التكنوعقلانية).

- السلطة المهنية.

- السلطة الأخلاقية.

# الفصل الثالث

## • السلطة:

تمثل السلطة جانب القوة والقدرة على اتخاذ القرارات وإلزام الآخرين بتطبيقها، وذلك من خلال الصلاحيات التي يتمتع بها من هو في مستوى السلطة والمسؤولية، ومن خلال قدرته على السيطرة على الموارد والإمكانات، الأمر الذي يعطيه الحق الشرعي والقانوني في الأمر والنهي، حيث يمكن اعتبارها على أنها المقدرة على إصدار الأمر والنهي للقيام أو عدم القيام بنشاط ما وذلك بهدف تحقيق الأهداف المأمولة.

إنّ مصطلح (سلطة) في كثير من المجتمعات البشرية مُحاط بتصورات وهالات متعددة ومختلفة، فبعض الناس قد يتردد في التصريح عن تطلعاته المتعلقة بالسلطة خوفاً من وصفه بحب الظهور أو بالتسلط أو بالتطلعات غير الديمقراطية، فقد درج الناس في معظم المجتمعات البشرية على التشكك في كل من له تطلعات سلطوية، حتى ولو كان يقصد خدمة الجماعة ومساعدتها على تحقيق أهدافها وتطلعاتها[1].

## تعريف السلطة:

تعرّض مفهوم السلطة - كغيره من المفاهيم في العلوم الإنسانية - لعدة محاولات لتعريفه تعريفاً إجرائياً يبيّن المقصود منه بشكل واضح، وعلى الرغم من اختلاف أشكال هذه التعريفات وطرق الشرح فيها، إلا أنها كانت تدور حول نقطة عامة مشتركة فيما بينها تتمثل في أنّ السلطة تعني المقدرة على التأثير في الآخرين، فقد عرفها (سيرجيوفاني) بأنها القوة التي تؤثر على الفكر والسلوك، وعرفها (رسل Russell)

---

(1) هاني عبد الرحمن الطويل، الإدارة التربوية والسلوك المنظمي، سلوك الأفراد والجماعات في النظم، ص277.

بأنها: إنتاج تأثيرات مقصودة[1]، أما (بارسونز Parsons) فقد عرفها بأنها: إمكانية حث الآخرين أو التـأثير عليهم[2]، وعرفها (روبنز Robbins) بأنها: القدرة التي يمتلكها فرد مـا (A) للتأثير عـلى سـلوك فـرد آخـر (B)[3]، كما عرفها (كابلان Kaplan) بأنها: قدرة وحدة ما على التأثير أو فرض الإدارة على وحدة أخرى[4].

إذن فالسلطة تسعى إلى تنفيذ قرار ما من خلال الآخرين، وذلك عبر توظيـف الصـلاحيات التـي يمتلكها من هو في مركز السلطة من اجل التأثير على الآخرين لتطبيق التعليمات، ويختلف مركز السـلطة من نظام إلى آخر، وذلك حسب النظرية الإدارية المتبعة فيه، فمن وجهة النظر الكلاسيكية تتركّز السلطة في شخص واحد في أعلى السلّم الوظيفي ذو البنية الهرمية، أما من منظور التوجهـات الحديثـة في الإدارة فيمكن توزيع السلطة في أكثر من مستوى، وذلك من باب تسهيل العملية الإدارية.

وتُستمد السلطة بشكل عام من طبيعة المركز الذي يشغله شخص ما، حيث تكون لهذا الشخص القدرة على إصدار القرارات ما بقي في موقع السلطة، ويفقد هذه القدرة إن خرج من هذا الموقع، هـذا من الناحية الرسمية، أما السلطة بمعناها الحقيقي فيتم قبولها من الآخرين عنـدما يختـارون مـن يتـولى قيادتهم، وينبغي على القابع في موقع السلطة مراعاة عدة أمور حتى تصبح سلطته حقيقيـة ومـؤثرة وتضمن انصياع الآخرين للأوامر والنواهي دون استياء أو إجبار، ومن هذه الأمور:

---

(1)Russel , Bertrand, "Philosophy : Its Nature and Values ", in Young Pai and Joseph T. Myers .p:35.

(2)Parsons,Talcott,The Social System .p :121.

(3)Robbins,S.P.,Organizational Behavior : Concepts , Controversies and Applications. P :314

(4)Kaplan,A.,"Power Perspective ", in power and Conflict in Organizations,R. Kahn and E. Boulding. P : 13.

- أن يتم إصدار القرارات بصورة جماعية (تشاركية) بين الرئيس (صاحب السلطة) والعاملين.
- توضيح الأوامر والنواهي والحكمة من القرارات للآخرين لتسهيل تطبيقها.
- الانتباه إلى أنّ من سينفذ القرارات قادر على ذلك من الناحيتين البدنية والعقلية.
- إشراك العاملين في السلطة ممن لديهم القدرة على ذلك، من خلال تفويض بعض جوانب هذه السلطة لهم.
- الحرص على تعزيز الثقة بين الرئيس والعاملين، لضمان تنفيذ القرارات بشكل أفضل.

فالسلطة الحقيقية والمؤثرة لا تعترف بإصدار القرارات والأوامر لمجرد إصدارها فقط، أو لمجرد تبيان السلطة والسطوة والسيطرة، ولكن يؤخذ في الحُسبان فائدتها للمؤسسة التي تسعى لتحقيق أهداف معينة.

وقد قسم [فيبر] السلطة إلى ثلاثة نماذج أطلق عليها اسم النموذج المثالي Ideal type، وذلك حسب التصورات المختلفة للشرعية والتنظيمات الإدارية على النحو الآتي:

**السلطة التقليدية** Traditional Authority:

يستمد هذا النوع من السلطة شرعيته من الموروث الذي تلقاه من أسلافه، من عادات وتقاليد وأعراف، فاحترام الأفراد للقائد يعود إلى احترامهم للعادات والتقاليد، ويخلف القائد من سبقه تلقائياً فتكون السلطة وراثية وبرضى الأفراد الموالين للقائد على أساس من العلاقة العرقية أو الارتباط الشخصي. ومن الأمثلة على هذا النوع من السلطة في عالمنا العربي {مختار القرية}، ففي الريف الفلسطيني مثلاً، كانت رئاسة القرية تُحتكر من بعض العائلات لمدة طويلة، وكان لمختار القرية القول الفصل في الكثير من القضايا، بقي أن نقول بأن هذه السلطة لا تخضع لقواعد التعيين والترقية والعلاوات.

**السلطة الرشيدة (القانونية)** Legal Rational Authority:

ويخضع فيها القائد لإجراءات التعيين والترقية، وهي ذات شكل هرمي حيث يحتل القائد قمة الهرم ويرأس عدداً من الأفراد المرتبين تنازلياً حسب التسلسل الوظيفي، وتهتم بتطبيق القانون وتعتبره الأساس في عملها، فيكون الولاء هنا للوظيفة وليس للقائد، ومن الأمثلة على السلطة الرشيدة مؤسسات الدولة الحديثة.

**السلطة المُلهَمة:**

يتمتع القائد هنا بسمات شخصية فريدة ومحببة كالشجاعة واللباقة والذكاء والجرأة والصبر والحكمة والتزامه بمبادئ وقيم حسنة، ومن الأمثلة على هذا النموذج قادة الثورات كالرئيس جمال عبد الناصر رحمه الله، والرئيس الشهيد صدام حسين رحمه الله، ومارتن لوثر.....

وهناك خمس قوى تؤثر في مفهوم السلطة، وتعتبر أسساً تقوم عليها، وبناءً على أهداف هذا الكتاب، فإنّ المشرف التربوي يمثل مركز السلطة التي نتناولها بالبحث هنا، وعلى الرغم من أنّ الحديث في البداية قائم على الأدب التربوي في هذا المجال الذي لم يربط المشرف التربوي على وجه التحديد بالسلطة، إلا أنّ اعتماد الإشراف على النظريات والمبادئ الإدارية المتعددة يستلزم الأخذ بهذه المواضيع الإدارية، ليتم ربطها في الصفحات التالية بالإشراف التربوي، فالقوى التي سيتم عرضها إن شاء الله يستمد منها المشرف التربوي أو من بعضها أُطُراً مرجعية تساعده في العمل الإشرافي، ويمكن تحديد هذه القوى كما يلي:

**1. قوة الخبرة:**

وهي القوة المستمدة من المنظومة المعرفية، والمهارات التي يمتلكها فرد ما، ويتميز بها عن غيره كونه متخصصاً في مجال معين، الأمر الذي يشكّل أساساً منطقياً للسلطة

والتأثير في الآخرين الذين يعتمدون عليه في الحصول على تلك المعارف والمهارات الوظيفية للقيام بالعمل بكفاءة عالية، مما يؤدي إلى تعزيز الجانب الفني في العمل، فإذا كان المشرف متمتعاً بقدرٍ كافٍ من المعرفة، وبمهارات مهنية عالية، فإنّ ذلك سيدفع المعلمين إلى التواصل معه والتأثر به والاعتماد عليه لتحسين سلوكياتهم التدريسية.

**2. قوة المرجع:**

وهي القوة التي يستمدها الفرد من منطلق إعجاب الآخرين به نظراً لما يمتلكه من صفات مرغوب فيها من قبلهم، الأمر الذي يؤدي إلى رجوعهم إليه في أمور تتعلق بالعمل أو بالحياة العامة، وذلك بفضل العلاقة المتينة التي تربطهم به باعتباره قدوة لهم مما يؤدي إلى شعورهم بالتوحد القيمي معه، وعليه فإنّ المشرف التربوي الذي يصل إلى هذا المستوى في علاقته مع المعلمين سيسهم في رأب الصدع في العلاقة بين الطرفين، وسيؤدي إلى عملية إشرافية متميزة، وكذلك إلى علاقات شخصية غنية بين المشرف التربوي وزملائه المعلمين.

**3. القوة القانونية (الشرعية):**

وهي القوة التي تعتمد على موقع الفرد وأدواره، وتنطلق من الصلاحيات الممنوحة له بحكم مركزه ضمن البنية الهرمية للنظام، ولا تعتمد على العلاقات بين الفرد والآخرين إذ تكون طبيعة التعامل وفقاً لهذه السلطة محكومة باللوائح والتعليمات والكتب الرسمية، ومتفق عليها بناءً على قواعد وأسس متبعة في النظام، ولا يكون التقيد بالقرارات لاعتبارات تتعلق بشخصية الفرد (موقع السلطة) وإنما لاعتبارات تتعلق بمركزه والقوة الوظيفية التي يمتلكها.

ولكن لا يعتبر هذا الأمر مقبولاً في ميدان الإشراف التربوي، وذلك لطبيعة النظام التربوي الذي يختلف عن بقية النظم الأخرى، مع العلم بأن هذا النظام لا يخلو

من توظيف هذه القوة (السلطة) في مجال الإشراف التربوي وخاصة في النظم التربوية العربية وإلى يومنا هذا، إذ إن توظيف هذه القوة لا يسهم في بناء علاقة متينة في العملية الإشرافية بين المشرف والمعلم.

### 4. قوة الإكراه:

وتعني القوة ذو السلطة التي من خلالها يتم السيطرة على الآخرين وإحداث التأثير فيهم من خلال استخدام بعض الأساليب كالعقاب أو التلويح به أو التهديد بخسارة أمور أو امتيازات مرغوب بها، بمعنى أن التأثير الحاصل من خلال هذه السلطة هو تأثير سلبي لا يسهم في إنجاز الأعمال على المدى القصير، إلا أن آثار استخدامها ستكون سلبية بلا شك على المدى البعيد.

ويكون الأفراد مدركين لسلطة (قوة) الإكراه التي يمتلكها فرد معين بحكم دوره ومركزه الرسميين في النظام، الأمر الذي يخوله لممارسة التأثير عليهم ويعطيه القدرة على ذلك.

وفي الإشراف التربوي فإن هذه القوة لا تسهم في خدمة العملية الإشرافية بل تؤثر وبشكل سلبي عليها وتؤدي إلى زيادة التباعد ما بين المشرف الذي يعتمد على هذه السلطة وبين المعلم، الأمر الذي يسهم في عدم تحقيق الإشراف التربوي لأهدافه.

### 5. قوة المكافأة:

وهي القوة التي ترتبط بالقدرة على إحداث التأثير في الآخرين من خلال سلوكيات إيجابية، كالمساهمة في منح مكافآت وعلاوات وزيادات سنوية ودرجات وظيفية واختيار الأفراد لمهمات تسهم في الارتقاء المهني لديهم أو توزيع ما يعتبر أنه من الكماليات كأجهزة الحاسوب مثلاً، هذا من الجانب المادي، إضافة إلى الجانب المعنوي

المتمثل باستخدام عبارات الإطراء والثناء والتشجيع أثناء العمل واللطف في التعامل مع الآخرين.

ولعل هذا الأسلوب يعتبر محبباً في الميدان التربوي، وذلك لتعزيز إقبال المعلمين على العمل، ولكن يكون هذا الأمر عادة من صلاحيات الإدارة العليا في النظام التربوي، فالمشرف لا يملك تقديم المكافآت المادية على وجه الخصوص إلا أنه قد يسهم في التوصية على ذلك، كما ينبغي عدم التطرف في توظيف هذه القوة سواء سلباً أم إيجاباً إذ إنّ خير الأمور الوسط.

إن لكل من سلطتي المكافأة والإكراه جوانبها الإيجابية والسلبية، مع أنه ليس من السهل التنبؤ بهذه الجوانب، إذ يعتمد الأمر على الموقف، فأحياناً قد يؤدي التمادي في استخدام سلطة الإكراه إلى أن يتسرب العاملون من عملهم، كما أن التعامل غير الموضوعي مع المكافآت قد يؤدي إلى إحباط بعض العاملين وتذمرهم، وغالباً ما تقوم استراتيجية إدارة النظم على استخدام كلا السلطتين لتحقيق مطاوعة العاملين، ولذلك فلا بد من استعمالها بحكمة وتعقل[1].

وتعتبر السلطة في مجال الإشراف التربوي قضية حيوية ليس لفهم أشكال مختلفة من الإشراف فحسب، بل لمعالجة مشكلات التغيير أيضاً[2]، فالتغيير يتطلب توافقاً بين السلطة والموقف، ففي أي موقف يتطلب البحث عن أمور تجديدية تحقق الصالح العام للنظام التربوي لابد من توفر سلطة قوية نابعة من الداخل ولا تُملى من الخارج أو من مستويات قيادية عليا، وذلك من اجل التأثير في هذا الموقف وإحداث التغيير الحقيقي المنشود بعيداً عن مفاهيم المراقبة والتشديد والضبط التي تمارسها المستويات العليا من الإدارة.

(1) هاني عبد الرحمن الطويل، المرجع السابق نفسه، ص 280.

(2) كمال دواني، المرجع السابق نفسه، ص30.

ويمكن تقسيم الإشراف التربوي وفقاً لمصدر السلطة إلى قسمين رئيسين هما الإشراف التربوي التقليدي والإشراف التربوي الحديث، وتعتمد الأساليب الإشرافية المتبعة في هذين القسمين على نوع السلطة التي تحكمها، وتختلف هذه الأساليب باختلاف السلطة المؤثرة فيها، هذا ويمكن تصنيف مصادر السلطة المؤثرة في الإشراف التربوي بشقيه التقليدي والحديث إلى خمسة مصادر رئيسية هي:

1) السلطة البيروقراطية.
2) السلطة الشخصية.
3) السلطة التقنية العقلانية (التكنو عقلانية).
وتُوَظَّف هذه المصادر الثلاثة في الإشراف التربوي التقليدي.
4) السلطة المهنية.
5) السلطة الأخلاقية.
وتوظف هاتين السلطتين في الإشراف التربوي الحديث.

ويمكن تطبيق أي من هذه السلطات في العملية الإشرافية، ولكن يختلف تأثيرها على العملية التعليمية والمعلمين باختلاف مصدر السلطة، إلا أنها تعتبر شرعية ومستخدمة في النظم التربوية المختلفة وذلك حسب الواقع التربوي القائم، وفيما يلي بعض التفصيل حول كل مصدر من مصادر السلطة وكيفية توظيفها في مجال الإشراف التربوي.

## 1. السلطة البيروقراطية:

سادت البيروقراطية - وتعني قوة القانون - منذ عهد بعيد، فقد عرفت في مصر- أيام الفراعنة، وفي الصين، واليونان، والدولة الإسلامية، فكانت في الإسلام تمثل معايير الكفاءة والمساواة في التعيين وترتيب وتنظيم الوظائف العامة، أما في العصر الحديث

فقد سيطرت البيروقراطية على أجهزة الدولة، فركزت على تحديد الاختصاصات والمسؤوليات وتوزيعها حسب التخصص وبشكل رأسي.

ومع ازدياد الحركة الصناعية وقصور الأفراد عن القيام بعدة أعمال في وقت واحد، ظهرت الحاجة إلى تحديد مسؤوليات وصلاحيات الأفراد بحيث يتخصص كل فرد بعدد محدود من المهام، وبذلك يتبع عدة أفراد لقائد واحد ضمن إجراءات روتينية محددة، وهذا ما اقترحه عالم الاجتماع الألماني [ ماكس فيبر ] فقد درس إيجابيات وسلبيات البيروقراطية، وحدد خصائصها بما يلي[1]:

- اكتساب الفرد خبرة جيدة في مجاله.
- ترقية الأفراد حسب الأقدمية أو الكفاءة أو كليهما.
- دوام الوظيفة وثبات المرتب، مما يسهم في الإخلاص في العمل.

**أما مساوئها فهي من وجهة نظر [ فيبر ]:**

- جمود العملية الإدارية نظراً للتطبيق الحرفي للوائح والقوانين.
- إساءة معاملة الجمهور والتعالي عليهم من قبل الشخص البيروقراطي -المتعجرف-
- تعطيل سير بعض الأعمال بسبب عدم وجود تفويض للسلطة.

كما أنَّ للبيروقراطية مشكلات ومعوقات تتمثل في أنّ التمسك بالأنماط الإدارية التقليدية المستقرة يحد من محاولات التجديد والتطور واللحاق بركب الحضارة العالمية في مختلف المجالات، وهذا ما حدث ويحدث الآن في وطننا العربي الكبير، فقد حالت المعوقات التالية من تقدمه إلى مصاف الأمم المتقدمة، وتتمثل هذه المعوقات فيما يأتي:

(1) إبراهيم عصمت، الإدارة التعليمية في الوطن العربي، ص302 - ص309، بتصرف.

## ❧ المعوقات البشرية:

وتتمثل في اختيار وتعيين المسؤولين على أسس تفتقد العلمية والموضوعية، ويصل هؤلاء إلى مراكز عليا في الدولة بغض النظر عن مستواهم العلمي أو الفكري، الأمر الذي يدفعهم إلى إساءة استخدام السلطة، وتوجيهها لخدمة مصالحهم الشخصية، مما يلحق خسائر فادحة بأجهزة الدولة ومشاريعها التنموية.

## ❧ المعوقات السياسية:

تلعب الاعتبارات السياسية دوراً كبيراً وفاعلاً في تولي بعض الفئات غير المؤهلة لمناصب كبرى في الدولة أو المنظمة، فلا يعيرون اهتماماً للصالح العام، بل يسعون لتلبية وخدمة مصالح بعضهم البعض.

## ❧ المعوقات الإدارية:

وتتمثل بإصرار الإداريين على التعامل بأسلوب بيروقراطي، فضلاً عن مظاهر مكملة له كالرشوة والاستغلال والفساد، في ظل غياب الرقابة والمحاسبة من الجهات العليا.

وفي الإشراف التربوي تعتمد السلطة البيروقراطية عل التسلسل الهرمي في النظام التربوي، وكذلك على ما يطلب من المعلمين من الأعمال الموكولة إليهم التي يجب عليهم تطبيقها واتباع التعليمات المنقولة إليهم بخصوصها، فالمعلمون وفقاً للإشراف الذي يعتمد السلطة البيروقراطية عبارة عن مرؤوسين ليسوا محل ثقة، لذا فإنهم بحاجة إلى مراقبة مستمرة وضبط وتوجيه ممن هم أعلى منهم درجة في النظام الهرمي وهم المشرفون الذين يعتبرون موضع ثقة وأكثر معرفة ومهارة وخبرة من المعلمين(التابعين)، لذا عليهم محاسبة هؤلاء المعلمين ومراقبتهم وتوضيح المطلوب منهم.

وبناءً على ما سبق يتعين على المشرفين أن يرسموا معالم الطريق للمعلمين، من خلال وصفات جاهزة توضح لهم ما عليهم عمله، وكيفية هذا العمل، إضافة إلى تعليمات أخرى تضبط الجوانب الأخرى من حياتهم المدرسية، وبذلك تصبح مهمة المشرف البيروقراطي مراقبة المعلمين للتأكد من أنهم ملتزمون بما يطلب منهم[1].

ويقع ضمن مسؤوليات المشرف البيروقراطي تحديد المشكلات والاحتياجات والتحديات التي تواجه المعلمين في الميدان، وذلك من أجل تنظيم دورات تدريبية لهم توضح كيفية التغلب على هذه المشكلات، ولعله لا يختلف اثنان على عدم جدوى توظيف السلطة البيروقراطية في الإشراف التربوي، ذلك أنها تسهم في قيام المعلمين بأعمالهم في ظل وجود مراقبة المشرفين لهم وفي ماعدا ذلك يقل الإنجاز ولا يتم الاهتمام بالعمل كما ينبغي.

إن هذا النوع من السلطة يتعامل مع العملية التربوية والتعليمية وكأنها عملية إنتاج في مصنع تهدف إلى إنتاج قوالب معينة، إلا أن هذا التفكير لا يتلاءم مع البيئة التربوية التي تتعامل مع البشر- وتهدف إلى تنمية الإبداع والابتكار في نفوس المعلمين والطلبة.

وبناءً على مبادئ الإشراف البيروقراطي يشعر المعلمون بأن حقوقهم مصادرة وأن أراءهم لا يعتد بها، لذا فإنهم ينفذون ما هو مطلوب منهم دون مناقشة ولا شك في أنهم سيشعرون بالامتعاض والاستياء من إشراف يطبق معايير البيروقراطية البغيضة، ولا يعطي وزناً لمشاعر المعلمين وآرائهم وهم من يعملون الناس(النشء) ما كان مجهولاً لديهم.

---

(1) كمال دواني، المرجع السابق نفسه، ص31.

إن المعلم إنسان في نهاية المطاف لديه استجابات وردود أفعال تجاه أي تصرف يصدر بحقه، وعليه فإنه قد يطبق أي أمر من الجهات العليا(المتمثلة بالمشرفين) وذلك في ظل الرقابة والمساءلة، فيظهر العمل في أبهى صوره ويرضي المراقبين والمشرفين وصناع القرار، إلا أنه قد يفقد الإحساس بالمسؤولية ويتراخى في عمله في ظل غياب تلك الرقابة، فيهمل عمله ولا يلقي له بالاً، الأمر الذي سينعكس سلبياً على تعليم الأبناء،وسيسهم في تدمير المؤسسة التربوية وبالتالي في تدمير المجتمع ككل، ذلك أن تميز المجتمع وتقدمه مرتبط بشكل وثيق بتقدم النظام التربوي فيه.

فالبيروقراطية أثبتت عدم نجاحها في النهوض بمختلف المجالات، ورسخت مفهوم الترهّل الإداري في كثير من الإدارات والمؤسسات، فكيف بها في المؤسسات التربوية، والبيروقراطية والتي يعرفها البعض بأنها سلطة أو قوة المكتب، تُبقي العاملين في قلق دائم من الإدارة المسيطرة عليهم، كما تقلل من مشاعر المسؤولية والانتماء تجاه المؤسسة، الأمر الذي سيؤثر سلباً - بلا أدنى شك - في مقدرة المؤسسة على الصمود في وجه التحديات والمستجدات القادمة.

أما الأشراف المتمسك بالسلطة البيروقراطية سيكون قاصراً عن تحقيق الأهداف المتوخاة منه، ذلك أنه مجرد قناة لإيصال التعليمات والأنظمة والقوالب التعليمية الجاهزة للمعلمين، وتوضيح التعامل معها، والتأكد من التزام المعلمين بها، وتقديم التقارير لمن لهم في المرتبة الأعلى في السلم الوظيفي، وذلك في ظل علاقة قائمة على تطبيق التعليمات بطرق رسمية بحتة تتميز بروتينيتها المُمِلّة وعدم اهتمامها بالعامل البشري من قرب أو بعيد.

إن التربية الحديثة القائمة على الاستفادة من المستجدات والتطورات لا تتفق ولا تعترف بالمفاهيم البيروقراطية التي تنظر إلى المعلمين على أنهم أتباع أو مرؤوسين ينبغي

مراقبتهم بشكل حثيث لضمان التزامهم بإنجاز المطلوب منهم مسبقاً، وذلك في ظل نظام هرمي يتضمن مستويات عدة لا يتيح للأتباع(المعلمين) مشاركة من هم أعلى منهم مستوىً في صنع القرار، أو حتى في طرح أفكار قد تكون في مصلحة النظام التربوي، لأن ثمة معايير وتعليمات جاهزة يدركها المشرفون الذين يتحملون مسؤولية إيصالها للمعلمين، فهذا الإشراف لا يتناسب مع تربية القرن الحادي والعشرين، بل يعتبر إشرافاً رجعياً يقتل كل محاولات الإبداع والتميز ويكبّل العقول ويبقيها في مكانها لا تعرف التقدم والتطور.

## 2. السلطة الشخصية:

للشخصية أنماط عدة تختلف باختلاف طبائع بني البشر، وقد يكون بعضها محبباً وبعضها الآخر عكس ذلك تماماً، فالشخصية في بعض مناحيها تصوير مختزل يصف سيرة حياة فرد ما[1]، وقد عرفها (البورت allport) بقوله: إن الشخصية هي التنظيم الديناميكي لأنظمة الفرد الفيزيقية ـ النفسية التي تحدد طريقة تكيفه مع بيئته[2]، كما وصف (رتش ruch) الشخصية بأنها كيفية تأثير على الآخرين وكيفية فهمه ورؤيته لنفسه ولصفاته الداخلية والخارجية[3].

وتتأثر الشخصية بعوامل عدة وراثية وبيئية وموقفية، وتعبّر الشخصية عن قيم الفرد واتجاهاته وميوله ورغباته وقدراته وتصنف تبعاً لذلك نمط شخصية، ولكن أنماط الشخصية لا تعتبر ضمن اختصاص هذا الكتاب، إلا أنه ما ينبغي الإشارة إليه هنا هو أن السلطة الشخصية تعتمد على حركة العلاقات الإنسانية كموجه لها في التعاون بين المشرف والمعلم، حيث يسعى المشرف وفقاً لهذه السلطة إلى التفاعل مع المعلمين استناداً

(1) هاني عبد الرحمن الطويل، المرجع السابق نفسه، ص135.

(2)Allport,G.W.Personality : A Psychological Interpertation.N.Y. p :48.

(3)Ruch,F.L.,Psychology and Life. P :353.

إلى مهارات شخصية وأساليب تزيد من تعاون المعلمين معه نحو تحقيق الأهداف المنشودة من العملية التعليمية، وتلعب خبرة المشرف وحنكته في التعامل مع الآخرين بطريقة محببة الدور الأبرز في العملية الإشرافية التي تستخدم من السلطة الشخصية مصدراً لها.

وتقوم السلطة الشخصية وتزيد فاعليتها بناءً على مقدرة المشرف على جذب اهتمام المعلمين وشعورهم بالارتياح نحوه، الأمر الذي يعزز لديهم الاستعداد للتفاعل معه والامتثال لرغباته واشتراكهم في تفعيل العملية الإشرافية، وذلك بحكم علاقته الطيبة معهم وتقديره لهم وشخصيته التعاونية القائمة على الاحترام والتعاطف معهم.

ويركز المفهوم الحديث للإشراف التربوي على الجانب الفني في العمل، مع اعتبار الجانب الإداري عملاً عرَضياً استثنائياً، وينصب العمل الفني الرئيس للمشرف التربوي على تحسين أداء المعلمين وتنمية شخصياتهم من خلال أجواء تسودها العلاقات البينشخصية المتميزة بالود والثقة والاحترام وتساوي السلطة[1]، حيث تسهم العلاقات البينشخصية الإيجابية بين المشرف والمعلم في زيادة فاعلية الإشراف التربوي،وتحقيق النمو المهني والشخصي لكل من المشرف والمعلم، إذا إن استمرار التواصل الإيجابي بين الطرفين يساعد في تحقيق غايات الإشراف التربوي، فالإشراف طبقاً لهذا الوصف عملية تعاونية مبنية على الثقة والاحترام المتبادلين بين المشرف والمعلم، الأمر الذي يمكن الطرفين من الاتفاق حول أُطُر مشتركة للوصول إلى قرار يمكن وصفه بالرشيد، ذلك أنه قائم على جهود التنسيق بينهما.

فالإشراف التربوي من حيث المبدأ عملية إنسانية تتضمن تفاعلاً بين عدة أطراف في نظام إنساني، وعند ذكر كلمة إنسان فإن ذلك يتضمن وجود تباين في التوجهات

(1) محمود المساد، تجديدات في الإشراف التربوي، ص 244.

والآراء والأفكار، الأمر الذي يتطلب أساليب عدة في التعامل، وهذا هو الأساس المتين الـذي تركز عليـه السلطة الشخصية في الأشراف التربوي، حيث يساهم ذلك في نجاح العمل الإشرافي وفي نمو المعلـم مهنياً وشخصياً.

وتقوم السلطة الشخصية في الإشراف التربوي على عدة مرتكزات توضح من خلالها أصل العلاقة المفترض وجودها بين المشرف والمعلم، فأهـداف واهتمامـات المعلمين والمشرفين ليسـت واحـدة، لـذلك تجري عملية مقايضة بين الطرفين كي يحصل كل منهما على ما يريد[1]، كما تقوم العلاقـة بـين الطرفين في ظل توفر بيئة متجانسة تهتم برضا المعلمين وثقتهم بالمشرف، الأمر الـذي سـيزيد مـن تعاونهم، هذا بالإضافة إلى قيام المشرف بتعرف حاجات المعلمين بعناية، وتقديم المساعدة ما أمكنه ذلك، للوصول إلى درجة مرضية في الأداء وتقبل المعلمين له، كما تعتمد هذه السلطة على توظيف خبرة المشرف ومهاراتـه في التفاعل مع المعلمين.

إن السلطة الشخصية بما تطبقه من سياسات المكافأة على الأعمال التي يتم إنجازهـا فقط تضع الإشراف التربوي في خانة ضيقة قد تؤدي إلى فشله في تحقيق أهدافه، فالمعلمون وفقاً لهذه السياسة قـد يقتصرون على الأعمال التـي تحقـق لهـم المكافـأة، وبالتـالي تنحـدر إنجـازاتهم إلى أدنى مسـتوى، إلا أنـه ولتجنب هذه الحالة لابد من التركيز على تعزيز تقدير الذات لدى المعلمين لمـا يقومـون بـه مـن أعـمال بعيداً عن الاهتمام بالمصالح الشخصية مع المشرف وما يترتب عـلى ذلك مـن حـوافز ماديـة أو معنويـة وتبادل المنافع، وينبغي على المشرف عدم المبالغة باستخدام السلطة الشخصية في الإشراف التربوي ؛ لأن تلك الزيادة لن تؤدي إلى فعالية العملية التعليمية، بل قد تؤدي إلى خمولها وعدم

---

(1) كمال دواني، المرجع السابق نفسه، ص32.

تقدمها ؛ لأن المشرف في هذه الحالة لا يركز على المضمون بقدر ما يركز على الأمور السطحية عديمة الفائدة.

وعليه فإن نجاح الإداري لا يتوقف على كفاية وجهة نظره، ولا على السياسة التربوية التي يتبناها، بقدر ما يتوقف على شخصيته ونمطها القيادي وعلى مقدرته على اختيار الطرق والوسائل التي تحفز الآخرين على المساهمة الفعالة في عمل المنظمة[1].

وأخيراً لعل المنتقدين لهذا النوع من السلطة محقين في بعض ما يصفونها به، إذ لا شك في أن التمادي في استخدام السلطة الشخصية سيؤدي إلى سلوك اعتمادي بحت سواء أكان ذلك من قبل المشرفين أم المعلمين، هذا بالإضافة إلى استمتاع المعلمين برفقتهم وإعجابهم بأفكارهم وشخصياتهم المحببة لهم، لذلك ينبغي الانتباه من قبل المشرفين والمعلمين في ظل هذه السلطة إلى ضرورة الابتعاد عن المصالح الشخصية التي تهمل بدورها المصالح المهنية، لتجنب ما وصفه (سالزنيك) باللغز الإداري الذي يتمسك بالغث ويبتعد عن المفيد.

## 3. السلطة التقنية العقلانية (التكنوعقلانية):

تقوم هذه السلطة على ضرورة الاعتماد على نتائج البحث العلمي، فالمعلومات التي يتم الحصول عليها بأسلوب علمي ومتقن هي المعلومات التي يمكن الوثوق بها واعتبارها تمثل الحقيقة والمنطق السليم الذي يمكن البناء عليه والاستفادة منه، كما أن هذه المعلومات تتمتع بنسبة عالية من الثبات لأنها قائمة على عملية بحث علمي دقيقة، فهي ليست عرضة للزوال أو للدحض على المدى القريب.

فالإشراف التربوي القائم على السلطة التقنية العقلانية لا يؤيد تفسير المعطيات المختلفة في العملية التعليمية من أي منظور آخر غير منظور البحث العلمي، فالمعرفة

(1) كمال دواني، المرجع السابق نفسه، ص 33.

النظرية هي الأساس، ويقوم الإشراف التربوي وفقاً لهذه السلطة على الافتراضات التالية[2]:

- اعتبار الإشراف والتعليم ضمن العلوم التطبيقية.
- المعرفة العلمية تسبق الممارسة العلمية وتسود عليها.
- يعتبر المعلمون في ظل هذه السلطة فنيين مهرة.
- القيم والاعتقادات والتفضيلات خصائص ذاتية سريعة الزوال بينما الحقائق والبيانات الموضوعية هـي التي تهم عملية الإشراف.

فلابد من اشتراك الأكاديميين المؤهلين والممارسين المتميزين والمبدعين في الجانب الإجرائي، لاختيار الأنسب والأنجع للعملية التعليمية وتطورها، ويشكل هذا الإجراء نقطة بداية مساعدة على طريق تطبيق الإصلاحات والإسهام في نجاحها، الأمر الذي يؤدي إلى مجابهة بعض المشاكل الأساسية في النظام التعليمي [1].

وحسب هذه السلطة لابد من التزام المعلمين بنتائج البحث العلمي وتطبيقها في الميدان، ويسعى المشرف التربوي الذي يتبنى هذه السلطة إلى زيادة رغبة المعلمين في الالتزام بـذلك وتحفيزهم على التغيير والتطوير النابع من الداخل، وفي هذا الصدد يشير [جيرستنار وزملاؤه 1994] إلى "أن المدارس تستطيع أن تتجاهل الإمكانات الثورية للتقنية في صيانة هيكلها التنظيمي، بقصد حفظ القوانين التقليدية التي تحكم أعداد الطلاب في كل صف، ونوع المدرسة، والإبقاء على المنهج التقليدي، وتعليم الأساليب المتبعة منذ أوائل القرن"[2].

إلا أن احتمالات التزام المعلمين بنتائج البحث العلمي تعتبر ضعيفة، ذلك أن عملية التعليم تعتبر معقدة جداً ولا يمكن التحكم بها من خلال نماذج علمية جاهزة

(2) كمال دواني، المرجع السابق نفسه، ص34 – ص 35.
(1)Brent Davies and Linda Ellison , School Leadership for the 21st Century.
(2)Brent Davies and Linda Ellison , School Leadership for the 21st Century.

تبين كيفية التصرف من خلالها وتحديد ما هو مفيد للعملية التعليمية أم لا، فالتعليم يتضمن استخدام أساليب تدريسية عدة تتلائم والبيئة الصفية التي يتعامل معها المعلم ولا يمكنه في هذه الحالة الاعتماد على ما هو مرسوم مسبقاً.

وعلى خلاف الأعمال التجارية التي تستدعي وبشكل دوري الاستجابة للتقنيات الجديدة والمتطلبات الجديدة للأسواق أو تقادم المنتجات، فإنه في المجال التربوي لا توجد قوى خارجية تطالب بتغيير التعليم.

إذ تصبح هذه السلطة في نظر المعلمين حينئذٍ رديفة للسلطة البيروقراطية، فهي الأخرى تتضمن تعليمات ينبغي على المعلمين تنفيذها، إلا أن ثمة اختلافات بين السلطتين تتمثل في سعي السلطة التكنوعقلانية (عن طرق المشرف التربوي) إلى إقناع المعلمين بضرورة توظيف البحث العلمي في عملية التدريس وذلك بالاعتماد على نتائجه، كما تهتم برغبة المعلمين في الالتزام بذلك، إضافة إلى أنها تفسر-تأكيدها على البحث العلمي وتحديد الممارسات التدريسية بناءً عليه إلى كون البحث العلمي طريقاً منطقياً ومعقولاً للحصول على المعلومات الدقيقة والمفيدة، الأمر الذي يختصر الوقت والجهد في رحلة عن المعلومات في عصر يتميز بالانفجار المعرفي.

ولكن قبل إدخال التكنولوجيا المتطورة والاعتماد على البحث العلمي لترقية إمكانية المدارس، يجب بناء المدارس على نحو مؤسسي، وللأمانة فلقد تغيرت المدارس (الغربية خصوصاً) قليلاً عن ذي قبل، فأصبح هناك قاعات خاصة للأغراض التعليمية المتعددة، بحيث تسهل على التلاميذ تلقي المعلومات في جو مدرسي مريح، وبوجود معلمين يتمتعون بدعم ومساندة إدارية، واحتراف بعضهم في مهنته، هذا إلى جانب الارتقاء البسيط في مستوى التقنية المستخدمة[1].

(1)Brent Davies and Linda Ellison , School Leadership for the 21st Century.

ومن أجل إعادة تنظيم المدارس ومن أجل عدم اعتبار السلطة التكنوعقلانية رديفة للسلطة البيروقراطية، وإيجاد تنظيمات فعالة وكفؤة، وأسلوب عمل مهني مستمر، لا بد من التخطيط لمكافآت على الأداء قد يكون من أشكالها رواتب إضافية، ولعلّ فحص الأداء والمكافأة عليه يسهم في اشتراك الجميع في الحصول على مكاسب ليس على نطاق تحسن الأداء المدرسي فحسب، بل في أمور أوسع وأكبر على المدى البعيد.

أما إذا تم إجبار المعلمين على الالتزام بسياسات السلطة التكنوعقلانية فإنهم سيعتبرون أنفسهم كغيرهم من المهنيين الذين يهدفون إلى إنتاج نمط معين من المنتجات، وهذا من شأنه تدمير أركان النظام التربوي ككل، إذ لا يعتبر أسلوب ما أو طريقة ما في العمل التعليمي مناسبة لكل زمان أو مكان أو موقف، بل يعتمد الأمر أيضاً على أطراف العملية والتعليمية ومعتقداتهم وأفكارهم وتوجهاتهم وميولهم ومستوياتهم العقلية.

إن استعداد المدارس لتبني تقنيات تعليمية جديدة تستوعب المعرفة وتنقلها بطريقة عصرية، سيزيد من هيبة وروعة الإصلاحات وكذلك زيادة المقدرة على التأمل والتحدي لدى الطلبة، فكل هذا يمكن تحقيقه من خلال توظيف تقنيات عصرية كالحاسوب والإنترنت في العملية التعليمية.

### 4. السلطة المهنية:

يعتبر التقدم في التقنية، والصورة التنظيمية الجديدة للمدارس، والمرافق الموضوعة في خدمة الطلبة والمعلمين، ستكون جميعها عوامل رئيسة بالإضافة إلى عوامل كثيرة أخرى في إيجاد مدرسة عصرية وحديثة مخطط لها بطرق سليمة، وسيسهم ذلك في اعتبار أن التعليم مهنة مهمة وحيوية، وهذا يتطلب[1]:

(1)Brent Davies and Linda Ellison , School Leadership for the 21st Century.

- وضع سياسة لتمهين المعلمين، وتقديم التدريب الممتاز والدائم لهم، ومما يسهم في نجاح هذه السياسة تزويد المدارس بتشكيلة من المعلمين المساعدين أو معلمي الدوام الجزئي.

- تزويد المعلمين بالمهارات اللازمة لترغيب التلاميذ باستثمار وقتهم للتعليم والإفادة منه.

- العمل على تقليل الحدود والحواجز بين المعلمين والعالم الخارجي من جهة، وبينهم وبين المشرفين من جهة أخرى.

وبناءً على ذلك فإن اعتبار التعليم مهنة لها قواعدها وأسسها، والإيمان بخبرة المعلمين واختصاصهم في علوم معرفية واستنادهم إليها في قدراتهم المهنية تعتبر الأساس لعمل هذه السلطة، فالنظرة هنا ترتكز على البعد المهني للعملية التعليمية والمقدرة على توظيف القاعدة المعرفية واختيار الملائم منها للمواقف التعليمية، وليس تطبيقها كما وصفت مسبقاً كما هو الحال في السلطة التكنوعقلانية.

إن المعرفة النظرية في نظر السلطة المهنية وظيفتها إعلامية وليست وصفية [1]، وبناءً على ذلك لا يكون المعلم مجبراً على إتباع تفاصيل ومضامين ما تأتي به هذه السلطة، ذلك أن الغرض الإعلامي للمعرفة يتيح للمعلم انتقاء المفيد منها اعتماداً على خبرته في الميدان وتوظيفها بناءً على ذلك في العملية التدريسية، فينشأ لديه ما يسمى بالمعرفة المهنية التي تعتبر نتيجة جهده وبحثه المتواصل في أعماق المعرفة العلمية النظرية، وتؤدي إلى ممارسات تعليمية إبداعية ومفيدة.

ويكون دور المشرف هنا تقديم العون والمساعدة للمعلم في تكوين المعرفة المهنية اعتماداً على الحدس المبني على المعرفة العلمية، وبهذه الطريقة يتم بناء الخبرة المهنية

---

(1) كمال دواني، المرجع السابق نفسه، ص36.

المرتبطة ارتباطاً وثيقاً بالتأمل، وهذا ما يؤدي إلى الدقة والإبداع في العملية التعليمية، فالقدرة على التأمل تسهم في بناء معرفة مهنية عظمية أساسها المعرفة النظرية والخبرة الشخصية للمعلم.

أما الافتراضات التي تقوم عليها السلطة المهنية عندما تصبح المصدر الرئيس للممارسات الإشرافية فهي على النحو التالي:

- لا يوجد أسلوب واحد يناسب جميع المعلمين، وإنما يتوقف ذلك على الموقف والمعلم.
- تختلف المعرفة المهنية عن العلمية ؛ لأنها نتاج ممارسة تأملية للمعلم.
- لا توجد نماذج علمية جاهزة ينبغي على المعلم الالتزام بها، وإنما يعتمد ذلك على خبرته.
- السلطة المهنية ليست خارجة عن السياق التعليمي بل داخلية تمارس من خلال المعلم[1].
- تعتمد السلطة المهنية على خبرة المعلم وقيمة ومعارفه وتنشئته المهنية.

إن تشجيع الحوار المهني بين المعلمين هو الوظيفة الأساسية لعمل الإشراف التربوي القائم على السلطة المهنية، وذلك بهدف تبادل الخبرات والممارسات التعليمية بين أكبر قدر ممكن من المعلمين، ويكون دور المشرف في هذه الحالة تقريب وجهات النظر بين المعلمين وتقديم الدعم لهم لزيادة فرص النمو المهني وزيادة فاعلية الأداء لديهم، فالإشراف التربوي ضمن هذه السلطة يؤكد على ضرورة مرونة التعليم وتكيفه مع الفروق الفردية للطلبة، كما يؤكد على ضرورة الابتعاد عن الروتين في تطبيق المنهاج، وذلك من خلال توفير بيئة تعليمية تناسب المعلمين لاتباع أساليب

(1) كمال دواني، المرجع السابق نفسه، ص 37.

تدريسية متنوعة بتنوع مراحل النمو للطلبة وبتنوع المراحل الدراسية والمواضيع التعليمية.

وأخيراً فإن الإشراف التربوي القائم على السلطة المهنية يسهم في رفع الشعور بالمسؤولية لدى المعلم، ويزيد من ثقته بنفسه وبخبرته وبأساليبه، الأمر الذي يشجعه على طرح أفكاره وتقبل الأفكار الأخرى والدخول في حوار شامل مع الآخرين وقبول مساءلتهم له.

## 5. السلطة الأخلاقية:

تعتبر القيم والأخلاق من المفاهيم الجوهريّة في جميع ميادين الحياة ؛ لأنها ضرورة حياتية للكائن الإنساني، ولأنها معايير وأهداف لا بدّ من وجودها في أيّ مجتمع، مهما كانت تركيبته ومستوى تطوره، سواء أكان معقلنًا أم منظّمًا. فالقيم تسري داخل وعي الأفراد ونفوسهم على شكل اتجاهات ودوافع وتطلعات، وتظهر في السلوك الظاهري والباطني.

إن الآراء حول موضوع القيم تتفاوت بين الاعتقاد، من ناحية، بأنّ ما يُسمّى بالقيم ليس سوى إشارات انفعالية أو مجرد تعبيرات صوتية، وبين الاعتقاد، في الطرف المقابل، بأن المعايير القَبْلية العقلية ضرورية لأن على أساسها يقوم كلٌّ من الفن والعلم والأخلاق.

إن القيم ليست سواء في هذه الدنيا، بل هي مسائل أو قضايا يجري التفضيل بها بين حال وأخرى. فمادام الإنسان يفضّل ويستحسن ويرجّح هذا على ذاك، فهو يتجه نحو القيم، أو بالأحرى يهتدي بهدي القيم في سلوكه. وهذا ما حدا بأحد المفكرين إلى القول بأن دراسة القيم هي "علم السلوك التفضيلي": فكلُّ فعل من أفعال كلِّ فرد يمثل "تفضيلاً" لمسلك على آخر. والمسلك المختار هو الأحسن والأكثر قبولاً وأهمية

في نظر الفرد، طبقًا لتقديره وللظروف القائمة في الموقف أو الحالة. فالفرد قد يستعمل قيمة ما طوال سلوكيّته الحياتية؛ يستعملها كلما أقدم على مسلك ما أو اتخذ قرارًا يفضِّل فيه مسلكًا معينًا بين عدة بدائل

فالقيمة، بهذا المعنى، تتضمن معاني كثيرة، كالاهتمام والاعتقاد، الرغبة والسرور، اللذة والإشباع، النفع والاستحسان، القبول والرفض، المفاضلة والاختيار، الميل والنفور – هذه المعاني كلُّها تعبِّر عن شخصية الفرد أو الجماعة أو الثقافة. ولكلِّ شعب، بحسب تكوينه الإثني واللغوي وتجربته الاقتصادية والاجتماعية والسياسية والجمالية والدينية، الحقُّ في اختيار هذا النمط أو ذاك، التواصل والاتفاق مع منظومة قيم معينة لحضارة معينة أو الاختلاف معها، أو حتى عدم قبولها.

**هذا ويمكن إجمال العوامل التي تُسهمُ في اتخاذ قيمة معينة فيما يلي:**

- المقدرة على استيعاب الآراء المتعددة.
- تحضير العقول والنفوس لتبنِّي هذا الرأي أو استبدال آخر به إذا دعت الحاجة لذلك.
- البحث الدائب عن الوقائع والمعلومات الجديدة التي تدعم هذا الرأي وتبتعد عن الرأي الآخر.
- الارتكاز على روح ديناميَّة الحاضر والنظرة المنفتحة على المستقبل، مع عدم الارتهان لضغوط الماضي.
- المقدرة على التأثير والاقتناع في المحيط الاجتماعي الذي يوجد فيه الإنسان.
- الاعتماد على الخطط البعيدة الأمد، كما في المسائل المتعلقة بالقضايا الاجتماعية، وكذلك في القضايا المتعلقة بحاضر الفرد ومستقبله.
- الإيمان بالطاقات الواقعية التي تنتجها الذات الإنسانية على مستوى المؤسَّسات والأشخاص.
- احترام المهارات التقنية المؤدية إلى خدمة الخير العام.

- احترام مقدرات الآخرين.
- إدراك منطق إنتاج القيم المادية.

فالعلاقة الصحية الناجحة تجمع جمعاً خلاقاً بين المُثُل الفردية والمُثُل الاجتماعية، لذا ينبغي تربية الأفراد منذ البداية على مبادئ "الطموح إلى قول الحقيقة، والعدالة الاجتماعية، والمعايير الأخلاقية والإنسانية، والتمكُّن من معارف العصر، واحترام المهارات والطاقات الإبداعية، والاستقامة في القضايا الكبرى والصغرى، والكرامة الذاتية، وصحة الإنسان والمحيط، والحفاظ على الطبيعة وإمكان التمتع بجمالياتها، والنشاط الاجتماعي، والصحة الأخلاقية للجماعة والمجتمع، وتثمين خصائص الثقافات الأخرى، وحب الجوار والتعاون، وأنْسَنَة المسيرة العلمية والتقنية".

إننا اليوم في أَمَسّ الحاجة إلى التمسك بالقيم الخيرة النبيلة، في ظلّ هجوم قيم العولمة الاقتصادية و"الثقافية" التي تعتبر كلّ الأخلاق والقيم كلامًا "باليًا" عفا عليه الزمن، ومن أبرز هذه القيم والأخلاق: التعاطف، الشعور بالأمل، الشعور بالأمان، اليقين، الرغبة في التواصل، المروءة، المبادرة،العدل، الإيمان، الإخلاص، الشعور بروح الزمالة، القدرة على التسامح، حب الصداقة، التهذيب، النفس الأبية، إغاثة الملهوف، الشرف، الطمأنينة الداخلية، التفاؤل، الطيبة، المحبة، الإصغاء إلى الآخر، الصبر، السلام، الثبات على الرأي والموقف السليم، الاتكال على المشيئة الربانية، الطموح، التوبة، احترام الوسط المحيط، الشعور بالمسؤولية، القدرة على تنظيم السلوكية الخاصة، القدرة على ردِّ المعروف (الامتنان)، الاستعداد للثقة، الرجاء، الحكمة، تقديس الله ربِّ الأكوان. فهذه المبادئ على بساطتها وعلى ترددها المتواصل في سائر الكتب السماوية والأرضية، إلا أنها تعتبر في نظر رواد العولمة كلاماً رجعياً ومتخلفاً.

وعطفاً على ما سبق، فإن الميدان التربوي عموماً والإشراف التربوي على وجه الخصوص قد يعتمد على سلطة تعطي ما سلف ذكره اعتبارات قوية، ويطلق عليها بناء على ذلك السلطة الأخلاقية حيث ترتكز على منظومة من القيم والأفكار التي يؤمن بها المعلمون ويطبقونها في حياتهم المهنية، وعندما يؤمن المشرف التربوي بهذه السلطة وتصبح مسيطرة على طريقة تفاعله مع زملائه المعلمين فإنه ينطلق بناءً على مبادئها التي تتمثل بما يلي:

- أن القيام بالعمل مبدأ يقوم على دوافع وجدانية تمثل الإيمان به والسعي نحو إيصال رسالة سامية.
- أن المؤسسات التربوية عبارة عن مجتمعات متكاتفة متعاونة تشترك في مجموعة من القيم والفضائل والكمالات الإنسانية.
- التعامل يكون استناداً إلى تحقيق المنفعة العامة للجميع.
- الزمالة واستيعاب الآخرين من الأسس المهنية النافذة كنوع من أنواع الفضيلة المهنية.
- الرقابة الذاتية من الفرد وهي الضمانة الأكيدة لحسن سير العمل التربوي وتميزه.

ويكون واجب المشرف التربوي وفقاً لهذه السلطة مرتكزاً على تحديد وتوضيح هذه الأخلاقيات والقيم التي تفيد المعلمين في حياتهم المهنية، الأمر الذي يشجع المعلمين على توظيفها لتدبير شؤونهم واحتياجاتهم المهنية.

# ملخص الفصل الثالث

- السلطة تعني المقدرة على التأثير في الآخرين، وقد عرّفها العديد من العلماء بشكل يقترب كثيراً من هذا المفهوم.
- تُستمد السلطة بشكل عام من طبيعة المركز الذي يشغله شخص ما.
- قسم [فيبر] السلطة إلى ثلاثة نماذج أطلق عليها اسم النموذج المثالي.
- هناك خمس قوى تؤثر في مفهوم السلطة، وتعتبر أسساً تقوم عليها وهي: قوة الخبرة، قوة المرجع، القوة القانونية (الشرعية)، قوة الإكراه، قوة المكافأة.
- يمكن تقسيم الإشراف التربوي وفقاً لمصدر السلطة إلى قسمين رئيسين هما الإشراف التربوي التقليدي والإشراف التربوي الحديث.
- تعتمد السلطة البيروقراطية عل التسلسل الهرمي في النظام التربوي.
- يقع ضمن مسؤوليات المشرف البيروقراطي تحديد المشكلات والاحتياجات والتحديات التي تواجه المعلمين في الميدان.
- التربية الحديثة القائمة على الاستفادة من المستجدات والتطورات لا تتفق ولا تعترف بالمفاهيم البيروقراطية.
- تقوم السلطة الشخصية وتزيد فاعليتها بناءً على مقدرة المشرف على جذب اهتمام المعلمين وشعورهم بالارتياح نحوه.
- السلطة الشخصية بما تطبقه من سياسات المكافأة على الأعمال التي يتم إنجازها فقط تضع الإشراف التربوي في خانة ضيقة قد تؤدي إلى فشله في تحقيق أهدافه.
- الإشراف التربوي القائم على السلطة التقنية العقلانية لا يؤيد تفسير المعطيات المختلفة في العملية التعليمية من أي منظور آخر غير منظور البحث العلمي.

- اعتبار التعليم مهنـة لهـا قواعـدها وأسسها، والإيمـان بخـبرة المعلمـين واختصاصـهم في علـوم معرفيـة واستنادهم إليها في قدراتهم المهنية تعتبر الأساس لعمل السلطة المهنية.
- المعرفة النظرية في نظر السلطة المهنية وظيفتها إعلامية وليست وصفية.
- يكون دور المشرف وفقاً للسلطة المهنية تقـديم العـون والمساعدة للمعلـم في تكوين المعرفـة المهنيـة اعتماداً على الحدس المبني على المعرفة العلمية.
- تشجيع الحوار المهني بين المعلمين هو الوظيفة الأساسية لعمل الإشراف التربوي القائم علـى السلطة المهنية.
- الإشراف التربوي القائم على السلطة المهنية يسهم في رفع الشعور بالمسؤولية لدى المعلـم، ويزيـد مـن ثقته بنفسه وبخبرته وبأساليبه.
- ترتكز السلطة الأخلاقية على منظومة من القيم والأفكار التي يؤمن بها المعلمون ويطبقونها في حياتهم المهنية.
- العلاقة الصحية الناجحة تجمع جمعاً خلاقًا بين المُثُل الفردية والمُثُل الاجتماعية.
- يكون واجب المشرف التربوي وفقاً للسلطة الأخلاقية مرتكزاً على تحديـد وتوضيح الأخلاقيـات والقيم التي تفيد المعلمين في حياتهم المهنية.

الفصل الرابع

# أساليب الإشراف التربوي

- **مدخل.**
- **مقومات الأسلوب الإشرافي.**
- **الأساليب الفردية.**
  - الزيارة الصفية.
  - الاجتماعات الفردية.
  - الإشراف من خلال التعلم المصغر.
- **الأساليب الجمعية.**
  - الندوة التربوية.
  - اجتماعات المعلمين الجماعية.
  - المشغل التربوي.
  - تبادل الزيارات بين المعلمين.
  - النشرة التربوية.
  - القراءة الموجهــة.
  - الدرس التطبيقي.
  - البحث الإجرائي.

# الفصل الرابع

## ● مدخل:

ساد اعتقاد واسع منذ القدم لدى طبقات المجتمع كافة بأن المعلم يمثل قدوة لغيره من أطفال وشباب وشيوخ، وأن على يديه وبسببه يتخرج الأطباء والمهندسون، وغيرهم من أصحاب المهن الحيوية، فهؤلاء هم نتاج تربية صحيحة وتعليم قوي، فالمعلم ينمي التفكير والمهارات لدى الطلاب، وهو المدرب والمرشد إلى الصواب لتلاميذه، فنال بذلك حب واحترام المجتمعات.

وتتصدر مشكلة ضعف التطبيق العملي للمعلمين والفجوة الكبيرة بين الجانب النظري والجانب العملي الواقع التربوي القائم، حيث أن الخبرات العملية التي تقدم للمعلم قليلة نسبياً وليست على درجة عالية من الجودة، الأمر الذي لا يكفي لاكتساب المهارات والخبرات اللازمة، وبالمقابل فإن الخبرات الميدانية تهدف إلى ربط النظرية بالتطبيق والاهتمام بالبحث والاستقصاء والتدريب على مهارات التدريس وتحليل الأداء والتقييم الذاتي وغيرها.

وللإشراف التربوي دور هام في تزويد المعلمين بكل جديد من الأساليب والوسائل التعليمية، في ظل الحالة الحرجة التي وصل إليها قطاع التعليم في الوطن العربي واحتوائه على مشكلات خطيرة ومظاهر سلبية عديدة تتطلب التشخيص والعلاج، وقد أدركت النظم التربوية العربية ضرورة الإصلاح والتطوير في هذه المهنة، وضرورة مساعدة المعلمين من خلال الأساليب الإشرافية المختلفة.

**وينبغي أن تتمتع الأساليب الإشرافية الفردية منها والجمعية بجملة من السمات منها:**

- وضوح الفلسفة والأهداف.

- قوة العلاقة الارتباطية بين محتوى الأسلوب والواقع التربوي القائم.
- العمل على تطوير معارف المعلمين وقدراتهم ومهاراتهم الأكاديمية والتعليمية.
- رضى المعلمين عن هذه الأساليب.
- العمل على تعزيز جوانب القوة في سلوك المعلم التعليمي وعلاج جوانب الضعف فيه من حيث الفلسفة والموضوعات والتطبيق.

و من الضروري تنظيم الخبرات الميدانية في الإشراف على المعلمين، وذلك بوضع خطة محكمة للخبرات الميدانية تتضمن تكثيف وتعدد الأساليب الإشرافية لكسب خبرات واسعة واكتساب المعلم المستهدف للمهارات التعليمية المفيدة للميدان، كما ينبغي اشتراك عدة جهات لنجاح وفاعلية تلك الأساليب، إذ لا بد أن تتكامل جهود أعضاء هيئة التدريس في الجامعة وجهود المشرفين التربويين، بالإضافة إلى مديري المدارس، ولا يخفى ما لدور المعلمين المتعاونين من ذوي الخبرة في إفادة زملائهم بالمهارات والطرق المتنوعة في التدريس.

ويعتبر المعلم نقطة الارتكاز في العملية التعليمية التي يصب نجاحها في مصلحة النظام التربوي، وثمة جهود حثيثة تبذل في سبيل إصلاح هذه العملية وتطويرها، ومن بين تلك الجهود مساعدة المعلمين على النمو والتطور المهني المستمر للسير بالعملية التعليمية نحو التقدم والازدهار، ويقع ذلك ضمن مسؤوليات وواجبات المشرف التربوي، فالمعلمون بحاجة إلى تلك المساعدة لمواصلة نموهم المهني أثناء الخدمة للتكيف مع المستجدات المتسارعة والتغيرات المتزايدة.

فالاهتمام بالمعلم - بصفته أحد أهم أركان النظام التربوي - إن دلَّ فإنه يدل على الاهتمام بالعملية التعليمية وبالتالي الاهتمام بالمجتمع ككل، ذلك أن أهداف النظام التربوي تنبثق من أهداف المجتمع وتطلعاته المستقبلية، ويعتبر الإشراف التربوي من خلال العلاقة التعاونية بين المشرف والمعلم الأكثر مقدرة على تحسين ممارسات

المعلمين التعليمية وعلى تطوير أدائهم الصفي، ذلك أن المشرف التربوي يتمتع بخبرة تدريسية طويلة وإطلاع واسع على المستجدات والتطورات في مجال التربية والتعليم.

وتعتبر أساليب الإشراف التربوي أنشطة تربوية متخصصة ومنسقة تهدف إلى تحسين المواقف التعليمية والبيئة التربوية في النظام التربوي بشكل عام وفي المؤسسة التربوية بشكل خاص، ولا يوجد أسلوب إشرافي يصلح لجميع المعلمين أو لجميع المواقف التعليمية أو لجميع المدارس أو لجميع الظروف، حيث يختلف الأسلوب الإشرافي باختلاف العوامل السابقة، فما يصلح لمعلم معين قد لا يصلح لغيره، وكذلك الحال بالنسبة للمواقف والمدارس والظروف، ولعل ذلك يعود إلى تسارع التغييرات الحاصلة في جوانب الحياة يومياً وفي الميدان التربوي على وجه الخصوص، وعليه قد يرى المشرف التربوي أن من الأفضل استخدام هذا الأسلوب أو ذاك أو المزج بين أسلوبين أو عدة أساليب لتلبية احتياجات المعلمين الذين يشرف عليهم.

## • مقومات الأسلوب الإشرافي:

لكل أسلوب إشرافي مقومات تحدد مدى فاعليته ونجاحه، ومن أهم هذه المقومات ما يلي:

1. ملاءمة الأسلوب الإشرافي للموقف التربوي وتحقيقه للهدف الذي يستخدم من أجله
2. معالجة الأسلوب الإشرافي لمشكلات تهم المعلمين وتسد احتياجاتهم.
3. ملاءمة الأسلوب الإشرافي لنوعية المعلمين من حيث خبراتهم وقدراتهم وإعدادهم.
4. مرونة الأسلوب الإشرافي بحيث يراعي ظروف المعلم والمشرف والمدرسة.
5. اشتمال الأسلوب الإشرافي على خبرات تسهم في نمو المعلمين في شؤون العمل.

6. تنوع الأساليب الإشرافية وفق حاجات المعلمين والميدان.

فهذه المساعدة الفنية والخدمة التربوية المتخصصة التي يقدمها المشرف التربوي للمعلم لا تقتصر على أسلوب معين، بل تتضمن أشكالاً متعددة من الأساليب الإشرافية تختلف فيما بينها من حيث الفئة المستهدفة وطريقة التنفيذ ومضامين البيانات التي يتم إيصالها للمعلمين، إلا أنها تشترك فيما بينها في أنها تهدف إلى مساعدة المعلم في تحسين التدريس، وتقسم الأساليب إلى مجموعتين رئيستين هما:

- الأساليب الفردية: وتشمل الزيارة الصفية، الاجتماعات الفردية، الإشراف من خلال التعليم المصغر، الإشراف الإكلينيكي (وقد تم الحديث عنه في فصل سابق)

- الأساليب الجمعية: وتشمل الندوة التربوية، الدورة التدريبية ♦، الاجتماعات الجماعية، المشاغل التدريبية، تبادل الزيارات بين المعلمين،النشرات التربوية، القراءات الموجهة، الدروس التطبيقية، البحوث الإجرائية.

## • الأساليب الفردية:

وهي الأساليب التي تتضمن علاقة بين المشرف والمعلم، إذ يتم من خلالها تقديم المساعدة لمعلم واحد وبأشكال نظرية وعملية تستهدف المعلم بشكل فوري، وقد تكون هذه الأساليب دورية تتضمن لقاء المشرف بالمعلم في أوقات محددة مسبقاً أو بناءً على طلب من المعلم حيث يحضر المشرف إلى المدرسة ويقدم للمعلم المساعدة التي يحتاجها، ويمكن إجمال الأساليب الفردية في الإشراف التربوي فيما يلي:

## 1 - الزيارة الصفية:

تعتبر الزيارة الصفية أكثر أساليب الإشراف التربوي شيوعاً وانتشاراً في النظم التربوية، وهي من أقدم ملك الأساليب إذ كانت تستخدم أثناء حقبتين التفتيش

---

♦ سيتم مناقشة موضوع تدريب المعلمين في الفصل الخامس من هذا الكتاب بإذن الله تعالى، حيث تم تخصيص ذلك الفصل لبحث موضوع تدريب المعلمين أثناء الخدمة.

والتوجيه، ولا زالت تستخدم في الأشراف التربوي بمفهومة وإجراءاته الحديثة، كما يعتبر هذا الأسلوب الإشرافي من أكثر الأساليب الإشرافية التي تثير الاستياء لدى شريحة واسعة من للمعلمين، ذلك أنهم يعتبرونها أسلوباً يهدف إلى تصيد الأخطاء والعثرات في السلوك التدريسي للمعلم لتضمين تلك الأخطاء في التقرير النهائي للمعلم، إضافة إلى اعتماد الزيارة الصفية على عنصر المفاجأة حيث يقوم المشرف بزيارة المعلم دون تحديد موعد مسبق يناسب الطرفين،ناهيك عن تدخل المشرف في شؤون الحصة الصفية وإحراج المعلم أمام طلبته.

ويقصد بالزيارة الصفية أن يقوم المشرف التربوي بزيارة المعلم في الغرفة الصفية أثناء قيامه بالنشاط التدريسي، وذلك بهدف ملاحظة سلوك المعلم التدريسي- وتقييم كل ما يدور داخل الغرفة الصفية أثناء الزيارة، كما يمكن تعريف الزيارة الصفية بأنها: عملية منظمة وهادفة ومخطط لها مسبقاً، يقوم المشرف التربوي من خلالها بمشاهدة كل ما يدور داخل الغرفة الصفية من سلوك المعلم وسلوك الطلبة والعوامل المؤثرة في العملية التعليمية أثناء التدريس.

ويستخدم أسلوب الزيارة الصفية في الإشراف التربوي لتعرّف كيفية التدريس على أرض الواقع، وملاحظة كيفية تعلّم التلاميذ، وتعرّف الحاجات الحقيقية للمعلمين، وذلك بهدف مساعدة المعلم على تطوير ممارساته التعليمية وتحسين سلوكه التدريسي داخل الغرفة الصفية.

إنّ لزيارة المشرف التربوي للمعلم في الصف فوائد كثيرة، إذا ما خطط لها وتم الاتفاق عليها مسبقاً، ومن جهة أخرى تعتبر الزيارة الصفية الوسيلة الوحيدة لجمع بيانات موضوعية وصادقه عن العملية التعليمية، كأن يرى المشرف المعلم كيف يقوم بالتدريس، وكيف يستخدم الوسائل والأساليب ويوظفها في خدمة المنهاج، وكيفية

تعامله مع التلاميذ، إضافة إلى تعرّف الصعوبات والتحديات التي تواجه المعلم أثناء عمله لمناقشتها والتوصل إلى حلول مناسبة لها[1].

ولعل من أهم أنواع الزيارة الصفية: الزيارة المخطط لها والتي تتضمن اتفاقاً مسبقاً بين المشرف التربوي والمعلم، وقد يتدخل مدير المدرسة التي يتواجد فيها المعلم في عملية تنسيق وتنظيم الزيارة، ويتبع لهذا النوع من الزيارات قيام المعلم أو مدير المدرسة (بالتنسيق مع المعلم) بدعوة المشرف لزيارة المعلم وحضور حصة صفية له، على أن تتم مراعاة جملة من الأمور في هذا النوع من الزيارات تتضمن تعزيز جوانب الثقة والاحترام بين الطرفين، والتخطيط بأسلوب تعاوني لدور كل من الطرفين أثناء الزيارة إضافة إلى التقيد بأصول الزيارة الصفية - وسيتم التطرق لها فيما بعد ضمن هذا الفصل - إلى جانب عقد لقاء بعد الزيارة مباشرة بين المشرف والمعلم للتباحث في مجريات الزيارة.

أما النوع الثاني من الزيارات فهو الزيارات المفاجئة والتي لا تتضمن اتفاقاً مسبقاً، وهي من الزيارات المفضلة لدى كثير من المشرفين، إلا أنها تثير مخاوف عدة لدى المعلمين وبخاصة أولئك الذين لم يكتسبوا خبرات طويلة في مهنة التعليم، ولكن هذا النوع من الزيارات مطلوب من الناحية التربوية على افتراض أن المعلم يقدم أفضل ما لديه دوماً من منطلق الأمانة المهنية والمسؤولية الذاتية وأخلاقيات وقيم مهنة التعليم.

## أهداف الزيارة الصفية:

لاشك في أن أهداف الزيارة الصفية التي يقوم بها المشرف التربوي للمعلم في الغرفة الصفية تنبع وتنبثق من أهداف الإشراف التربوي، وقد تم الحديث سابقاً عن

---

[1] محمد عيد ديراني، مرجع سابق، بتصرف.

الهدف الرئيس للإشراف التربوي والمتمثل بتحسين عملية التدريسي، فلابد للزيارة الصفية بوصفها أحد أهم الأساليب الإشرافية وأكثرها شيوعاً أن تؤمن بتحقيق هذا الهدف الرئيس إضافة إلى جملة من الأهداف الفرعية التي تسهم في المحصلة إلى الوصول لتحقيق الهدف العام للإشراف التربوي وبالتالي إلى تحقيق أهداف النظام التربوي، ولعل من أهم أهداف الزيارة الصفية ما يلي:

1. تعرّف جوانب القوة وجوانب الضعف في سلوك المعلم التدريسي.
2. ملاحظة سلوك الطلبة التعلمي من حيث المشاركة والاستجابة للمعلم وتفسير أسباب سلوكهم.
3. ملاحظة الأنشطة الصفية عن قرب وملاحظة مدى توافقها مع الأهداف العامة للتربية.
4. مساعدة المعلم في وضع مخطط السنوية والفصلية واليومية.
5. تعرّف احتياجات المعلمين، والصعوبات والتحديات التي يواجهونها في الميدان.
6. اختيار أفضل الأساليب التدريسية التي يمكن إتباعها من قبل المعلم وذلك بطريقة تعاونية بين المشرف والمعلم.
7. تعرّف احتياجات الطلبة داخل الغرفة الصفية ومحاولة وضع الحلول المناسبة لها.
8. التأكد من مدى تنفيذ المعلم لما تم الاتفاق عليه مع المشرف في زيارات سابقة أو دورات تدريبية أو غيرها.
9. تعرف درجة ملاءمة المناهج الدراسية لقدرات الطلبة في ظل الفروق الفردية بينهم.
10. ملاحظة الوسائل التعليمية الموظفة في العملية التعليمية داخل الغرفة الصفية وتعرف مدى ملاءمتها للمراحل العمرية والدراسية للطلبة.
11. توثيق علاقة المشرف التربوي بالواقع التربوي القائم، ليتمكن من وضع الخطط الإشرافية المناسبة لذلك الواقع.

12. تعزيز علاقة التعاون بين المشرف والمعلم، وتمكين كل طرف من الاستفادة من خبرات ومهارات الطرف الأخر.

## مدة الزيارة الصفية:

تتحكم في مدة الزيارة الصفية أمور عدة، إذ يتعلق الأمر بالأهداف التي حدثت من أجلها هذه الزيارة، والطريقة التي تمت بها الزيارة، فالأمر يختلف إن كانت الزيارة باتفاق مسبق عما إذا كانت مفاجئة، أو وجود ظاهرة أو مشكلة استدعت زيارة المشرف للمعلم في الغرفة الصفية، إلى غير ذلك من العوامل التي تؤثر في المدة التي تستغرقها الزيارة.

إلا أن الأفضل - وهو ما يتفق عليه معظم الأخصائيين التربويين - أن تستغرق الزيارة الصفية أطول مدة ممكنة، بحيث تشمل وقت الحصة الصفية بشكل كامل، ذلك أن سلوكيات المعلمين والطلبة تختلف عبر أوقات الحصة الصفية، وثمة سلوكيات قد لا تظهر إلا في أوقات معينة من الحصة، لذا لابد من استمرار الزيارة لتغطي جميع أوقات الحصة الصفية، هذا إلى جانب عدم حصول المشرف على المعلومات المناسبة والكافية لتحقيق أهداف الزيارة إذا ما مكث لفترة قصيرة أو لبضع دقائق، بالإضافة إلى وجود أصول للزيارة الصفية - سواء أكانت مفاجئة أم غير مفاجئة - ينبغي الالتزام بها وعدم تهميشها.

## خطوات (مراحل) الزيارة الصفية:

لا تقتصر الزيارة التي يقوم بها المشرف التربوي للمعلم على دخول غرفة الصف وملاحظة سلوك المعلم فيها، بل هي عملية تشمل عدة مراحل ينبغي مراعاتها والتقيد بها للوصول إلى زيارة صفية ناجحة تحقق الأهداف المأمولة منها، وتبدأ هذه المراحل

بالفترة التي تسبق موعد الزيارة وتنتهي بعد انتهاء الزيارة بفترة بسيطة، ويمكن إجمال هذه المراحل بما يلي:

1. مرحلة ما قبل الزيارة (التخطيط والإعداد للزيارة).
2. مرحلة تنفيذ الزيارة (القيام بالزيارة).
3. مرحلة ما بعد الزيارة (اللقاء البعدي).

## أولاً: مرحلة ما قبل الزيارة (التخطيط والإعداد للزيارة):

إن التخطيط لأي أمر من الأمور حياتنا يسهم في تنفيذها بأسلوب منطقي بعيد عن التهور والمجازفة كما يسهل في تقليل من المخاطر والخسائر المحتملة، حيث يترافق مع التخطيط عنصر التنبؤ بالمستقبل والعمل ضمن الظروف المتاحة، وكذلك الحال بالنسبة للمشرف التربوي الذي يخطط لزيارة معلم ما في الغرفة الصفية، إذ عليه أن يدرس كافة الجوانب المتعلقة بالزيارة قبل تنفيذها للإحاطة بمعطيات الموقف التعليمي الذي سيلاحظه، ولعل من أهم ما ينبغي على المشرف القيام به في هذه المرحلة ما يلي:

1. تحديد الأهداف المؤمل تحقيقها من هذه الزيارة.
2. الاطلاع على ملف المعلم المراد زيارته -إذا كانت الزيارة هي الأولى لهذا المعلم - وذلك للحصول على معلومات كافية تعرف بالمعلم ومؤهلاته وخبراته.
3. تحديد السلوكيات المراد ملاحظاتها في الغرفة الصفية أثناء الزيارة.
4. عقد لقاء أولي بين المشرف والمعلم قبل القيام بالزيارة - إذا كانت هذه الزيارة الأولى لهذا المعلم - وذلك بهدف الاتفاق على دور كل طرف ومناقشة الأهداف المرجو تحقيقها من هذه الزيارة ومناقشة مستويات الطلبة، على أن يبني هذا اللقاء علاقة مهنية تقوم على الاحترام المتبادل، ويؤسس انطباعاً أولياً إيجابياً لدى كلا الطرفين تجاه الطرف الأخر.

5. التخطيط والإعداد للزيارة بشكل تعاوني يتم فيه احترام كل طرف لآراء وأفكار الطرف المقابل.

6. الاتفاق على الوسيلة أو الأداة الذي سيقوم من خلالها المشرف التربوي بجمع المعلومات حول الموقف التعليمي أثناء الزيارة ومناقشة جميع الأمور المتعلقة بها.

7. الاتفاق على الدرس الذي سيقوم المعلم بشرحه اثناء الزيارة ومناقشة مدى ملاءمته لأهداف الزيارة.

8. الاتفاق على طريقة تدخل المشرف التربوي عند حدوث خطأ ما من قبل المعلم ووقت التدخل، أو إن أراد المشرف التربوي توضيح شيء ما للطلبة لم يتطرق إليه المعلم، مع مراعاة عدم التجريح بالمعلم أو إحراجه أمام طلبته.

9. تحديد تاريخ ووقت الزيارة بحيث تناسب كلاً من المشرف والمعلم ليكون كلا الطرفين مستعدَّيْن بشكل جيد.

10. الاتفاق على المدة التي سيمكثها المشرف داخل الغرفة الصفية مع مراعاة كفاية تلك المدة لتحقيق أهداف الزيارة.

## ثانياً: مرحلة تنفيذ الزيارة (القيام بالزيارة):

بعد الاتفاق على تفاصيل الزيارة بين المشرف والمعلم ومعرفة كل منهما لأدواره وواجباته، وقيام المعلم بالتحضير المسبق للدرس المراد شرحه أثناء الزيارة، تبدأ المرحلة الثانية للزيارة وهي مرحلة التنفيذ والتي تتضمن جملة من الأصول والقواعد (البروتوكولية)للخروج بزيارة صفية ناجحة ومفيدة تعزز جوانب القوة وتتعقب جوانب الضعف سعياً لمعالجتها، ومن أهم هذه الأصول الواجب مراعاتها ما يلي:

1. دخول المشرف التربوي برفقة المعلم إلى الصف المراد تنفيذ الزيارة فيه.

2. أن يقوم المعلم بتعريف الطلبة بالمشرف التربوي ويبين لهم سبب زيارته لهم وهدفها.

3. أن يجلس المشرف التربوي في مكان لا يجلب انتباه الطلبة إليه، لذا فمن الأفضل أن يجلس في مـؤخرة الصف.

4. أن يكون المشرف حذراً في تعبيرات الوجه غير اللفظية وخاصة تجاه المعلم، فلا يطيل النظر إليه، حتى لا يظن المعلم بأن تلك النظرة تتضمن انتقاداً من المشرف على شيء معين فيتشتت إنتباه المعلـم ولا يستطيع إتمام الدرس كما خطط له.

5. التزام المشرف بما تم الاتفاق عليه مسبقاً، فلا يتدخل في سير الحصة إلا في الحالات التـي تـم الاتفـاق عليها أثناء التخطيط للزيارة، ولا يقاطع المعلم أثناء شرحه للدرس.

6. عدم إحراج المعلم إن كان ثمة خطأ ما، واختيار الأسلوب الأفضل لتصحيح الخطأ إن كان فادحاً.

7. التركيز على الأنشطة والسلوكيات التي تخدم أهداف الزيارة.

8. البقاء في الصف حتى انتهاء المدة التي تم الاتفاق عليها مسبقاً بن المشرف والمعلم.

9. أن يقدم المشرف التربوي الشكر للمعلم والطلبة والثناء عليهم قبل مغادرة الصف.

## ثالثاً: مرحلة ما بعد الزيارة (اللقاء البعدي):

بعد انتهاء الزيارة لابد من اجتماع المشرف التربوي بالمعلم بشكل فـوردي لمناقشـة مـا دار أثنـاء الزيارة، وطرح وجهات النظر والأفكار التي تسهم في رسم صورة واضحة المعالم لهـذه الزيـارة واعتبارهـا أساساً للزيارات القادمة، ولعل أهم ما ينبغي مراعاته في هذه المرحلة ما يلي:

1. أن يكون هذا اللقاء بعدة انتهاء الزيارة مباشرة، ليبقى ما دار أثناء الزيارة حاضراً في ذاكرة المشرف والمعلم، فوجود فترة زمنيـة طويلـة بـين الزيـارة واللقـاء البعـدي قـد يـؤدي إلى نسيان الكثير مـن المعلومات الهامة.

2. أن يكون هذا اللقاء في مكان يضمن السرية وعدم كشف مضمون الزيارة أمام الآخرين، كأن يجتمع المشرف والمعلم في مكتب فارغ من الموظفين أو ما شابه ذلك بعيداً عن الإدارة أو غرفة المعلمين.

3. استعراض ما دار في الغرفة الصفية بأسلوب إيجابي يناقش بيانات موضوعية.

4. إعطاء المعلم فرصة لإبداء الرأي واقتراح البدائل والتعبير عن أفكاره.

5. عدم احتكار المشرف للنقاش، بل عليه التحاور مع المعلم بطريقة تعاونية.

6. البدء في مناقشة جوانب القوة في أسلوب المعلم التدريسي وتشجيعه والثناء عليه.

7. الإشارة إلى جوانب الضعف في أسلوب المعلم التدريسي بطريقة غير مباشرة.

8. إعطاء المعلم فرصة تقييم الموقف التعليمي بموضوعية لتدريبة على أسلوب التقييم الذاتي للأداء.

9. تقديم الشكر للمعلم والثناء على جهوده.

10. تحديد موعد لزيارة أخرى تتناول أهدافاً جديدة تتطلب مساعدة المشرف للمعلم لتحقيقها.

وعليه، فإن للزيارة الصفية - كما تبين مما سبق - أصول و قواعد ينبغي على المشرف التربوي إتباعها ومراعاتها والتقيد بمضامينها لتحقيق زيارة صفية ناجحة يتم من خلالها الإحاطة بالموقف التعليمي ضمن الأهداف المحددة للزيارة بغية الوصول إلى تطوير وتحسين عملية التدريس.

## 2 - الاجتماعات الفردية:

يقصد بالاجتماع الفردي مقابلة المشرف التربوي للمعلم ليطرح كل منهما آراءه وأفكاره بطريقة ودية وتعاونية حول الأنشطة التعليمية التي تحدث في الغرفة الصفية، ومناقشة جوانب القوة والضعف في سلوك المعلم التدريسي بهدف تحسين المواقف

الصفية من خلال أسلوب الحوار الهادف المبني على الإقناع بين المشرف التربوي والمعلم.

وقد يكون الاجتماع الفردي هو الاجتماع ذاته الـذي يسبـق الزيـارة الصـفية، حيث يتفـق فيـه المشرف والمعلم على التفاصيل التي ينبغي مراعاتها أثناء الزيارة ويتحاوران فيها، وقد يكون ذات الاجتماع الذي يعقب الزيارة الصفية (اللقاء البعدي) حيث تـتم فيـه مناقشـة مـا دار أثنـاء الزيـارة مـن أنشطة وفعاليات - وقد تم التطرق إلى هذين النوعين سابقاً)، وقد يكون الاجـتماع الفـردي الـذي يعقـد بين المشرف التربوي والمعلم متفق عليه بينهما دون القيام بزيارة للغرفة الصفية، فقد يكون هنا الاجتماع بناءً على طلب من المشرف أو المعلم أو مدير المدرسة التي يتواجد فيها المعلم، وذلـك لبحـث ومناقشـة مشكلة معينة مرتبطة بسلوك المعلـم التدريسي- حيـث يـتم في هـذا الاجتماع دراسـة أسـباب المشـكلة ومناقشة الجوانب المرتبطة بها، والتعاون على إيجـاد حلـول مناسبة للمشكلات التـي تواجـه المعلـم في عمله.

## أهداف الاجتماع الفردي:

يعد الاجتماع الفردي أحد الأساليب التوجيهية الرئيسة التي تهدف إلى دراسة مشكلات المعلم دراسة تعاونية في جو يسوده الاحترام المتبادل وتقدير الآخرين، إذا ينبغي ألا يكتفي المشرف بالزيارة الصفية، بل لابد من عقد لقاءات متتابعة مع المعلم لبحث إيجابيات وسلبيات عمله وإتاحة الفرصة للطرفين لمناقشة العملية التعليمية ولتعرف مشكلات المعلم المهنية ومناقشتها بشكل فردي، كما ينبغي عقد هذا اللقاء بين المشرف والمعلم في جو يسوده التواصل والانفتاح بهدف إحداث التغيير المنشود، الأمر الذي يحتم على المشرف أن يقوم بهذا الاجتماع في جو نفسي مريح وهادئ.

**وعليه، فإن من أهم الأهداف التي يسعى الاجتماع الفردي لإنجازها ما يلي:**

1. مناقشة السلوكيات التدريسية للمعلم.
2. تعرف الصعوبات والتحديات التي تواجه المعلم في عمله ومناقشتها واقتراح البدائل المناسبة لمواجهتها.
3. مناقشة المشكلات التي يواجهها الطلبة في الغرفة الصفية من حيث المنهاج والبيئة والأساليب التدريسية، وذلك بالاعتماد على الموضوعية والنزاهة في طرح الاقتراحات، والأفكار والآراء وخصوصاً من جانب المعلم.
4. اقتراح استراتيجيات و أساليب ونشاطات تعليمية مناسبة لتحسين العملية التعليمية.

## أساسيات الاجتماع الفردي:

- أن يقوم كل من المشرف التربوي والمعلم بالاستعداد الجيد والتحضير المسبق للاجتماع، وذلك بترتيب الأفكار والملاحظات والآراء لطرحها على واجهة الحوار بين الطرفين.
- أن لا يستأثر أحد الطرفين بالحديث خلال الاجتماع، كأن يقوم أحدهما بالحديث والأخر بالاستماع، بل يفترض أن يكون الاجتماع تعاونياً بينهما من خلال تبادل الآراء والأفكار بحرية وموضوعية واحترام الرأي الآخر[1].
- أن يتمتع كلا الطرفين بالموضوعية والنزاهة في الأمور المطروحة على ساحة البحث والنقاش.
- أن يكون النقاش مهنياً وضمن إطار المبادئ والسياسات التربوية المعمول بها في النظام التربوي.

---

(1) راتب السعود، المرجع السابق نفسه، ص269، بتصرف.

- أن يكون مكان الاجتماع مريحاً بحيث يجلب السكينة والطمأنينة لكل من المشرف والمعلم، ليستطيع كل طرف الإدلاء بآرائه بعيداً عن التشويش أو الأعصاب المشدودة.

- أن لا يركز كل من المشرف والمعلم على المناقشة لمجرد التنظير أو استعراض قدراته اللغوية، بل لابد من الاتفاق على إجراءات عملية وتطبيقية لتحسن العملية التعليمية والسلوكيات التدريسية للمعلم.

- الاتفاق على الاجتماع مرة أخرى في وقت لاحق، ويفضل تحديد موعد مناسب للطرفين للاجتماع فيه.

## إجراءات اللقاء الفردي:

1. أن يتم اللقاء بين المشرف والمعلم في وقت مناسب لكليهما.

2. أن يعقد بعد فترة وجيزة من الزيارة الصفية في حالة وجود زيارة صفية - بحيث تتيح للمشرف فرصة ليعد لها الإعداد المناسب.

3. أن تكون في مكان هادئ يرتاح إليه المعلم ويأمن فيه من كثرة المقاطعات.

4. أن تتم مناقشة المعلم على انفراد دون تواجد مدير المدرسة أو أحد المعلمين إلا إذا اتفق الطرفان على وجود أشخاص آخرين.

5. أن يكون النقاش موضوعياً و قائماً على تبادل الرأي و الاحترام المتبادل.

6. أن يستهل المشرف التربوي اللقاء بمناقشة الإيجابيات؛ لأن ذلك يعطي المعلم انطباعاً أولياً إيجابياً، و يؤدي إلى تعزيز ثقة المعلم بنفسه وتقبل ملحوظات المشرف وتنفيذ توجيهاته.

7. أن لا يركز المشرف على الأخطاء اليسيرة التي يمكن أن يتخلص منها المعلم بعد أن تزداد خبرته التدريسية في الميدان.

8. أن يهتم المشرف أثناء النقاش بربط أداء المعلم بالنواتج التعليمية، بغية التوصل إلى أفضل الأساليب التعليمية وأكثرها فاعلية في تحقيق الأهداف.
9. أن يتجنب المشرف إلزام المعلمين بالنظريات التربوية البعيدة عن التطبيق في الواقع الميداني.
10. أن يقنع المشرف التربوي المعلم بأهمية النقد الذاتي والتقييم الذاتي من أجل تعزيز ثقته بنفسه.

ولكي يكون الاجتماع مثمراً وبناءاً لابد أن تتمخض عنه اقتراحات وحلول ممكنة التنفيذ للمشكلات القائمة، أو لتطوير السلوك التدريسي للمعلم، ولا ضير في أن يرشد المشرف المعلم إلى بعض الكتب والدوريات المفيدة له لتحسين أنشطته التعليمية.

وأفضل هذه الاجتماعات هي تلك التي تكون بناءاً على دعوة من المعلم نفسه لتبادل الرأي حول مشكلة تعليمية معينة، والمبادئ التي تتطلبها هذه الاجتماعات هي تهيئة الفرصة للمعلم للمناقشة الواقعية للمشكلة، كما تتطلب أن يكون موعد الاجتماع مناسباً من حيث المكان، بحيث يمكن تحقيق الهدف منه[1].

إن جو الاجتماع الفردي يعطي المعلم فرصة أفضل لطرح جميع مشكلاته ومناقشتها بحرية ووضوح، وبالتالي يمكن التوصل إلى حلول مناسبة لهذه المشكلات، كما أن جو الاجتماع الفردي يسمح للمشرف بالابتعاد عن الجو الرسمي وأن يكون مرناً في مجابهة المواقف، وأرحب صدراً في الاستماع والمناقشة، فمثل هذه الاجتماعات تؤدي إلى تحسين العلاقات بين المشرف والمعلم، وتزيل جو التكلف، مما يسهل على الطرفين التوصل إلى النتائج المرغوب فيها[2].

---

(1) سلامة عبد العظيم حسين، عوض الله سليمان عوض الله، اتجاهات حديثة في الإشراف التربوي، ص 56.
(2) أونروا / يونسكو : دور مدير المدرسة كمشرف تربوي مقيم، بتصرف.

### 3 - الإشراف من خلال التعلم المصغر:

يدخل المعلم في مهنة التدريس بعد أن يكون قد أنهى دراسته الجامعية بإتمام المساقات النظرية إضافة إلى القليل من المساقات التطبيقية التي قد لا تتجاوز المساق أو المساقين، مع العلم أن الطالب الجامعي قد يكون أختار تخصصه دون رغبة منه بل لظروف أجبرته على ذلك سواء من حيث معدله الأكاديمي أم لرغبات المحيطين به أم غير ذلك من الظروف، وقد لا يكون الطالب (الخريج) على اقتناع تام بمهنة التعلم التي سيكون مقبلاً عليها في المستقبل القريب، إلا أنه ينخرط فيها كونها وظيفة تدرُّ عليه دخلاً شهرياً مهما كان بسيطاً - وخاصة في النظم التربوية العربية -.

إن عدم الاقتناع بالعمل بشكل عام وبمهنة التدريس على وجه الخصوص يجعل المعلم فاقداً لبعض المهارات والأساسيات في صلب عمله، الأمر الذي يستلزم توفير الاحتياجات التي تساعد المعلم في عمله، وإكسابه المهارات والفنيات اللازمة للقيام بمهنة التدريس على أكمل وجه، ولعل الشخص الأكثر ملاءمة للقيام بهذه المهمة - ضمن مستويات النظام التربوي - هو المشرف التربوي الذي يتبع أساليب إشرافية عدة لهذه الغاية، ومن الأساليب الإشرافية الحديثة التي تهدف إلى تعرف حاجات ومطالب المعلم داخل الغرفة الصفية وإلى مسح الصعوبات والتحديات التي تعيق عمله، أسلوب الإشراف من خلال التعليم المصغر.

وقبل الخوض في تفاصيل هذا الأسلوب الإشرافي الهام، لابد من التنويه إلى أنه كباقي الأساليب الإشرافية الأخرى يتطلب العمل بأسلوب تعاوني بين المشرف والمعلم، إذا عليهما - لإنجاح هذا الأسلوب - القيام بالتخطيط للموقف الصفي الذي سيتبع فيه هذا الأسلوب بالإضافة إلى تنفيذه بجدية وحزم، هذا إلى جانب تحليل الموقف الصفي ومراجعته في جو يسوده الاحترام المتبادل والثقة المتبادلة بعيداً عن النقد السلبي غير البناء أو التجريح والإهانة أو التقليل من قيمة الجهد المبذول من قبل المعلم، كما

ينبغي على المشرف التربوي والمعلم تقييم الموقف التعليمي بكل موضوعية ونزاهة، ذلك أن الهدف من وراء هذا الأسلوب هو إحداث التغيير الإيجابي والقضاء على جوانب الضعف في سلوك المعلم التدريسي داخل الغرفة الصفية.

ويقصد بالتعليم المصغر قيام المعلم بتعليم عدد قليل من الطلاب لفترة زمنية قصيرة، بوجود مشرف مختص، واستخدام آلة تصوير في هذه العملية لتصوير وقائع هذه الحصة الصفية(التجريبية) ليتمكن المعلم والمشرف من مشاهدتها فيما بعد (بالصوت والصورة)بهدف تحليلها وملاحظة جوانب القوة والضعف في سلوك المعلم التدريسيـ والتعاون في طرح الحلول المناسبة لتحسينه ورفع كفاءة العملية التعليمية.

وقد بدأت فكرة التعليم المصغر في قسم إعداد المعلمين في جامعة ستانفورد في الولايات المتحدة الأمريكية، حين بدأ بعض الأساتذة في هذا القسم بالتفكير في برامج ووسائل تلبي حاجات المعلمين المتدربين وتواجه التحديات التي يعرضون لها في مهنتهم، وقد شكلت هذه المحاولات منطلقاً لهذا الأسلوب الإشرافي (التدريبي) الذي تتطور بشكل سريع خلال مدة لا تتجاوز العشر سنوات.

وتقوم فكرة التعليم المصغر على مهارة معينة - يفترض أن المعلم يعاني من قصور في تطبيقها - ضمن الموقف التعليمي الذي يكون موقفاً تعليمياً طبيعياً وحقيقياً - أو هكذا أن يكون - مع عدم إغفال وجود إحساس داخلي لدى كل من المشرف والمعلم والتلاميذ بأن هذا الموقف هو عملية تجريبية، إلا أنه لابد من الجدية فيه وذلك لأغراض التحليل والتقييم فيما بعد، ويمكن تحليل فكرة التعليم المصغر بتفاصيلها كما يلي:

يتم اختيار عدد قليل من الطلبة (خمسة طلاب مثلاً، ويفضل أن تكون طريقة الاختيار عشوائية) وجمعهم في غرفة صفية عادية، ويقوم المعلم بشرح جزء من درس

معين أمام طلبته كما يقوم بشرحه عادة، ويقف المشرف في مكان مناسب داخل الغرفة الصفية وبحوزته آلة تصوير يقوم من خلالها بتصوير ما يجري أثناء هذه الحصة (التجريبية) التي ينبغي أن لا تتجاوز مدتها (10-15) دقيقة، وبعد الانتهاء من هذه الحصة يتم عقد اجتماع بين المشرف والمعلم لمناقشة ما تم أثناء الحصة، كما يتم عرض شريط (الفيديو) الذي يحتوي على ما تم تصويره لملاحظة سلوك المعلم التدريسي وسلوكيات الطلبة وتفاعلهم ومشاركتهم الحصة الصفية، وتحديد المهارات التي تنقص المعلم في الموقف الصفي، ويتم ذلك كله بأسلوب تشاركي يقوم على احترام الرأي الآخر، وإعطاء المعلم الفرصة لملاحظة سلوكياته التدريسية وتقييمها بموضوعية.

## خطوات التعليم المصغر :

1. تحديد المهارات أو المفاهيم أو الاتجاهات التي يراد تدريب المعلمين عليها مثل مهارة طرح الأسئلة الصفية أو مهارة تعزيز استجابات الطلبة أو مهارة استخدام الوسائل العلمية أو التعلم التعاوني، إلى غير ذلك من المهارات والمفاهيم.

2. التخطيط لأسلوب التعليم المصغر كما يلي:

● صياغة الأهداف المؤمّل تحقيقها خلال الموقف التعليمي، مع الأخذ بعين الاعتبار أن تكون هذه الأهداف واضحة و قابلة للملاحظة والقياس قدر الإمكان.

● تحديد الأنشطة التي سيقوم الطلبة بتنفيذها كالقراءة أو الاستماع أو الرسم أو إجراء التجارب.

● تحديد أسلوب التدريس الذي سيستخدمه المعلم مثل أسلوب المناقشة أو المحاضرة أو غيره من الأساليب.

● الاتفاق على كيفية التقييم، فقد تكون بالإجابة على أسئلة كتابية، وقد تكون بطريقة شفوية أو غيرها من الطرق التي يتم الاتفاق عليها.

3. تنفيذ التعليم المصغر بهدف تطبيق المهارات التدريبية و في نفس الوقت تسجيل هـذا الأداء عـلى شريط تلفزيوني.

4. التغذية الراجعة وهي المعلومات التـي يتلقاهـا المعلم المتـدرب بشـأن أدائـه، مـن خـلال اسـتعراض الشريط التلفزيوني المسجل ودراسته جيداً. ومن المعتاد أن يقوم المشرف بتقديم التغذيـة الراجعـة للمعلم، وفي بعض الأحيان يقوم المعلم بالتقييم الـذاتي لمعرفـة المزيـد عـن أدائـه وذلـك مـن خـلال مشاهدة الشريط التلفزيوني والإجابة عن الأسئلة المعدّة في نموذج التقييم الذاتي.

5. صقل المهارات عن طريق إعادة التخطيط للمهارات التدريبية وإعادة تنفيذها في درس مصغر آخر ثم إعادة مشاهدة الأداء على الشريط التلفزيوني.

## عناصر التعليم المصغر:

1. مفهوم أو مهارة أو اتجاه معين يراد تعليمها للطلاب وملاحظة تمكن المعلم منها.
2. مدرس يراد تدريبه في هذه المهارة أو ذلك المفهوم.
3. عدد قليل من الطلاب.
4. فترة زمنية بسيطة (5 – 10) دقائق.
5. تغذية راجعة بشأن عملية التدريب.
6. إعادة التدريب في ضوء التغذية الراجعة.
7. الدرس المصغر.
8. المشرف التربوي.
9. التسجيل الصوتي والمرئي.

## أهداف الإشراف من خلال التعليم المصغر:

- تدريب المعلمين أثنـاء الخدمة على المهارات التعليمية وأساليب التعليم الحديثة.
- استخدام التعليم المصغر بصفته تقنية إشرافية حديثة وإبداعية في مجال الإشراف التربوي.

- الاستفادة من التغذية الراجعة؛ لأن المعلمين المتدربين يستفيدون من عملية التقييم ومن ملاحظة عرض الشريط بأنفسهم.

- إثارة دافعية الطلاب للموقف التعليمي ومشاركة المعلم.

إن التعليم المصغر هو نتاج التفاعل ما بين طريقة وأداة في سبيل تطوير إعداد المعلمين، وتحسين أدائهم الصفي، وتفعيل ممارساتهم التعليمية، أما الطريقة فقوامها تحليل العمل التربوي إلى جملة من أنماط السلوك والقابليات، يتم الكشف عنها وملاحظتها ومناقشتها وتجريبها وامتلاكها أخيراً، وأما الأداة فهي جهاز التسجيل الصوتي المرئي (آلة تصوير بالإضافة إلى جهاز تلفاز) والذي يتيح للمعلم الملاحظة الذاتية لسلوكه، تلك الملاحظة التي لا يستغني عنها أي تدريب سليم، كما يقدم للمعلم وسيلة مثلى من وسائل "التغذية الراجعة"[1].

## أسباب استخدام إشراف التعليم المصغر:

- يخفف أسلوب التعليم المصغر الرهبة لدى المتدربين الجدد أثناء الموقف التعليمي، فقد يشعر المعلم المتدرب بالرهبة والحرج أمام عدد كبير من الطلبة، إلا أنه قد لا يجد نفس الحرج في مواجهة عدد قليل من الطلبة لفترة زمنية قصيرة.

- التدرج في عملية التدريب، إذ يستطيع المتدرب من خلال التعليم المصغر أن يبدأ بتدريس مهارة واحدة أو مفهوم واحد فقط يسهل عليه إعداده لأن الدخول في درس عادي يشتمل على خطوات عديدة ويحتاج إلى مهارة أكبر في تخطيطه وتنفيذه.

- إتاحة الفرصة للتغذية الراجعة التي تعتبر من أهم عناصر التدريب وقد تأتي التغذية الراجعة من المعلم نفسه لدى رؤيته لسلوكه التدريسي من خلال مشاهدة الشريط التلفزيوني المسجل، إضافة إلى تقييم المشرف بعد مشاهدة الشريط ومناقشة المعلم في جوانب القوة والضعف فيه.

---

(1) راتب السعود، المرجع السابق نفسه، ص 283، بتصرف.

- إتاحة الفرصة للمتدرب لتعديل سلوكه التعليمي من خلال تكرار الأداء بعد التغذية الراجعة وقد يكون ذلك قي مواقف تعليمية مختلفة عن الموقف المُلاحَظ.
- إتاحة الفرصة للمعلمين لتركيز الاهتمام على كل مهارة تعليمية بشكل مكثف ومستقل فقد يركزوا اهتمامهم حينا على مهارة طرح الأسئلة أو على التعزيز أو السلوك غير اللفظي أو جذب الانتباه.

## سمات التعليم المصغر :

- إن الموقف التعليمي في أسلوب التعليم المصغر وعلى الرغم من انعقاده ضمن إطار تجريبي، إلا أنه يعد موقفاً تعليمياً حقيقياً.
- يسهم التعليم المصغر في تبسيط الموقف التعليمي بدرجة كبيرة ؛ لأنه يستهدف مهارة معينة أو سلوكاً بعينه، لذا يتم اختزال وقت الحصة، وتقليل عدد الطلاب، واختيار جزء معين من الدرس لتسهيل عملية الملاحظة والتقييم ومتابعة سلوك المعلم.
- يسهم التعليم الصغر في توفير تدريب مركّز تجاه أسلوب تدريسي أو مهارات معينة، وتقديم التوجيه اللازم للمعلم من خلال من مناقشته بما تم عرضه عبر شريط الفيديو وذلك بطريقة الحوار البناء والمناقشة الهادفة لتحسين الممارسات التعليمية.
- يتيح التعليم المصغر للمعلم فرصة تقييم سلوكه التدريسي ذاتياً وبكل موضوعية ونزاهة، وذلك لما يقدمه هذا الأسلوب من توثيق لما جرى في الموقف الصفي بالصوت والصورة.
- يقدم التعليم المصغر - من خلال إعادة عرض الموقف الصفي على شاشة التلفاز - تغذية راجعة للمعلم، إضافة إلى التغذية الراجعة التي يقدمها المشرف التربوي بعد ملاحظته للموقف الصفي.
- يقلل التعليم المصغر من الضغط الواقع على المعلم بسبب تقليل أعداد الطلبة ووقت الحصة وحجم الدرس.

- يتيح التعليم المصغر فرصة تكرار الموقف التعليمي لمعلمين وطلبة آخرين، بالإضافة إلى عمليتي نقد وتقيم أخريين، بهدف رفع كفاية العملية التعليمية.
- التعليم المصغر يسمح بزيادة التحكم في الممارسة،إذ من الممكن عند إعداد مواقف التعليم المصغر التحكم في مدة الدرس وعدد التلاميذ وطرق التغذية الراجعة، بل والتحكم في كثير من المواقف الأخرى، لذلك من الممكن أن يتضمن البرنامج التدريبي درجة عالية من التحكم.
- التعليم المصغر يتصف بالصدق والأمانة بفضل توفر أجهزة الفيديو وهو يبصر المعلم بسلبياته قبل أن يقوم بممارستها على طلابه في الميدان.

ويجب الانتباه إلى بعض الأمور الفنية قبل البدء بتصوير الموقف الصفي، فثمة أمور قد يعتبرها البعض غير هامة، إلا أنه ينبغي أخذها بعين الاعتبار للتقليل من الإرباك وبالتالي الإسهام في إنجاح هذا الأسلوب ومن أهم هذه الأمور:

- تدريب المعلم على كيفية التعرف أمام الكاميرا، وذلك بتوجيهه أن تكون تصرفاته طبيعية.
- الانتباه إلى عدم التركيز على وجه المعلم أثناء التصوير تجنباً للإرباك الذي قد يلحق به.
- اختيار موقع ملائم لآلة التصوير بحيث لا تعيق تحركات المعلم.

وعلى الرغم من الميزات العديدة لهذا الأسلوب الإشرافي، إلا أنه تشوبه بعض الصعوبات والتحديات التي قد تعتبر جوانب قصور فيه أحياناً ولعل من أهمها أن التعليم المصغر يتم في موقف يعلم الجميع فيه بأنه موقف تجريبي، الأمر الذي قد لا يعطيه ثقة كافية إن لم يتم التعامل خلاله بجدية وحزم.

## مجالات استخدام التعليم المصغر:

يمكن استخدام التعليم المصغر في مجالات عدة من أهمها:

1. إعداد المعلمين قبل الخدمة.
2. تدريب المعلمين أثناء الخدمة.
3. إعداد الأساتذة الجامعيين.
4. القيام بأبحاث علمية تتعلق بالعملية التعليمية.

وأخيراً فإنّ المتعلمين في التعليم المصغر لهم دور أساسي لا يقل عـن دور المـدرب لـذلك ينبغي الاهتمام بتدريبهم،وإعطائهم فكرة عما يحدث في موقف التعليـم المصغر، وفرصة لممارسـة تقـدير أداء المعلمين وفق نموذج التغذية الراجعة، كما تجدر الإشارة إلى أن تحديد الزمن وعـدد الطـلاب في التعليم المصغر أمر تقريبي لا يستلزم التمسك الصارم به.

## ● ثانياً: الأساليب الجمعية:

وهي الأساليب التي تتضمن علاقة إشرافية بين مشرف أو أكثر وبين مجموعة مـن المعلمـين، ويتم من خلال هذه العلاقة مناقشة المعلمين في قضـايا عـدة، ويـتم طـرح أفكـار عديـدة تهـم الميـدان التربوي، كما يتم من خلال هذه العلاقة إيصال فكرة أو مجموعة من الأفكار إلى المعلمين تختص بمشكلة ما تظهر على السطح ليتم التعامل معها ومعالجتها، وتختلف الأساليب الإشرافية الجمعية وتتنوع وتعتبر أوسع انتشاراً من كثير من الأساليب الإشرافية الفردية، فقد تأخذ أشكالاً متعـددة سيتم توضيحها فيما يلي على النحو التالي:

### 1- الندوة التربوية:

وهي نشاط جمعي يهدف إلى بحث مشكلة تربوية محددة بالاشتراك مع المعلمـين، ويقـوم مـن خلالها عدد من المختصين أو المشرفين أو الخبراء التربويين بالحديث في

موضوع تلك المشكلة أمام المعلمين، وبعد انتهائهم من التحدث يفتح المجال للمعلمين لمناقشة المواضيع المطروحة مع هؤلاء المختصين وإبداء آرائهم ووجهات نظرهم تجاهها.

وتتضمن الندوة التربوية إتاحة الفرصة المناسبة للمناقشة وبحث المشكلات التربوية من كافة جوانبها بتفصيل دقيق من خلال تبادل الآراء والأفكار حولها بين المشاركين في الندوة من خبراء ومعلمين، كما تتضمن مناخاً مغايراً للمناخ المعهود في الاجتماعات واللقاءات التربوية الأخرى التي قد يشعر المعلمون فيها بالضيق والسيطرة الروتين الممل عليها.

## عناصر الندوة التربوية:

* رئيس الجلسة: وقد يكون مشرفاً تربوياً، أو مدير مدرسة، أو معلماً متميزاً، وتكون مهمته التنسيق بين الأعضاء والمشاركين في الندوة من حيث أوقات التحدث للأعضاء، وتنظيم الحوار بين المشاركين.
* الأعضاء: وهم المختصون والخبراء التربويون الذين سيتحدثون في الندوة التربوية.
* المشاركون: وهم المعلمون الذين سيناقشون الأعضاء في موضوع الندوة، والمؤمل استفادتهم منها.
* النقاش بين المشاركين والأعضاء في موضوع الندوة.
* مشكلة تربوية تتطلب البحث والمناقشة.
* أهداف محددة وواضحة للندوة التربوية.
* تلخيص الأفكار الرئيسة في الندوة.
* الخروج ببيان ختامي يوضح ما أسفرت عنه هذه الندوة من أفكار ومقترحات تهم الميدان التربوي.

## أهداف الندوة التربوية:

1. إثراء خبرة معينة وموضوع محدد بأكثر من رأي أو رافد.
2. إتاحة الفرصة لنقاش فاعل ومثمر حول ما يتم عرضه من أفكار.
3. تحقيق التواصل بين المشاركين وتوفير فرص يتفاعل المعلمون من خلالها.
4. المساعدة على تحقيق النمو المهني للمعلمين وتحقيق الأهداف التربوية والتعليمية.

## إجراءات الندوة التربوية:

1. التخطيط التعاوني للأهداف والموضوعات والمكان والزمان.
2. الاهتمام باختيار الموضوع بحيث يكون متصلاً بحاجات ومشكلات وتحديات الميدان.
3. إبلاغ المعلمين بالقضايا المراد طرحها قبل موعد الندوة بوقت كاف.
4. توفير جو تشاركي للمناقشة والحوار.
5. اختيار رئيس للندوة مهمته التنسيق بين الأعضاء وإدارة النقاش.
6. إتاحة الفرصة لأكبر عدد ممكن من المشاركين لإبداء آرائهم.
7. تدوين النتائج في محاضر يمكن الرجوع إليها وقت الحاجة.

وينبغي العمل بجدية لإنجاح الندوة التربوية وذلك من خلال الإعداد المسبق لها بعناية من حيث طبيعة الموضوع (المشكلة موضع البحث) الذي يتم اختياره، وتوزيع المهام والواجبات بين الأعضاء (المتحدثين) والتنسيق بينهم وتحديد الوقت الذي سيستغرقه كل عنصر في الحديث، كما ينبغي الإحاطة بالمشكلة التي ستتم مناقشتها بكل حيثياتها ومعطياتها لتتم دراستها من جميع جوانبها والإسهام في معالجتها، هذا إلى جانب التحكم في عنصر الوقت بشكل دقيق بحيث يتم تحديد الفترة المخصصة للحديث من قبل الأعضاء، والفترة المخصصة للنقاش من قبل المشاركين، مع ضرورة العمل على إشراك أكبر عدد ممكن من المشاركين في النقاش.

## 2 – اجتماعات المعلمين الجماعية:

هي لقاءات تربوية بمعلمي مادة دراسية أو صف معين أو مجموعة معلمين في تخصصات مختلفة لتحقيق التكامل بين جهودهم وتجميع الأفكار في مواجهة المشكلات التربوية، ومن أنواعها: الاجتماعات التي تضم فئة واحدة وهي الاجتماعات التي يعقدها المشرف مع فئة المعلمين الذين تجمعهم حاجة مهنية مشتركة (مع معلمي الصف الثامن، معلمي العلوم، معلمي اللغة العربية...) والاجتماعات العامة وهي الاجتماعات التي يعقدها المشرف مع جميع المعلمين في المدرسة أو مجموعة من المدارس بغية تقديم خدمة إشرافية لهم جميعاً.

## أهداف اجتماعات المعلمين:

1. تزويد المعلمين ببعض المفاهيم التربوية وشرح أبعادها.
2. تحقيق درجة متقدمة من الفهم المشترك والمسؤولية المشتركة.
3. تحقيق النمو المهني وتحسس المشكلات والعقبات.
4. إتاحة الفرصة لمواجهة المشكلات التربوية بصورة عامة.
5. رفع الروح المعنوية للمعلمين عن طريق إشعارهم بأهمية دورهم.
6. تحديد ما ينبغي أن يقوم به المعلمون تحديداً واقعياً قابلاً للتطبيق.
7. طرح بعض التجارب والخبرات المتميزة ومناقشتها وتحليلها.
8. مساعدة المعلمين الجدد أو من تنقصهم الثقة بالنفس.
9. إتاحة الفرصة لممارسة الأساليب التعاونية والتدريب عليها.

## إجراءات اجتماعات المعلمين:

1. التخطيط التعاوني للاجتماع.
2. الحرص على اختيار مكان وزمان الاجتماع.
3. ابتعاد المشرف عن التكلف وإلقاء التعليمات والأوامر.

4. أن تكون رئاسة الاجتماع دورية، فلا تكون دائماً برئاسة المشرف

5. أن تتخذ القرارات بعد الدراسة والمناقشة والتحليل.

6. الحرص على تسجيل وقائع الاجتماع لتسهيل المتابعة والتقييم.

7. المتابعة المستمرة لنتائج الاجتماع واستثمار التغذية الراجعة.

8. تحديد موعد ومكان الاجتماع التالي وجدول أعماله إن أمكن.

## 3 – المشغل التربوي:

هو نشاط تعاوني عملي يقوم به مجموعة من المعلمين تحت إشراف قيادات تربوية ذات خبرة مهنية واسعة بهدف دراسة مشكلة تربوية هامة أو إنجاز واجب أو نموذج تربوي محدد.

**ومن أمثلة الأهداف الإشرافية التي يمكن تحقيقها من خلال المشغل التربوي:**

- إعداد خطة سنوية أو يومية.
- تحليل محتوي وحدات دراسية.
- إعداد اختبارات.
- إنتاج وسائل تعليمية معينة.
- إعداد مواد علاجية لبطيئي التعليم.
- التخطيط لتجربة معينة.

## أهداف المشغل التربوي:

1. وضع المعلمين في مواقف تساعد علي إزالة الحواجز وتزيد من حسن التفاهم فيما بينهم.

2. توفير فرص أمام المعلمين لمواجهة المشكلات التي تواجههم.

3. إكساب المعلمين خبرة في العمل التعاوني.

4. تعريف المعلمين بطرق وأساليب جديدة يستطيعون استخدامها عند العودة إلى مدارسهم.

5. توفير الفرص أمام المعلمين لإنتاج تقنيات ووسائل تعليمية تفيدهم في عملهم المدرسي.

6. إيجاد المواقف المناسبة التي يقوم المعلمون من خلالها بتقويم جهودهم وأعمالهم.

7. تنمية قدرات المعلمين عن طريق العمل التعاوني من أجل تحقيق أهداف مشتركة.

## إجراءات المشغل التربوي:

1. التخطيط التعاوني الجيد لموضوع المشغل، ومكانه، وزمانه، ومواده التعليمية، وأنشطته، وأهدافه، والتجهيزات اللازمة لإنجاحه.

2. الحرص على اختيار موضوعات لمعالجتها في المشغل تلبي حاجات المعلمين والميدان.

3. تهيئة المعلمين وإقناعهم بأهمية المشكلة التي هي موضوع البحث وإتاحة الفرصة لهم للمشاركة الفعلية في أنشطة المشغل.

4. تقسيم المشاركين إلى مجموعات صغيرة، واختيار رئيس ومقرر لكل مجموعة يتولى عرض ما توصلت إليه مجموعته بعد كل نشاط.

5. ألا يزيد عدد كل مجموعة عن ستة معلمين، وألا يزيد عدد المجموعات عن خمس مجموعات.

6. تقويم المشغل ومتابعته واستثمار نتائجه في التخطيط لبناء مشاغل تربوية جديدة.

## 4- تبادل الزيارات بين المعلمين:

وهي أسلوب إشرافي يترك أثراً في نفس المعلم ويزيد من ثقته بنفسه، لأنه يجرى في مواقف طبيعية غير مصطنعة، ويتم فيه زيارة معلم أو أكثر لزميل لهم داخل الغرفة الصفية، وقد تتم الزيارات المتبادلة بين معلمي مدرسة واحدة أو مدرستين متجاورتين،

وبين معلمي مادة واحدة أو مواد مختلفة، وذلك تحت إشراف مدير المدرسة أو المشرف التربوي.

## أهداف الزيارات المتبادلة:

1. تبادل الخبرات بين معلمي المادة الواحدة في أساليب التعليم، وطرائق معالجة بعض الموضوعات، وتوظيف بعض المهارات فيها طرح الأسئلة والتقويم والوسيلة التعليمية...الخ

2. تقويم المعلم عمله من خلال مقارنة أدائه بأداء الآخرين.

3. تقريب وجهات النظر بين معلمي المادة الواحدة والمعلمين بوجه عام.

4. تعميق فهم المعلمين واحترام بعضهم بعضاً.

5. تشجيع المعلمين المبدعين وتطوير ممارساتهم.

6. تشجيع المعلمين على إبداء آرائهم وطرح مشكلاتهم.

## شروط الزيارات المتبادلة:

1. أن يكون الهدف من الزيارة واضحاً ومحدداً.

2. أن يقوم المشرف التربوي بتوعية المعلمين بأهمية وأهداف البرنامج قبل البدء باستخدامه.

3. أن يوافق المعلم المزار على زيارة زملائه له دون أن تتسبب هذه الزيارة في عرقلة البرنامج المدرسي اليومي.

4. أن تتم الزيارة ويخطط لها وفق خطة معدة سلفاً بحيث تراعي حاجات المعلمين الزائرين.

5. أن يكون دخول المعلمين الزائرين مع بداية الحصة وخروجهم مع نهايتها.

6. أن يعقب برنامج الزيارة مناقشة حول فعاليات الحصة ومدى تحيق أهدافها.

7. أن يتنبه المعلمون والمشرف التربوي إلى ضرورة مراعاة الفروق في الظروف تجنبا للنقد الجارح.

## 5- النشرة التربوية:

وهي وسيلة اتصال بين المشرف التربوي والمعلمين، يستطيع المشرف من خلالها أن ينقل إلى المعلمين بعض خبراته وقراءاته ومقترحاته ومشاهداته بقدر معقول من الجهد والوقت.

## أهمية النشرة التربوية:

إذا كان النقد الذي يوجه إلى أسلوب النشرة الإشرافية ينصب على كونها لا توفر عنصر ـ الاتصال والتفاعل الإنساني، إلا أنها مع ذلك تعد من أوسع أساليب الإشراف التربوي تأثيراً (حيث إنها تصل المشرف بجميع المعلمين الذين وزعت عليهم) خاصة إذا ما أعدت إعداداً جيدا واكتسبت صفة الاستمرار والانتظام.

## أهداف النشرة التربوية:

1. توضح أهداف خطة المشرف للمعلمين وتحدد بعض أدوارهم فيها.
2. تثير بعض المشكلات التعليمية لحفز المعلمين على التفكير فيها واقتراح الحلول الملائمة لها.
3. تزود المعلمين بإرشادات وتوجيهات خاصة بالإعداد والوسائل والنشاطات والاختبارات،... الخ.
4. تعرف المعلمين ببعض الأفكار والممارسات والاتجاهات التربوية الحديثة على المستوين المحلي والعالمي.
5. تتيح تعميم مقالات المعلمين وبحوثهم وخبراتهم المتميزة وأساليبهم المبتكرة.
6. توفر للمعلمين مصدرا مكتوبا ونموذجا يمكن الرجوع إليه عند الحاجة ومحاكاته.

7. تهد! المعلمين إلى بعض المراجع العلمية والمهنية.
8. تخدم أعدادا كبيرة من المعلمين في أماكن متباعدة.
9. نساعد على توثيق الصلة بين المشرف والمعلمين.

## إجراءات النشرة التربوية:

1. أن تضمن مقدمة واضحة تبرز الأهداف والناتج التعليمي المتوقع تحقيقه.
2. أن تكون قصيرة ذات لغة سهلة واضحة، وأن تتضمن حقائق ومعلومات دقيقة وحديثة.
3. أن تتناول موضوعا واحدا ما أمكن، وأن يلبي هذا الموضوع حاجة مهمة لدى المعلمين.
4. أن تكون عملية بعيدة عن الإغراق في التنظير، ومشتملة على أمثلة من واقع المعلمين وخبراتهم وظروفهم.
5. أن تثير دافعية المعلم لنقد ما يقرأ.
6. أن يتناسب توقيت إرسالها مع ظروف المعلمين المدرسية والخاصة، حتى يتسنى لهم قراءها واستيعابها.
7. أن تعزز بأساليب إشرافية أخرى.
8. أن تؤثر في تغيير سلوك المعلمين وممارساته العملية.

### 6- القراءة الموجهة:

هي أسلوب إشرافي يهدف إلى تنمية كفايات المعلمين أثناء الخدمة من خلال إثارة اهتمامهم بالقراءات الخارجية، وتبادل الكتب واقتنائها، وتوجيهم إليها توجيهاً منظماً ومدروساً.

## أهداف القراءة الموجهة:

1. تحقيق أسباب النمو الأكاديمي والمسلكي في مجال عمل المعلم التربوي.
2. اكتساب المعلم مهارات التعلم الذاتي (المستمر).
3. تطوير معلومات المعلم وتحسين أساليب عمله وحل مشكلاته التربوية.
4. تكييف وتطوير الخبرات العالمية المتنوعة لتتلاءم مع واقع التربوي الذي يعيشه المعلم.
5. مواكبة التطورات التربوية بما يفيد في تحصيل التلاميذ وتقدمهم.

## أساليب القراءة الموجهة:

يتجلى دور المشرف التربوي في تغيير اتجاهات المعلمين نحو القراءة وتوظيفها بما يحقق الأهداف المرجوة منها في الطرق أو الأساليب الآتية:

1. يوجه المشرف التربوي المعلمين من وقت لآخر إلى قراءات تتعلق بالمشكلات التربوية التي يواجهونها، كما يعرفهم بالكتب والمجلات المهنية التي تظهر من وقت لآخر،ويقرأ المشرف التربوي فقرات من هذه الكتب والمجلات ويناقشها في اجتماعات المعلمين.
2. تظهر من وقت لآخر مقالات في مجلات تربوية تناقش مسائل تهم المعلمين، ويمكن طبع هذه المقالات وتوزيعها على المعلمين تمهيدا لمناقشتها معهم.
3. يستخدم المشرف التربوي النشرات التربوية لإعلام المعلمين بالكتب الجديدة مع كتابة تعليقات عن أهميتها ومحتواها.
4. ينوع المشرف التربوي في الكتب التي تقدم للمعلمين في اجتماعاتهم بشأن المشكلات المختلفة.
5. يعاون المشرف التربوي المعلمين على الإفادة مما قرءوه بتطبيق نتائج هذه القراءات في عملهم.

## 7- الدرس التطبيقي:

هو أسلوب علمي عملي حيث يقوم المشرف التربوي أو معلم ذو خبرة بتطبيق أساليب تربوية جديدة، أو شرح أساليب تقنية فنية، أو استخدام وسائل تعليمية حديثة، أو توضيح فكرة، أو طريقة يرغب المشرف التربوي إقناع المعلمين بفعاليتها وأهمية تجريبها، ومن ثم استخدامها.

## أهداف الدروس التطبيقية:

1. تقليل الفجوة بين النظرية والتطبيق.
2. إكساب المعلمين مهارة استخدام بعض الأساليب المبتكرة.
3. إثارة دافعيه المعلمين لتجريب واستخدام طرق جديدة.
4. حفز التقدم المهني للمعلم وتطوير كفاءاته الصفية.
5. تحقيق التواصل الإيجابي بين المشرف والمعلم وتوثيق الصلة بينهما.
6. إتاحة الفرصة للمشرف التربوي لاختبار فاعلية أفكاره وإمكانية تطبيقها.
7. إتاحة الفرصة أمام المعلمين لمقارنة طرقهم وتطبيقاتهم بطرق منفذ الدرس مما يساعد على تقويم أنفسهم ذاتياً وتبصيرهم بمواطن الضعف ومواطن القوة في عملهم.
8. تنمية ثقة المعلمين بأنفسهم بعد أن يلاحظوا الدرس التوضيحي وينتقلوا إلى صفوفهم مطبقين ما استفاد وه من الدروس تطبيقياً عملياً.

## خطوات الدروس التطبيقية:

1. الاجتماع بالمعلمين وإقناعهم بأهمية الدرس التطبيقي كونه عملية تربط بين النظرية والتطبيق.

2. الدروس التطبيقية ليست كيانات قائمة بذاتها، بل هي جزء من برنامج مخطط ومصمم لنمو المعلمين مهنياً، أي إنه يجب أن يتكامل مع الوسائط الإشرافية التدريبية الأخرى.

3. المشاركة المباشرة للمشرف التربوي في مراحل الإعداد والتنفيذ والتخطيط.

4. التخطيط الجيد للدروس التطبيقية من حيث تحديد الأهداف والوسائل والنشاطات وأساليب التقويم.

5. اختيار معلم كفء قادر على تحقيق أهداف الدرس بشكل فعال، ويقوم المشرف التربوي نفسه بأداء الدرس لحفز المعلمين على التطبيق والمشاركة

6. إعطاء الدرس في بيئة تعليمية عادية، غير مصطنعة، بحيث يكون الصف والمدرسة اللذان يجري فيهما التطبيق في مستوى عادي غير متكلف.

7. تقويم الدرس تقويماً تعاونياً، يشارك فيه المشرف والمعلمون والمنفذ.

8. متابعة نتائج الدروس التطبيقية، للوقوف في مدى تأثيرها في الأداء الفعلي للمعلمين داخل صفوفهم.

## مميزات الدروس التطبيقية:

1. تعتبر ميداناً فسيحاً لتجريب الأفكار النظرية، كما يتم فيها الربط بين النظري والعملي وذلك بترجمة الأفكار النظرية إلى واقع عملي ملموس.

2. تخدم المعلمين المستجدين، حيث تطرح أمامهم مواقف تعليمية لينطلقوا منها لبدء حياتهم العملية بداية سليمة.

3. تتفق وحاجات المعلمين القدامى الذين هم في حاجة للنمو المستمر مهنياً،حيث تلبي احتياجاتهم لتطبيق أساليب جديدة ولتجريب أفكار مبتكرة.

4. الدروس التطبيقية تتطلب تحضيراً مسبقاً، وإعداداً دقيقاً، وجمع معلومات كافية عن المعلمين الذين يشاهدون الدرس.

5. الدرس التطبيقي ليس درساً عشوائياً، بل هو درس مرن متغير يتغير باستمرار ليتناسب مع مستويات المشاهدين وخبراتهم، فإن الفكرة المطروحة على بساط الدرس، يمكن أن تكون بسيطة، ويمكن أن تكون عميقة معقدة تخص طبقة من المعلمين الأوائل.

## سلبيات الدروس التطبيقية:

- يصعب على المعلم أحياناً إدراك المعنى الكلي للفكرة المراد توضيحها أثناء التطبيق ويصرف نظره إلى جزئيات وتفاصيل.
- قد تصبح مجالاً للتقليد مما يضر في تحسين التعليم.
- يكون النقاش بعد الدرس شخصياً أو غير بناء أحياناً مما يثير الحساسية بين المعلمين.

## أمور يجب مراعاتها في الدرس التطبيقي:

- التخطيط الجيد للدرس التطبيقي من حيث الأهداف والوسائل وقناعة المعلمين بأهمية الدرس.
- أن ينظم الدرس لتوضيح فكرة محددة وواضحة وأن لا تفرض الدروس على المعلمين فرضاً بل يجب إقناعهم بضرورة هذا الدرس.
- المشاركة المباشرة للمشرف في مراحل الإعداد والتنفيذ والتخطيط.
- اختيار معلم كفء للتطبيق أو قيام المشرف نفسه بالتطبيق.
- إعطاء الدرس في بيئة تعليمية عادية غير مصطنعة بحيث يكون مستوى الطلبة عادي وغير متميز.
- أن لا يركز المشرف على معلم واحد للقيام بتطبيق الأفكار بل يشجع المعلمين الآخرين للمشاركة في هذا البرنامج.
- أن يعد المعلم المشاهد نفسه للزيارة ليستطيع مناقشة الفكرة بفاعلية.
- تقييم الدرس تقييماً تعاونياً يشارك فيه المشرف والمعلمون.

- القيام بعملية متابعة لنتائج الدروس التطبيقية للوقوف على مدى تأثير هذه الدروس على الأداء الفعلي للمعلمين في صفوفهم.

## 8. البحث الإجرائي:

البحث الإجرائي نشاط إشرافي- تشاركي يهدف إلى تطوير العملية التربوية، وتلبية الحاجات المختلفة لأطراف هذه العملية خاصة من خلال المعالجة العلمية- الموضوعية للمشكلات المباشرة التي يواجهونها.

## أشكال البحث الإجرائي:

يشمل البحث الإجرائي نوعين:

أ. البحث الإجرائي الفردي: يقوم به شخص واحد: المشرف التربوي أو المعلم أو مدير المدرسة وهكذا.

ب. البحث الإجرائي الجماعي: يقوم به أكثر من شخص واحد، كأن يقوم به مدير المدرسة وأحد المعلمين، أو مدير المدرسة وعدد من المعلمين المهتمين بمعالجة قضية معينة، أو المشرف وأحد المعلمين وهكذا.

## أهداف البحث الإجرائي:

1. الحصول على نتائج يمكن الاعتماد عليها، والإفادة منها في تحسين العملية التربوية.
2. تدريب المعلمين على استخدام الأساليب العلمية في التفكير وحل المشكلات.
3. تنمية طريقة عمل الفريق أو العمل الجماعي- التعاوني بين المعلمين.
4. تشجيع المعلمين على التغيير في أساليبهم وممارساتهم نحو الأفضل.
5. إكساب المعلمين مهارات البحث العلمي (الميداني) مما يؤدى إلى زيادة احتمال قيامهم بإجراء بحوث ودراسات فردية ورمزية بمبادرات ذاتية.

6. تنمية اتجاهات إيجابية لدى المعلمين لعل من أبرزها: النقد البناء- تقبل وجهات نظر الآخرين- الانفتاح على أفكار الآخرين وآرائهم.

**ومن العوامل التي تساعد على النجاح في استخدام البحث الإجرائي ما يلي:**

1. أن يكون المشرف التربوي ملماً بأساليب البحث العلمي ووسائله.
2. أن يمهد المشرف التربوي للفكرة بإتاحة الفرصة للمعلمين لدراسة ومناقشة بعض البحوث الميدانية التي أجريت في بعض المدارس، أو إدارات التعليم أو الجامعات، ولاسيما ما يتعلق منها بأساليب ونتائج هذه البحوث.
3. أن يقتنع المعلمون بأهمية القيام بالبحث الإجرائي وضرورته.
4. أن تتاح الفرصة للقائمين بالبحث للمشاركة الفعلية في جميع مراحله وخطواته.
5. أن تتوافر المراجع والأدوات اللازمة للقيام بالبحث.
6. أن تختار مشكلة البحث في ضوء الحاجات والأولويات الملحة.
7. أن يراعى في اختيار مشكلة البحث توافر الظروف الموضوعية لمعالجتها.

## خطوات البحث الإجرائي:

1. اختيار المشكلة وتحديدها: من صفات المشكلة أن تكون حقيقية وواقعية ومنبثقة من صعوبة يواجهها المشرف التربوي، أو المعلم، أو مدير المدرسة أو الطالب، ويتم تحديد المشكلة على مرحلتين:
   أ. وصف الواقع الحالي ورصد العوامل المؤثرة فيه.
   ب. تصور ما يجب أن يكون عليه هذا الواقع.
2. اقتراح حلول للمشكلة: وتنبثق الحلول عادة من الرجوع إلى المصادر التي تبحث في المشكلة، ومناقشة ذوى الخبرة في الموضوع وزيارة الأماكن التي عولجت بها مشكلات مماثلة، كما أن الباحث يستخدم خبرته الذاتية في الموضوع، ويتم في هذه

الخطوة وضع فرضية أو أكثر للحل أو يجب أن تكون الفرضية: (واضحة- محددة- قابلة للتطبيق من حيث متطلباتها المادية والبشرية).

3. اختبار الفرضيات: ويتم في هذه الخطوة تنفيذ العمل من خلال تحديد ما يلي:

- أساليب الاختبار والتجريب.

- الأدوات اللازمة لجمع المعلومات.

- جدول زمني لتنفيذ الخطوات المختلفة.

4. استخلاص النتائج: ويتم ذ لك بعد تبويب وتصنيف وتحليل المعلومات التي تم جمعها في الخطوة السابقة.

5. إصدار التعميمات ووضع الاقتراحات: إذا أظهرت النتائج صحة الفرضيات، فعلى الباحث أن يخطط لتوظيف نتائجها في تعديل وتطوير ممارساته وممارسات كل من يعنيهم الموضوع، كما يسعى بحذر إلى إصدار تعميمات لتطبيق نتائج هذه التجربة على مواقف ومشكلات مماثلة.

وإذا لم تثبت صحة الفرضيات فعلى الباحث أن يصوغ فرضيات جديدة ويعيد اختبارها من جديد.

ويتطلب دور المشرف مساعدة المعلمين على اختيار المشكلات التعليمية الجديرة بالبحث والتقصي، ويتم اختيار هذه المشكلات في ضوء أهميتها ومدى شمولها، ولا شك في أن المشكلات التربوية هي من الكثرة والتنوع والشمول بحيث يصعب حصرها وتحديدها.

# ملخص الفصل الرابع

- للإشراف التربوي دور هام في تزويد المعلمين بكل جديد من الأساليب والوسائل التعليمية.

- ينبغي أن تتمتع الأساليب الإشرافية الفردية منها والجمعية بجملة من السمات من أهمها وضوح الفلسفة والأهداف.

- تعتبر أساليب الإشراف التربوي أنشطة تربوية متخصصة ومنسقة تهدف إلى تحسين المواقف التعليمية والبيئة التربوية.

- تقسم الأساليب الإشرافية إلى أساليب فردية وأخرى جمعية.

- تعتبر الزيارة الصفية أكثر أساليب الإشراف التربوي شيوعاً وانتشاراً في النظم التربوية.

- يقصد بالزيارة الصفية أن يقوم المشرف التربوي بزيارة المعلم في الغرفة الصفية أثناء قيامه بالنشاط التدريسي.

- من الأفضل أن تستغرق الزيارة الصفية أطول مدة ممكنة، بحيث تشمل وقت الحصة الصفية بشكل كامل.

- يعد الاجتماع الفردي أحد الأساليب التوجيهية الرئيسة التي تهدف إلى دراسة مشكلات المعلم دراسة تعاونية.

- جو الاجتماع الفردي يعطي المعلم فرصة أفضل لطرح جميع مشكلاته ومناقشتها بحرية ووضوح.

- يسهم التعليم المصغر في تبسيط الموقف التعليمي بدرجة كبيرة ؛ لأنه يستهدف مهارة معينة أو سلوكاً بعينه، لذا يتم اختزال وقت الحصة، وتقليل عدد الطلاب، واختيار جزء معين من الدرس لتسهيل عملية الملاحظة والتقييم ومتابعة سلوك المعلم.

- تتضمن الندوة التربوية إتاحة الفرصة المناسبة للمناقشة وبحث المشكلات التربوية مـن كافـة جوانبهـا بتفصيل دقيق.

- تبادل الزيارات بين المعلمين أسلوب إشرافي يترك أثراً في نفس المعلم ويزيد من ثقته بنفسه، لأنه يجـرى في مواقف طبيعية غير مصطنعة.

- تعد النشرة التربوية من أوسع أساليب الإشراف التربوي تأثيراً

# الفصل الخامس
# تدريب المعلمين أثناء الخدمة

- مفهوم تدريب المعلمين أثناء الخدمة.

- مراحل بناء برنامج تدريب المعلمين أثناء الخدمة.

- أهمية تدريب المعلمين أثناء الخدمة.

- أهداف برامج تدريب المعلمين أثناء الخدمة.

- الاحتياجات التدريبية للمعلمين.

- الخصائص [السمات] الواجب توافرها في برامج تدريب المعلمين أثناء الخدمة.

- التحديات التي تواجهها برامج تدريب المعلمين أثناء الخدمة.

- أساليب التدريب المتبعة في برامج تدريب المعلمين أثناء الخدمة.

- تقييم برامج تدريب المعلمين أثناء الخدمة.

يتناول هذا الفصل موضوع برامج تدريب المعلمين أثناء الخدمة، باعتباره وظيفة هامة تقع في صميم الوظائف والمهام التي تقع ضمن مسؤوليات المشرف التربوي، في مسعى نحو توضيح دور هذه البرامج في رفع كفاية المعلمين المهنية، حيث سيتم التطرق إلى تعريف مفهوم البرامج التدريبية أثناء الخدمة واستعراض لأبرز آراء المختصين والباحثين في هذا المجال، كما سيتم تناول مواضيع أخرى أسهمت في إعطاء فكرة حول ماهية برامج تدريب المعلمين أثناء الخدمة، ومن أبرز تلك المواضيع أهداف هذه البرامج ومراحل بنائها، وأهميتها وأبرز خصائصها، وأهم الاحتياجات التدريبية للمعلمين، كما سيتم استعراض أهم أساليب التدريب المتبعة في برامج تدريب المعلمين أثناء الخدمة، والتحديات التي تواجهها هذه البرامج، بالإضافة إلى تناول موضوع تقييم البرامج التدريبية، لعل ذلك يسهم في إعطاء صورة واضحة عن برامج تدريب المعلمين أثناء الخدمة، هذا وما التوفيق إلا بالله.

# الفصل الخامس

## تمهيد:

حين جاء أحد شعراء العرب ببيت الشِّعر المشهور:

**قـم للمعلـم ووفـه التبجيـلا　　　كـاد المعلـم أن يكـون رسـولا**

فإنه لم يأت بهذا الكلام الجميل من فراغ، فقد استشرف أهمية المعلم ودوره في بناء الأجيال وتهذيب النشء، فاعتبره أهلاً للاحترام والتقدير، كون هذا المعلم قد احتل عبر الزمن مكانة مرموقة في المجتمع، فقد كان يشار إليه بالبنان لرصانته واتزانه وتحكيمه للأمور بعقلانية، فيقصده الناس طلباً للنصح والمشورة وإصلاح ذات البين.

قد يشترك المهتمون وغير المهتمين بالتربية والتعليم في الاتجاه نحو اعتبار المعلم قدوة ومثلاً لغيره، وذلك لطبيعة عمله التي تتضمن التأثير في الآخرين، فالمعلم يتعامل مع أفراد بحاجة إلى تلقي المعرفة والقيم والنصح والإرشاد، فبقدر تمتعه بالمثالية وسعة الصدر وحب تقديم المساعدة، واعتبار عمله رسالة وأمانة يجب تأديتها على خير وجه أمام الله والمجتمع، وبقدر ابتعاده عن حب الذات والأنانية وبقدر محاولته الإخلاص لمهنته وعدم اعتبارها عملاً إضافياً لزيادة الأجر، فإنه بذلك يقترب من أن يكون قدوة ومثلاً لغيره، مما يزيد من قيمة عملية التعليم كما يزيد من حب واحترام تلامذته له،ذلك أن التلاميذ يرون في معلمهم إنساناً مليئاً وزاخراً بالتجارب والخبرات والمعارف وأن لديه ما يفيدهم به، فهو ليس مجرد ناقل للمعرفة وملقن لما في طيات الكتب المدرسية، وإنما لديه خيال واسع ومهارة في إيصال المعلومة بطرق غير تقليدية.

ويسهم التأثير الإيجابي للمعلم في تلاميذه على قيام هؤلاء بالتأسي به والإقتداء بأفعاله وأقواله في شتى أمور حياتهم، فإن حصل هذا يكون المعلم قد نجح في كسر جمود

الطريقة التعليمية التقليدية، والأساليب الثابتة للتلقين، فيسهم بـذلك في السـير بالأجيـال نحو الانفتاح الفكري الإيجابي، وسيسعى التلاميذ إلى الإقتداء به في أساليب كلامهم وطرق تفكيرهم ولباسهم وتعاملهم مع الأخطاء، وغير ذلك كثير، وليكون المعلم كذلك لابد مـن مسـاعدته عـلى الاسـتمرار عـلى هـذا النهج وذلك بحسن إعداده وتأهيله وتدريبه.

فمع بداية النصف الثاني من القرن العشرـين ظهر مفهـوم التـدريب والتعلـيم المسـتمر، وذلك بهدف التعاطي مع العلوم والميادين المختلفة بخطىً واثقة تقوم على الدراية والمعرفة بهذا العلم أو ذاك الميدان، وليشكل هذا المفهوم فيما بعد جسراً للعبـور نحو المسـتقبل الزاخر بالمستجدات والتطورات والقفزة الهائلة في حجم ونوع المعارف والتي أصبحت تعرف فيما بعد بالانفجار المعرـفي، فقـد نتج عـن التطور الكبير الذي حدث في ميادين الحياة بشكل عام اختلافات وتجديدات في طرق التعامـل وأسـاليب العمل في تلك الميادين، الأمر الـذي تطلّـب مداومـة التـدريب وتعريف العاملين بالجديد في أعمالهـم، فأضحى التدريب المتواصل السلاح والضمان الأكيد لاستيعاب متطلبـات القرن الحـادي والعشرـين بمـا يحويه من تقدم تكنولوجي ومعرفي وما يستلزم ذلك من مهارات وقدرات وخبرات.

لقد أصبح التدريب يمثل حقيقة واقعة للعاملين في المهن المختلفة عمومـاً وفي مهنة التدريس عـلى وجه الخصوص، ولعل الدليل على ذلك إنشاء النظم التربوية في مختلف أنحاء العالم للمراكز والمعاهد التي تقوم بتوفير التدريب اللازم للمعلمين وفق أساليب التربية الحديثة، وقد تزايد الاهتمام بهذه البرامج على المستوى العالمي وذلك من خلال عقد المؤتمرات والحلقات التربوية المتخصصة في هذا المجال بهدف تزويد المعلمين بالمهارات وتعريفهم بتجارب الآخرين، في سعي دؤوب لإيجاد المزيد من الاقتراحات لحل المشكلات التعليمية القائمة.

ولإطلاق وصف الإبداع على المعلم، لا بد من تمتعه بالمقدرة والمهارة العالية في إيصال الأفكار والمعلومات والقيم والاتجاهات بطريقة سلسة وصحيحة لطلبته، معتمداً في ذلك على سعة الخيال وترابط الأفكار وحُسن الإعداد الأكاديمي والمهني لتشجيع الطلاب على السير على نهجه في التنظيم والوضوح والتفكير الإبداعي، فمثل هذه الصفات تجعل الفرصة مواتية لتعزيز الرضى والارتياح بين الطلاب.

فجوهر عملية التعليم يكمن في وجود منهاج متبع يتطلب نقل ما فيه من معرفة إلى الطلاب، لكن هذا لا يكفي للحصول على مخرجات ذات جودة عالية للنظام التعليمي، فهناك أمور لا منهجية تسهم إلى حد كبير في بناء شخصية الطالب المستقلة المهيأة للانخراط في مجتمع ما بعد المدرسة، وتتمثل في زرع القيم الفاضلة والاتجاهات الإيجابية ونظم التفكير الإبداعية، وهنا تبرز مقدرة المعلم على إنقاذ أحسن ما في الطلاب من ميزات، وإيصالهم إلى مرحلة من التفكير القائم على التأمل والتحليل والتفسير الدقيق.

وتنقسم العملية التربوية إلى أركان ثلاثة رئيسة هي المنهاج والطالب والمعلم، ويعد المعلم أهم هذه العناصر وأكثرها حسماً، فهو المسؤول عن نجاح أو فشل هذه العملية، ويقوم بترجمة المنهاج إلى واقع إضافة إلى احتكاكه بالتلاميذ محاولاً تنمية قدراتهم ومهاراتهم، الأمر الذي أدى إلى سعي دول العالم للاهتمام بالمعلم.

وقد اكتسب تدريب المعلمين أثناء الخدمة أهمية خاصة ؛ لأنه يعتبر مُكملاً لإعدادهم قبل الخدمة، ويأتي هذا التدريب بعد أن يكون المعلم قد مارس مهنة التعليم لمواجهة المشكلات التعليمية التي تعرض لها، ومن أجل تزويده بالخبرات والمهارات التعليمية التي تمكنه من القيام بدوره التعليمي المتجدد[1].

---

(1) جودت عزت عطوي، المرجع السابق نفسه، ص 203 - ص 204.

إن الواقع التربوي القائم بما يحيط به من متغيرات متسارعة ومستجدات وتطورات متزايدة باستمرار يتطلب الاهتمام المستمر في برامج التدريب أثناء الخدمة، إضافة إلى أن معظم المعلمين يتوجهون لمهنة التدريس دون أن يكونوا قد تلقوا تدريباً لهذه المهنة، فيواجهون مواقف معقدة – بفعل ارتباط هذه المواقف بالبشر الذين يصعب قياس سلوكياتهم - و متغيرة يصعب ضبطها، فإن لم يجد المعلمون - وبخاصة الجدد منهم - من يقف إلى جانبهم، ويعاونهم ويساعدهم فإنهم لن يتمكنوا من التدريس بصورة صحيحة، أو ربما يجتهدون اجتهادات خاطئة سيكون من نتائجها إلحاق الضرر البالغ في العملية التعليمية والطلبة على حد سواء.

وتقوم برامج إعداد المعلمين في الدول المتقدمة اليوم على التعاون بين المدارس وهذه البرامج وبمساعدة أساتذة الجامعات ومعلمي المدارس والمشرفين وغيرهم وذلك بهدف تقوية العلاقة بين النظرية والتطبيق في برامج إعداد المعلمين، ويتخذ هذا التعاون أشكالاً عدة مثل مراكز إعداد المعلمين أو مراكز التدريب المهني أو مدارس التنمية المهنية، والهدف من هذه المراكز إيجاد مدارس تطبيقية ونموذجية ومعملية.

فالتدريب بمفهومه العلمي يستهدف أساساً تحقيق النمو المهني للمعلم، والارتقاء به إلى المستوى العملي والمهني والثقافي الذي يحقق أهدافه وطموحاته واستقراره النفسي، وإخلاصه في أداء رسالته، كما أن التدريب يقوم بسد الفجوة القائمة بين عمليات الإعداد في معاهد وكليات التربية من ناحية ومتطلبات الممارسة الميدانية من ناحية أخرى.

ومن الضروري أن تستند البرامج التدريبية للمعلمين أثناء الخدمة على أسس معينة من أهمها:

- اعتماد إطار أو نموذج نظري للتدريب.

- وضوح وتحديد أهداف برنامج التدريب.
- اعتماد منهج التدريب متعدد الوسائط.
- المرونة وتعدد الاختيارات في برنامج التدريب.
- توجيه برنامج التدريب نحو الكفايات التعليمية.
- تحقيق البرنامج التدريبي للتوافق مع الأفكار النظرية.
- استمرارية عملية التدريب.

فالمعلمون كغيرهم من العاملين يحتاجون إلى من يمد لهم يد العون والمساعدة في الكشف عن حاجاتهم التدريبية وتشخيصها والعمل على تلبيتها ولا شك أن للمشرف التربوي الدور الفاعل في ذلك، فإذا كان العاملون في مجالات الحياة المختلفة يحتاجون إلى التدريب من أجل الحصول على أفضل النتائج مع أنهم يتعاملون مع أمور مادية، فكيف بمن يتعامل مع نظام يوصف بأنه (مُؤنْسَن)، يقوم فيه المعلم بتربية النشء الذي يتلف أفراده فيما بينهم من حيث التوجهات والأفكار والقيم والمبادئ، إلى جانب ما يكتنف ذلك من تطورات ومستجدات وتغيرات تلقي بظلالها على العملية التربوية والتعليمية[1].

وبناء على ذلك لا بد من وضع برامج خاصة لإعداد مربيات رياض الأطفال ومعلمي المراحل الابتدائية والمتوسطة والثانوية، إضافة إلى العناية بالدراسة النوعية التخصصية كالتربية الفنية والتربية الخاصة والتربية الرياضية والأسرية.

ولعل من أبرز السمات التي يشترط توفرها في معلم التعليم المستقبلي مقدرته على التكيف الإيجابي مع المتغيرات، وحرصه على التواصل مع مراكز المعلومات[2].

---

(1) عبد الرحمن المشيقح، رؤى في تأهيل معلم القرن الجديد، ص 39.
(2) عبد الرحمن المشيقح، المرجع السابق نفسه، ص 39.

وتتصدر مشكلة ضعف التطبيق العملي للمعلمين (أثناء الدراسة الجامعية) والفجوة الكبيرة بين الجانب النظري والجانب العملي، برامج إعداد المعلمين، حيث أن الخبرات العملية التي تقدم للمعلم المتدرب قليلة نسبياً وليست على درجة عالية من الجودة، فالتطبيق العملي في الجامعات لا يتعدى مادة أو مادتين جامعيتين الأمر الذي لا يكفي لاكتساب المهارات والخبرات اللازمة، وفي المقابل فإن الخبرات الميدانية تهدف إلى ربط النظرية بالتطبيق والاهتمام بالبحث والاستقصاء والتدريب على مهارات التدريس وتحليل الأداء والتقييم الذاتي وغيرها.

و تقع مهمة تحديد الحاجات التدريبية للمعلمين على عاتق المشرف التربوي[1] الذي يقوم بثلاثة أدوار رئيسة في تدريب المعلمين وهي:

- تشخيص الحاجات التدريبية للمعلمين وتصنيفها.
- تخطيط برامج تدريبية من مستويات معينة وتنفيذها وتقويمها.
- المساهمة في تخطيط البرامج التدريبية الشاملة وتنفيذها وتقويمها.

ومن الضروري تنظيم الخبرات الميدانية في إعداد المعلمين بشكل يتوافق وبداية العام الدراسي في المدرسة والجامعات، وبإشراف مكتب خاص للخبرات الميدانية لتوثيق الصلة بين الجامعات ووزارة التربية والتعليم، وذلك بوضع خطة محكمة للخبرات الميدانية تتضمن تكثيف التدريب لكسب خبرات واسعة واكتساب المعلم المتدرب مهارات التخطيط واستخدام الوسائل وزيادة عدد الساعات المعتمدة المخصصة للميدان، بهدف زيادة اهتمام الطلبة بها، وتفريغ الطالب تماماً للتطبيق وهذا وتتضمن برامج التربية العملية اشتراك عدة جهات أو عناصر لنجاحها، إذ لا بد أن تتكامل جهود أعضاء هيئة التدريس في الجامعة وجهود موجهي وزارة التربية، بالإضافة إلى

---

(1) إبراهيم علي، الحاجات التدريبية أثناء الخدمة، ص2.

مديري المدارس المستضيفة للمعلمين المتدربين، ولا يخفى ما لدور المعلمين المتعاونين من ذوي الخبرة في إفادة المتدربين على المهارات والطرق المتنوعة في التدريس، ويبقى العنصر الأخير وهو جوهر العملية المتمثل في المعلمين المتدربين.

تسهم البرامج التدريبية أثناء الخدمة في تطوير أداء المعلمين وتحسين العملية التعليمية التعلمية، إذ تأخذ برامج تدريب المعلمين أثناء الخدمة مكانة متميزة في برامج وزارات التربية والتعليم في معظم بلدان العالم المتقدمة منها والنامية، حيث تحاول هذه البرامج التدريبية تنمية الكفايات التربوية التي تتطلبها الأدوار المتعددة للمعلم.

وقد أجريت العديد من الدراسات حول هذا الموضوع والتي تناولت قضايا مختلفة ترتبط به ومن هذه الدراسات على سبيل المثال لا الحصر:

- دراسة رمضان صالح رمضان ولطفي عمارة مخلوف عام 1989، والتي هدفت إلى معرفة مدى فهم معلمي المرحلة الابتدائية لبعض المفاهيم الرياضية بعد تعرضهم لبرنامج تدريبي أثناء الخدمة، وكان من نتائج الدراسة وجود فروق ذات دلالة إحصائية بين متوسط درجات المجموعتين الملتحقة وغير الملتحقة ببرنامج التأهيل في اختبار المفاهيم الرياضية ولصالح المجموعة الملتحقة.
- دراسة فريد أبو زينة عام 1976، والتي هدفت إلى البحث في فاعلية برنامج تدريبي أثناء الخدمة لإكساب معلمي الرياضيات في الأردن المعلومات الأساسية المتعلقة بمنهاج الرياضيات المعاصرة، وأظهرت نتائج الدراسة أن هذا البرنامج التدريبي قد ساهم في رفع مستوى فهم المعلمين للمعلومات الرياضية الأساسية لمنهاج الرياضيات المعاصرة.
- دراسة (سلاجر) عام 1988، والتي هدفت إلى تعرف حاجات المعلمين الجدد والمساعدة التي تقدم إليهم في بداية عملهم في التعليم المدرسي، وقد أظهرت نتائج

الدراسة أن مستويات حاجة المعلمين قلت خلال السنة الأولى، كما أظهرت نتائج الدراسة عدم وجود أثر للجنس والعرق في حاجات المعلمين.

- دراسة (ديفيز) عام 1983، والتي هدفت إلى تقدير حاجات المعلمين في أثناء الخدمة من خلال استجاباتهم واستجابات مديري المدارس، وكان من أهم نتائج الدراسة وجود فروق ذات دلالة إحصائية بين تقدير المعلمين ومديري المدارس لحاجات المعلمين التربوية.

فماذا يقصد بمفهوم تدريب المعلمين أثناء الخدمة؟ وما هي مراحل بناء برنامج تدريب المعلمين أثناء الخدمة؟ وما أهداف برامج تدريب المعلمين أثناء الخدمة ؟ وما أهمية برامج تدريب المعلمين أثناء الخدمة في حياتهم المهنية؟ وكذلك ما أهم الاحتياجات التدريبية للمعلمين والتي يجب أخذها بعين الاعتبار في برامج تدريب المعلمين أثناء الخدمة؟ وما أهم الخصائص [ السمات ] الواجب توافرها في برامج تدريب المعلمين أثناء الخدمة؟ و ما التحديات التي تواجهها برامج تدريب المعلمين أثناء الخدمة؟ وما أهم أساليب التدريب المتبعة في برامج تدريب المعلمين أثناء الخدمة، وما العوامل التي تحكم اختيارها؟ وأخيراً كيف يتم تقييم برامج تدريب المعلمين أثناء الخدمة؟ هذه الأسئلة وغيرها سيتم التطرق إليها - إن شاء الله - في هذا الفصل لعلها تسهم في رسم صورة واضحة حول عملية تدريب المعلمين أثناء الخدمة بصفتها أحد أهم الأنشطة الإشرافية التي يقوم بها المشرف التربوي.

## ● مفهوم تدريب المعلمين أثناء الخدمة :

يقصد بالتدريب أثناء الخدمة أي تدريب يتلقاه المعلم أثناء عمله، الأمر الذي يسهم في تطويره وإكسابه مهارات وخبرات جديدة، ومع التوسع المتزايد في النظم التربوية، أصبح لزاماً على الجهات المسؤولة في التربية أن تزود المعلمين بأشكال متعددة من التدريب، لتوظيفها في إدارة الصفوف وإتباع أساليب تدريسية تواكب التطورات

والمستجدات في الميدان التربوي، وقد واكب هذا التطور الآنف الذكر تطور في مفهوم مسمى التدريب، فظهرت تسميات عدة لعل من أهمها برامج تنمية المعلم.

ولا بد أن يكون مفهوم التدريب واضحاً ومحدداً بالنسبة للمسؤولين عن سياسة التدريب والمدربين وكذلك المتدربين، حتى يكون هناك اتفاق بين جميع هذه الأطراف على ماهية التدريب ومفهومه، حتى يمكن لكل منهم أن يؤدي واجبه في العملية التدريبية وفقاً لهذا المفهوم الذي اتفق عليه الجميع[1].

ولقد عرّف {هاندرسون Handerson} برنامج تنمية المعلم بأنه يشتمل على أي شيء قد يحدث للمعلم من أول يوم يلتحق فيه بالمهنة إلى اليوم الذي يتقاعد فيه عنها، بحيث تسهم هذه الأشياء وبصورة مباشرة أو غير مباشرة في الطريقة التي يؤدي بها واجباته المهنية، ويتضمن هذا علاقة وطيدة بين التعلم والفعل مما يسهل معه قياس نتائجه[2].

وعرفه كل من { كاتز و راتز Katz and Raths} بأنه مجموعة من الظواهر يقصد بها مساعدة المرشحين في تحصيل المعرفة والمهارات والاتجاهات والنماذج الخاصة بمهنة التدريس، أما {مورانت Morant} فقد عرّف هذا البرنامج بأنه أوسع من التدريب بمعناه القريب، ويطلق عليه لفظ التعليم، وهو يتعلق بالنمو المهني الأكاديمي والشخصي للمعلم من خلال تقديم سلسلة من الخبرات والنشاطات الدراسية التي يكون فيها التدريب بمعناه القريب مجرد جانب واحد منها، ويبدأ هذا التعليم بمجرد انتقال المعلم من مرحلة الإعداد الأولي في مؤسسات الإعداد ودخوله إلى مهنة التدريس، ويستمر حتى ينتهي بالتقاعد أو الموت.

---

(1) مشعل القاضي، دور التدريب المهني في إعداد القوى العاملة، ص13.

(2) محمود شوق، تربية المعلم للقرن الحادي والعشرين، ص229.

كما يُعرَّف التدريب بأنه:الجهود المنظمة والمخططة لتطوير معارف وخبرات واتجاهات المتدربين، وذلك بجعلهم أكثر فاعلية في أداء مهامهم، و يعرف بأنه: عملية ديناميـة تستهدف إحداث تغييرات في معلومات وخبرات وطرائق أداء سلوك واتجاهات المتدربين بغية تمكينهم من استغلال إمكاناتهم وطاقاتهم الكامنة بما يساعد على رفع كفاياتهم في ممارسة أعمالهم بطريقة منتظمة وبإنتاجية عالية، كما يعرف بأنه: تجهيز الفرد للعمل المثمر والاحتفاظ به على مستوى الخدمة المطلوبة، فهو نوع من التوجيه الصادر من إنسان إلى إنسان آخر.

ويعرف (فيليب جاكسون Philp Jackson) التدريب من منظورات ثلاثة هي: المنظور العلاجي، والسلوكي، والنمائي، فمن المنظور العلاجي يقصد بالتدريب معالجة جهل المعلم الناجم عن تخرجه من الكلية أو الجامعة منذ فترة طويلة وعدم التحاقه بمهنة التعليم مباشرة، أو الناجم عن التحاقه بكلية غير قوية أكاديمياً بحيث لم تؤهله للاطلاع على المستجدات في تخصصه، أو لمساعدة المعلم على مواكبة التغيرات الحديثة، أما من المنظور السلوكي فإن التدريب يعني مساعدة المعلم على كيفية تحليل الموقف التعليمي اعتماداً على التفاعل بين المعلم وطلبته في الغرفة الصفية، ومن منظور النمو (المنظور النمائي) فإن التدريب يعني زيادة الدافعية نحو النمو الذاتي للمعلم على اعتبار أن التدريس عملية معقدة ومتعددة الجوانب، ويبرز هذا المفهوم دور الطالب الفاعل في حين أن المعلم يكون مُسهّلاً للتعليم وليس مُلقّناً.

أما التعريف الذي سيتبناه هذا الكتاب فيعتبر أن برنامج تدريب المعلمين أثناء الخدمة عبارة عن مجموعة من النشاطات المنتظمة التي يطورها النظام التربوي لمساعدة المعلمين على النمو المهني خلال سنين خدمتهم، بمعنى أن هذا البرنامج يشتمل على مجموعة من المهارات والخبرات التي تهدف إلى تنمية وتطوير المعلمين العاملين حالياً، وتأهيلهم لمواجهة ما يعترضهم من مستجدات ومشكلات، ولا يخفى أن برامج تدريب

المعلمين أثناء الخدمة هي برامج منظمة ومخطط لها، إذ تعتمد على التخطيط العلمي، وكيفية التنفيذ، والتقويم المستمر.

**ومما سبق يمكن استخلاص عناصر مفهوم برنامج تدريب المعلمين ومنها:**

- أنه يخص المعلمين الموجودين على رأس عملهم، وأنه لا يهدف للتحسين فقط ولكن إلى الوصول بالمعلم إلى الحدود القصوى لأدائه المهني.
- هناك فرق واضح بين التعلم الذاتي أثناء الخدمة كنشاط فردي يبذل من جانب المعلم، وبرامج تنميته التي تقوم على التخطيط المسبق من قبل السلطات التربوية.
- أنه يشتمل على المراحل الثلاث التي يمر بها برنامج تنمية المعلم الكفؤ، وهي التخطيط والتنفيذ والتقويم المستمر لكل مرحلة.
- أنه يحتوي أنشطة تدريبية متنوعة وشائعة من مثل الدورات التدريبية، والبرامج الجامعية، والدروس التدريبية ليوم واحد، والحلقات الدراسية والورش....
- أن التدريب نشاط إنساني.
- أن التدريب نشاط مخطط له.
- أن التدريب يهدف إلى إحداث تغييرات في جوانب مختارة لدى المتدربين
- أن التدريب هو الوسيلة الأهم التي تؤدي إلى تنمية وتحسين الكفاية الإنتاجية.
- أن التدريب من أفضل مجالات الاستثمار في الإنسان
- أن التدريب عملية مستقبلية

## ● مراحل بناء برنامج تدريب المعلمين أثناء الخدمة:

يعتمد برنامج تدريب المعلمين أثناء الخدمة على ثلاث مراحل أساسية هي: التخطيط والتنفيذ والتقييم المستمر، علماً بأن هناك اختلافات عديدة بين المعلمين من حيث المؤهلات والاحتياجات التدريبية والجوانب التي يتطلب تنميتها وتطويرها لدى

المعلم، والاختصاصات والمراحل التي يقوم المعلمون بتدريسها، أما مراحل بناء برنامج تدريب المعلمين أثناء الخدمة فهي:

## أولاً: التخطيط:

لقد أصبح التخطيط أمراً مسلماً به في كافة مجالات الحياة، فحسن التخطيط في أي تخصص أو مشروع يؤثر في استغلال الإمكانات البشرية والمادية المتاحة على خير وجه، والسير بثبات نحو تحقيق الأهداف، فإذا كان هذا هو حال التخطيط في مجالات الحياة المختلفة، فإنه في مجال تدريب المعلمين وتنميتهم أكثر أهمية، ويسهم في تجنب الكثير من النتائج السلبية التي قد تحدث، والسيطرة على المستجدات والمتغيرات وحسن التعامل معها بفضل المرونة التي يوفرها التخطيط.

والتخطيط لبرامج تنمية المعلم محاولة علمية واعية ومنتظمة تقوم على أساس عدد المعلمين المراد تقديم البرنامج إليهم، ومجموعة من الإجراءات والبدائل والأسس والمؤشرات التي ينبغي إتباعها لتحقيق أفضل النتائج انطلاقاً من دراسة واقع الظروف الاقتصادية والاجتماعية والسياسية في المجتمع، مع الاستفادة من الإمكانات المتاحة والتي يمكن أن تتاح في فترة زمنية معينة[1].

## ثانياً: التنفيذ:

ويتضمن القيام بالعديد من الإجراءات العملية وتوفير المتطلبات اللازمة للمضي- قدماً في سير البرنامج، كتوفير المصادر والأجهزة، والقوى البشرية المؤهلة للتدريب (المشرفون التربويون عادة)، والهيئات الإدارية والإشرافية.

## ثالثاً: التقييم:

وهو ضمانة للتأكد من تحقيق الأهداف ومدى تنفيذ ما تم التخطيط له، وهو عملية مستمرة يجب أن تبدأ ببداية البرنامج وتنتهي بنهايته، على أن تتسم هذه العملية بالشمول والموضوعية ومواكبة البرنامج التدريبي في جميع مراحله.

---

(1) محمود شوق، المرجع السابق نفسه.. ص235.

### • أهمية تدريب المعلمين أثناء الخدمة:

يعد التدريب وسيلة هامة لإعداد الكوادر البشرية المتطورة وذات الإنتاج النوعي المتميز، كما يعد استثماراً مجدياً إذ يحقق نمواً اقتصادياً واجتماعياً وتكنولوجياً، ويمكّن الأفراد من مواكبة مستجدات العصر المتسارعة، هذا العصر المتطور الذي يحتم على الأفراد مسؤوليات ومهام جديدة وكثيرة ينبغي القيام بها.

ويؤكد { ديوي Dewey} على أهمية تدريب المعلمين بقوله إن كافة الإصلاحات التعليمية مرتبطة بنوعية وشخصية العاملين في مهنة التعليم، ويرى العديد من المربين أهمية تدريب المعلمين أثناء الخدمة، وذلك من أجل تجديد معلوماتهم وتنمية مهاراتهم وخبراتهم باستمرار [1].

إن التدريب أثناء الخدمة يتناول أهم عنصر في العملية التربوية وهو المعلم، وهو العامل الرئيس الذي يتوقف عليه نجاح التربية في بلوغ غاياتها وتحقيق أهدافها، ودورها في التقدم الاجتماعي والاقتصادي، لذلك ثمة حاجة إلى معلم يواكب تطورات العصر، ويستفيد من كل جديد سواء كان ذلك عن طريق النمو الذاتي للمعلم، أم عن طريق التدريب في أثناء الخدمة.

**من هنا يمكن القول أن برامج التدريب أثناء الخدمة تحظى بأهمية كبيرة لأسباب منها:**

- أن برامج الإعداد قبل الخدمة لا تتعدى أن تكون مدخلاً لممارسة المهنة، وليست إعداداً نهائياً لها.

- أن التغير السريع الذي يشهده العالم في مختلف المجالات يؤثر في المهن بما فيها التربية والتعليم.

---

(1) نزار الأحمد، أثر برنامج تدريب المعلمين أثناء الخدمة، ص2.

**ويمكن تبرير أهمية التدريب أثناء الخدمة للمعلمين بشكل عام بما يلي:**

- وجود شكوى عامة عن المستويات المتدنية للمعلمين في كثير من النظم التعليمية وخاصة في البلدان النامية، إضافة إلى وجود اتفاق بين القائمين على تربية المعلمين على أن الطرق التقليدية في إعداد المعلمين قد أصبحت عديمة الجدوى، ومن ثم يجب الاهتمام أكثر فأكثر بتدريب المعلمين أثناء الخدمة.
- هناك افتراض ضمني مؤداه أن مواصلة تعليم المعلمين وتدريبهم يحضهم على الاهتمام لبلوغ أعلى مستويات الأداء المهني.
- تأتي برامج التدريب أثناء الخدمة بعد أن يكون المعلم قد عايش وواجه المشكلات الميدانية الواقعية بشكل مباشر.
- لا تحدث تحسينات ذات دلالة في مجال التعليم دون بذل الجهد لإرساء برامج موسعة لتدريب المعلمين أثناء الخدمة.

ولما للتدريب من أهمية متزايدة في أثناء الخدمة، ونظراً لدوره البارز في إنجاح العملية الإدارية، فإن الحاجة لاعتماد أساليب حديثة باتت ملحة في تدريب الكوادر البشرية، سواء في قطاع التربية والتعليم، أم القطاعات الحكومية والخاصة الأخرى، لتنسجم والإمكانات الجديدة وتطورات العصر الذي نعيش فيه[1].

**كما أن أهمية التدريب أثناء الخدمة تظهر في أن التدريب يعمل على:**

- رفع مستوى أداء المعلمين في المواد الدراسية وتطوير مهاراتهم التعليمية، وزيادة قدراتهم على الإبداع والتجديد، والإلمام بالأساليب التدريسية الحديثة.
- زيادة الكفاية الإنتاجية للمعلم، ومساعدته على أداء عمله بطريقة أفضل وتعريفهم بدورهم ومسؤولياتهم في العملية التربوية.

---

(1) حسن الطعاني، التدريب مفهومه وفعالياته، ص15.

- اكتشاف كفاءات المعلمين وإبداعاتهم، وتدريبهم على البحث العملي والنمو الذاتي.
- مساعدة المعلمين حديثي التخرج على الاطلاع على النظم والقوانين التي تجعلهم يواجهون المواقف الجديدة في ميدان العمل وإتاحة الفرصة للمعلمين، على تعرف الاتجاهات، والأساليب الحديثة المتطورة في التربية
- تهيئة المعلمين لاكتساب المعارف التربوية، والتطبيق الإداري الفني مما يؤدي إلى رفع المستوى التعليمي لدى القائمين على العملية التربوية ويعمل على مبدأ استمرارية التعليم، والتي من شأنها رفع المستوى العام للخدمات التعليمية والإدارية.
- شعور المعلم المتدرب أو الموظف أو المدير بالرضا الوظيفي لتحسين أدائه في العمل.
- تحسين مهارات المعلمين أو المد راء وزيادتها، بما يمكنهم من تحقيق أهداف المؤسسة التعليمية أو الإدارية، فيكون عملهم هادفاً ومنظماً وفعالاَ.

## ● أهداف برامج تدريب المعلمين أثناء الخدمة:

تهدف برامج إعداد المعلمين إلى إكساب المعلمين المهارات اللازمة لمواكبة المستجدات في القرن الحادي والعشرين، وتوسيع آفاقهم وتنمية شخصياتهم ومقدراتهم واهتماماتهم، والعناية يرفع مستواهم الأكاديمي ومستوى أدائهم التربوي كنشاط أساسي لمهنة التدريس، إضافة إلى تنمية مقدرتهم على التطبيق والربط بين الجانب النظري والعملي، وإعداد المعلم للتعليم المستقبلي جزء من منظومة شاملة تستهدف تطويع كافة عناصر العملية التعليمية الأساسية منها والمساند لها للبحث والتطوير والتجديد[1].

ويرتبط مفهوم التدريب أثناء الخدمة بمفهوم النمو المهني للمعلم، فإعداده قبل الخدمة يشكل بداية مسيرة نموه المهني وتدريبه هو الضمان لاستمرار هذا النمو.

---

(1) عبد الرحمن المشيقح، المرجع السابق نفسه، ص31.

**وهناك أهداف أخرى كثيرة لبرامج تدريب المعلمين أثناء الخدمة منها:**

- تطوير مهارات المعلمين إلى مستوىً مناسب.
- علاج أوجه النقص أو القصور في برامج إعداد المعلمين قبل الخدمة.
- إطلاع المعلمين على الجديد والمستحدث في طرق وتقنيات التدريس.
- مساعدة المعلمين الجدد على التأقلم مع العمل المدرسي وفهم متطلبات العمل.
- تحقيق النمو المستمر للمعلمين لرفع مستوى أدائهم المهني وتحسين اتجاهاتهم وصقل مهاراتهم التعليمية وزيادة معارفهم.
- تحقيق التكامل بين أدوار العاملين في المدرسة لتحسين نوعية التعليم ضمن بيئة تربوية تشاركية.
- تعميق الأصول المهنية عن طريق زيادة فعالية المعلم ورفع كفايته الإنتاجية إلى حدها الأقصى.
- إكساب المعلمين مهارات تصميم وتنفيذ أنشطة تعليمية.
- تعريف المعلم بالميدان الذي يعمل فيه من حيث الفلسفة والسياسات والأهداف.
- تعريف المعلمين بالطرق الجديدة والمبتكرة في مهنة التدريس نتيجة للتطوير والتحديث المستمر.
- تجديد معلومات المعلمين وتنميتها وإيقافهم على التطورات الحديثة في تقنيات التعليم وطرق التدريس.
- مساعدة المعلمين في تطوير كفاياتهم من أجل مواجهة بعض المشكلات الخاصة
- تدريب المعلمين على الأساليب التي تمكنهم من تحقيق أهدافهم الوظيفية.
- تهيئة الظروف التي تساعد المعلمين على معالجة مواطن الضعف في المواقف التعليمية.

## • الاحتياجات التدريبية للمعلمين:

يمكن تعريف الاحتياجات التدريبية بأنها المؤشرات الدالة على وجود فرق بين الواقع والمرغوب فيه من حيث الأداء والاتجاهات والمعلومات وغيرها، ويمكن تعريفها أيضاً بأنها المعلومات والمهارات التي يمكن إحداثها وتنميتها لدى المعلم بحيث تسهم في تطويره وتجعله يواكب التغيرات المعاصرة، وتسهم عملية تحديد الاحتياجات التدريبية للمعلمين في زيادة كفاءة تخطيط البرامج التدريبية، كما تعتبر الخطوة الأولى التي تنطلق منها العملية التدريبية، وتسهم أيضاً في الأداء المناسب وتقدير الاحتياجات التدريبية، فنجاح عملية التدريب يعتمد على النجاح في تحديد الاحتياجات التدريبية.

**هذا ويمكن تحديد الاحتياجات التدريبية للمعلمين بعدة طرق من أهمها:**

### 1. تحليل المنظمة:

ويقصد بها تحديد الحاجات التدريبية لأعضاء التنظيم (المؤسسات التربوية)، وذلك من خلال دراسات مسحية للأوضاع التنظيمية والأنماط الإدارية، وبالتالي تحديد نوع التدريب المطلوب، وبمعنى أخر تحليل المنظمة من حيث الأهداف والمناخ العام والتغييرات المتوقعة فيها.

فمن بين المهمات الأساسية في تخطيط برامج تطوير المعلمين تعيين ما تحتاج إليه المدرسة وما ترغب فيه، ذلك لأن برامج تطوير المعلمين الجيدة تبنى على تصور الحاجات، وتسمى عملية الحصول على هذه المعلومات التي تصبح أساساً للتخطيط عملية تقدير الحاجات **need assessment**[(1)].

(1) إيزابيل فيفر وجين دنلاب، المرجع السابق نفسه، ص58.

## 2. تحليل المهمات:

وتتناول مؤهلات وخبرات ومهارات المعلمين، بالإضافة إلى مهمات المؤسسة، وتبيان معايير قياس الأداء ومدى صحته، ويكون ذلك بهدف تعريف المعلمين بمهامهم وواجباتهم ونطاق صلاحياتهم في وظائفهم وإكسابهم المهارات التي تلزمهم لتطبيقها بحرفية ومهنية، إضافة إلى تعرف جوانب الضعف ومحاولة علاجها، ويكون تحليل المهمات من خلال عدة أساليب من أهمها: المقابلات والاختبارات ودراسة التقارير والسجلات وتقويمها، وغيرها من الأساليب.

## 3. تحليل خصائص الفرد (المعلم):

ويقصد بذلك تحديد ما يلزم المعلم من مهارات ومعارف وأفكار لأداء وظيفته، وذلك من خلال معرفة مؤهلاته العلمية وخبراته العملية، والأنشطة التدريبية التي شارك فيها، وخصائصه الفكرية والجسدية ومزاياه الشخصية، ودوافعه التي يود إشباعها أو تعديلها، فحاجات ورغبات المعلمين يجب أن تؤخذ بعين الاعتبار، وأن تعطى أهمية قصوى، إضافة إلى ضرورة معرفة الوقت الذي يفضله المعلمون لعقد الاجتماعات، إذ يختلف الأمر إن كان وقت التدريب بعد انتهاء دوام المعلم مباشرة – حيث ينخفض نشاطه إلى أقل مستوىً ممكن – عنه إن كان الوقت في ساعات الصباح أو في أوقات أخرى ممكنة.

إن تحديد الاحتياجات التدريبية بدقة ووضوح وموضوعية، تمثل حجر الأساس للعملية التدريبية ككل، ويتحقق من خلالها التدريب الفعال فيؤدي بذلك إلى تحسين أداء المعلمين وتطوير مهاراتهم وتحسين اتجاهاتهم.

**ويمكن تصنيف الاحتياجات التدريبية وفقاً للمعايير التالية**[1]:

**- أولاً: الضيق والشمول:**

قد تأخذ عملية تحديد الاحتياجات التدريبية طابعاً ضيقاً، فتشمل موظفاً واحداً أو مجموعة قليلة من الموظفين، أو تشمل أعداداً كبيرة من الموظفين على مستوى المؤسسة ككل، أو على مستوى مهنة معينة كالمشرفين أو المديرين.

**- ثانياً: التوجيه والتركيز:**

قد تكون الاحتياجات منظمة كتدريب العاملين الجدد أو تدريب الموظفين لأغراض الترقية أو النقل لوظائف أخرى، وقد تكون احتياجات تعالج مشكلات العمل الفنية وتتعلق بمعلومات العاملين أو مهاراتهم، كما قد تكون احتياجات تطويرية ذات توجه مستقبلي لمواجهة المتغيرات المتلاحقة.

**- ثالثاً: الفترة الزمنية:**

قد تكون الاحتياجات التدريبية قصيرة أو بعيدة المدى، لذا تجري عملية تنبؤ لمتطلبات العمل لسنوات قادمة حسب طبيعة الاحتياجات التدريبية.

**- رابعاً: الكم والنوع:**

قد تكون الاحتياجات التدريبية نوعية يصعب قياسها كالاحتياجات التدريبية في مجالات السلوك والدافعية والاتجاهات، وقد تكون احتياجات كميّة تتعلق بعدد الوظائف التي تتطلب الاهتمام والتنمية أو عدد المعلمين الذين سيخضعون للتدريب.

---

(1) جودت عزت عطوي، المرجع السابق نفسه، ص 212 - ص 213، بتصرف.

● **الخصائص [السمات] الواجب توافرها في برامج تدريب المعلمين أثناء الخدمة:**

من الضروري أن تتسم برامج تدريب وتنمية المعلمين بجملة من الخصائص أهمها:

- أن يكون التدريب بشكل متواصل ومتكامل، بحيث يكون البرنامج التدريبي مكملاً للذي سبقه.
- التركيز على الممارسات العملية للنهوض بالمستوى الإجرائي للمعلم.
- مواكبة التطورات والمستجدات في المادة العلمية.
- تنويع أساليب البرامج التدريبية، كالدورات القصيرة، والرحلات التعليمية، والمؤتمرات التربوية، والنقاش الجماعي، والورش التربوية، والمحاضرات العامة، والدراسات المسحية، والتدريب الميداني، ومجموعات تبادل الخبرات، والمسابقات التربوية، والمواسم الثقافية وغيرها.
- إكساب المعلمين مهارات تدريسية خاصة كتفريد التعليم، وتعليم المجموعات الكبيرة، ومهارات الاتصال.

**ويرى القاضي (1998)[1] بأنه ينبغي أن يتسم برنامج التدريب أثناء الخدمة بما يلي:**

- أن يكون هادفاً.
- أن يكون مستمراً.
- أن يكون شاملاً.
- أن يكون واقعياً يلبي حاجات المجتمع والبيئة المحيطة.
- أن يكون متطوراً يواكب قدر الإمكان كل التطورات والمستجدات والظروف.


● **التحديات التي تواجهها برامج تدريب المعلمين أثناء الخدمة:**

لعل الصفة الأكثر ثباتاً في عالم اليوم هي التغيير، إذ تعيش البشرية في ظل متغيرات ومستجدات شتى ينبغي على الجميع مواكبتها والتكيف معها، والمعلم بحكم

---

(1) مشعل القاضي، المرجع السابق نفسه.

عمله لن يستطيع ذلك إلا باكتساب الخبرات الملائمة والمهارات التي تمكنه من متابعة عمله بنجاح وتميز، فالعلاقات وأساليب العمل وأنماط الحياة تتغير باستمرار.

فالتربية ليست ببعيدة عن هذه المتغيرات والتطورات، إذ تتأثر بكل جديد وتحاول مواكبة التطورات والمستجدات، فهناك تطوير مستمر للأساليب التربوية وطرق التعليم والتعامل مع التلاميذ، فلقد أصبحت متابعة التطورات والمستجدات التربوية تشكل التحدي الأهم للمعلم أثناء خدمته، لذا كان لا بد من تقديم برامج شاملة ومتكاملة لإكساب المعلمين أثناء الخدمة مهارات تمكنهم من مواجهة المشكلات اليومية في عملهم، مع التأكيد على أنه لا بد من أن يحرص المعلم على النمو المتواصل وتنمية نفسه مهنياً باستمرار.

إن برامج إعداد المعلمين مهما كانت على درجة من الجودة لا يمكن لها في عصر يحفل بالتطورات والتغيرات المستمرة أن تمد المعلم بحلول للمشكلات العديدة التي تعترض العمل التعليمي، ولا تستطيع أن تسد الفجوة التي يحدثها التفجير المعرفي سواء في مجال التخصص العلمي أم في الجانب التربوي، فالتطورات السريعة في مادة التخصص وطرق تدريسها وفي العلوم التربوية على وجه العموم، تحتاج إلى برامج تدريب مستمرة للمعلم وتحتاج في الدرجة الأولى إلى تزويده بمقومات النمو الذاتي، الأمر الذي يلقي على برامج إعداد المعلم مسؤولية تأهيله لهذا النمو أثناء تعليمه[1].

وبناءً على ما سبق، فقد تغيرت أدوار المعلم، فلم يعد يمثل تلك السلطة المسيطرة والمرعبة للطلاب، بل أصبح دوره توجيهياً يساعد الآخرين على تطوير مقدراتهم الأكاديمية واكتساب مهارات جديدة في ظل علاقة ودية بين المعلم وتلاميذه، ولعل هذه التغيرات كانت نتيجة طبيعية لخطط رفع مستوى وكفاءة المعلمين وتحسين أدائهم من

---

(1) محمود شوق، المرجع السابق نفسه، ص 38.

خلال برامج التدريب أثناء الخدمة، التي تهدف إلى الوصول نحو درجة مرضية من الإنتاجية والتميز وتحقيق التنمية الشاملة من خلال الاستثمار في الموارد البشرية.

## • أساليب التدريب المتبعة في برامج تدريب المعلمين أثناء الخدمة:

للبرامج التدريبية أساليب عدة، تتراوح بين البسيطة والمعقدة من جهة، وبين التقليدية والحديثة من جهة أخرى، فالأساليب البسيطة لا تحتاج إلى بذل مجهود كبير من قبل المدرب على عكس الأساليب المعقدة التي ينبغي التحضير الجيد لها، أما الأساليب التقليدية فتركز على المادة النظرية، بينما تهتم الأساليب الحديثة بتغيير اتجاهات وتعديل سلوك المتدرب، وعليه ولضمان الجودة في التدريب ينبغي التنويع في الوسائل المستخدمة للارتقاء بمستوى المتدرب، وستتناول الدراسة عدة أنماط للأساليب التدريبية، إذ يمكن تصنيفها إلى:

- الأساليب الفردية: كالتدريب أثناء الوظيفة، والتلمذة المهنية، والمحاكاة [وتتضمن إيجاد ظروف قريبة من الواقع]، حيث تركز هذه الأساليب على الفرد المتدرب بهدف إكسابه مهارات لرفع مستوى أدائه.
- الأساليب الجماعية: ولها عدة أشكال منها:

1. **المحاضرات**: وهي الأكثر شيوعاً بين الأساليب التدريبية، حيث تتضمن قيام المدرب بإلقاء كمٍ معين من المعلومات النظرية دون إشراك المتدربين في فعالياتها، ومن إيجابياتها شمولها لأعداد كبيرة من المتدربين، وتوفير الوقت والجهد والتكاليف، أما سلبياتها فتتمثل بعدم إشراك المتدربين في النقاش، والملل الذي يعتري المتدربين معظم الأحيان.
2. **الورش التدريبية [المشاغل]:** وتقوم على توزيع الموضوعات المراد التدريب عليها، على مجموعات من المتدربين بقصد تحليلها وعرضها والنقاش فيها مع المشاركين في

الورشة التدريبية، ومن إيجابيات هذا الأسلوب  أنه قد يـؤدي إلى الإبداع واكتشـاف مقـدرات وتحسـين اتجاهات المتدربين، أما سلبياته  فتتمثل بضرورة اهتمام وتعاون المتدربين، وفي كثيـر مـن الأحيـان لا يتوفر ذلك لدى شريحة واسعة من المتدربين.

3. المؤتمرات: وتكون على شكل اجتماعات لبحـث مشـكلات مهنيـة معينـة، وهـذا يتطلـب تـوفير منـاخ ديمقراطي، والتحلي بروح الحوار البناء واحترام الرأي الآخر.

4. القراءات والنشرات: وتتضمن موضوعات معينة تُرسل للمعلمين لتطبيق مضامينها، والإطلاع عليها- بما تتضمنه من خبرات سابقة  - للاستفادة منها في الحياة المهنية.

ويمكن تصنيف أساليب التدريب إلى:

- الأساليب التأهيلية: وتصمم لتدريب المعلمين غير المؤهلين تربوياً.

- الأساليب التجديدية: وتهدف إلى تنشيط المعلمين القدامى وتجديد معلوماتهم وإطلاعهم على الجديد في مجالات التخصص الأكاديمي أو المهني.

كما يمكن تصنيف  أساليب التدريب إلى:

- الأساليب الاستهلالية: وتختص بالمعلمين المبتدئين في مهنة التدريس.

- الأساليب الامتدادية: وتفيد المعلمين  ذوي الخبرة القليلة أو المعلمين الذين ينتقلـون لتـدريس مرحلـة أو مادة لم يعتادوا على تدريسها.

- الأساليب الإنعاشية: وتستخدم لإنعاش اكتساب المهارات والخبرات الميدانية المتكررة في نفس الوظيفـة ونفس المرحلة  ومع أنماط متشابهة من التلاميذ.

- الأساليب التحويلية: وتُعقد في فترة توقع الحصول على ترقية أو في الفترة التي تسبق سن التقاعد.

## ● تقييم برامج تدريب المعلمين أثناء الخدمة:

يعتبر تقييم البرامج التدريبية أمراً ضرورياً للغاية، وذلك لأن هذه العملية تتصل بجميع مراحل البرنامج التدريبي، وهي عملية معقدة وصعبة لعل ما يزيد من صعوبتها أن المقيّم يصدر أحكاماً تتعلق بالمدربين والمتدربين والأساليب التدريبية والوسائل المستخدمة، والنتائج القريبة والبعيدة المترتبة على عملية التدريب، ويمكن تعريف تقييم التدريب بأنه تلك الإجراءات التي تقاس بها كفاءة البرامج التدريبية ومدى تحقيقها لأهدافها المرسومة[1].

**وتمر عملية تقييم البرنامج التدريبي بالخطوات التالية:**

- تحديد الهدف من عملية التقييم، حيث يجب أن تكون الأهداف واضحة ودقيقة.
- جمع المعلومات وتنظيمها وفق معايير محددة.
- تحليل المعلومات والبيانات وتلخيصها بطرق إحصائية بسيطة.
- استخلاص النتائج وعرضها بصورة توضح الغرض من التقييم.

لذا يجب أن تخضع البرامج التدريبية لسلسلة من الاختبارات القياسية للتأكد من مدى نجاح هذه البرامج في تحقيق الأهداف المرجوة من وراء التدريس، ويمكن النظر إلى تقويم برامج التدريب أثناء الخدمة من حيث وقت عملية التقويم إلى:

- **تقويم تحليلي:** ويكون عند تخطيط وتطوير برنامج التطوير.
- **تقويم مرحلي بنائي:** ويتم خلال تنفيذ البرنامج مع المعلمين، ويهدف إلى تعرّف كفاية التحصيل ومدى ملائمة ظروفه للمعلمين ومن ثم توجيه عمليات التدريب بما يلزم.

---

(1) جودت عزت عطوي، المرجع السابق نفسه، ص225 .

- **تقويم نهائي [كلي]**: ويهدف إلى معرفة درجة تحصيل المتدربين للأهداف التربوية للبرنامج، ويكون عادة عند انتهاء البرنامج.
- **تقويم ميداني**: ويكون بعد فترة من انتهاء التدريب بهدف التحقق من كفاية وصلاحية ما اكتسبوه من البرنامج.

ولمعرفة وتقويم أثر البرامج التدريبية تتبع عدة أساليب، إلا أنه يمكن قياس مدى نجاحها من خلال جانبين هامين هما:

- الأحكام الصادرة من المعلمين أنفسهم.
- نتائج قياس أثر البرنامج على سلوك المتدربين[1].

إن المعلم كأي فرد في المجتمع له نفس الحقوق، لكنه مسؤول أكثر من غيره عن بناء المجتمع، فالمعلم بحكم وظيفته يعد الطالب ليصبح بمقدوره الاندماج في المجتمع الذي سيتخرج إليه بحيث يكون فرداً فاعلاً ومستقراً فيه، ويستطيع التنقل بحرية بين المجتمعات المختلفة، فالمعلم يعمل على تثقيف الأفراد وتعليمهم ومساعدتهم على الانعتاق من الأفكار الضحلة والسوداوية، فيعزز بذلك الموضوعية في عقولهم، ليحطموا الحواجز الاصطناعية التي خلقت الفتنة بين الشعوب والمجتمعات.

فلا يجب أن يكون المعلم أداة أو وسيلة لتطبيق ونشر فكرة معينة، وإنما هو في وضع محايد لا يسمح للخصومات أن تنشأ بين الأطراف المختلفة، ويعتبر بذلك همزة الوصل بين الفئات المتضاربة، ولعل ذلك يكون كفيلاً لبناء مجتمع متعاون متكافل ذا هم وأهداف وآمال واحدة، يحترم فيه الأفراد بعضهم بعضاً، وتكون أولى اهتماماتهم وأولوياتهم الصالح العام.

---

(1) مصطفى القمش، إعداد برنامج تدريبي أثناء الخدمة لرفع كفاءة معلمي الأطفال المعوقين عقلياً في مجال أساليب التدريس وتقييم فاعليته، ص 15.

# ملخص الفصل الخامس

- أصبح التدريب يمثل حقيقة واقعة للعاملين في المهن المختلفة عموماً وفي مهنة التدريس على وجه الخصوص.
- اكتسب تدريب المعلمين أثناء الخدمة أهمية خاصة؛ لأنه يعتبر مُكملاً لإعدادهم قبل الخدمة.
- التدريب بمفهومه العلمي يستهدف أساساً تحقيق النمو المهني للمعلم.
- المعلمون كغيرهم من العاملين يحتاجون إلى من يمد لهم يد العون والمساعدة في الكشف عن حاجاتهم التدريبية وتشخيصها والعمل على تلبيتها ولا شك أن للمشرف التربوي الدور الفاعل في ذلك.
- تسهم البرامج التدريبية أثناء الخدمة في تطوير أداء المعلمين وتحسين العملية التعليمية التعلمية.
- يقصد بالتدريب أثناء الخدمة أي تدريب يتلقاه المعلم أثناء عمله، الأمر الذي يسهم في تطويره وإكسابه مهارات وخبرات جديدة.
- يعتمد برنامج تدريب المعلمين أثناء الخدمة على ثلاث مراحل أساسية هي: التخطيط والتنفيذ والتقييم المستمر.
- يمكن تعريف الاحتياجات التدريبية بأنها المؤشرات الدالة على وجود فرق بين الواقع والمرغوب فيه من حيث الأداء والاتجاهات والمعلومات وغيرها.
- للبرامج التدريبية أساليب عدة، تتراوح بين البسيطة والمعقدة من جهة، وبين التقليدية والحديثة من جهة أخرى.

الفصل السادس

# تحليل عملية التدريس

- التعليم الفعال
- أسس التحليل
- نظم تحليل التفاعل
- نظام فلاندرز لتحليل التفاعل اللفظي.

# الفصل السادس

## • التعليم الفعال:

يعتبر التدريس نشاطاً مستمراً يهدف إلى تحقيق التعلُّم بأسهل طريقة ممكنة، ويتضمن سلوك التدريس الأفعال التي يتم توظيفها من قبل المدرس خلال موقف تعليمي، وذلك بطريقة متعمدة لتشكيل بيئة المتعلم بصورة تمكنه من تعلم ممارسة سلوك معين أو الاشتراك في سلوك معين.

للعملية التعليمية مخرجات (تتمثل بالطلبة الحاليين) ينبغي الاهتمام بها من حيث إكسابها المعارف و المهارات الأساسية اللازمة لها لتتمكن من تحقيق الأهداف التربوية والتعليمية المأمولة، وذلك بتنسيق جهود المعلمين والمشرفين وأركان النظام التربوي لتحقيق النتائج المرجوة من خلال توظيف أساليب التعليم والتعلم الفعال في العملية التعليمية، للوصول إلى تدريس فعال و قادر على أحداث التغير المطلوب.

ويرى كل من (دنكن وبيدل Dunkin & Biddle) أن العملية التدريسية نشاط يتضمن المراحل التالية:

- مرحلة التخطيط والتنظيم: وتتضمن تحديد الأهداف العامة والخاصة والوسائل والأساليب والإجراءات.
- مرحلة التدخل: وتتضمن الاستراتيجيات التدريسية ودور كل من الطالب والمعلم والأساليب التقنية في التدريس.
- مرحلة تحديد وسائل وأدوات القياس وتفسير البيانات.
- مرحلة التقييم: وتتضمن التغذية الراجعة التي تزود المعلم بمدى تحقق الأهداف، وما يترتب على ذلك من تعديل أو تغيير في التخطيط من أجل الدروس اللاحقة.

## تعريف التعليم الفعال:

هو نمط من التعليم يعتمد على النشاط الذاتي والمشاركة الإيجابية من قبل المتعلم، فلا يكون دور الطالب متلقٍ للمعلومات فقط إنما مشارك وباحث عن المعرفة بطرق مختلفة.

فالتعليم الفعال يساهم في تدريب الطلبة على اكتساب المهارات التعليمية المختلفة وليس اكتساب العلامات فحسب، مما يساعده على رفع مستوى التفكير لديه، وزيادة المقدرة على التأمّل والتحليل وربط الأفكار ببعضها البعض، و مناقشة الأفكار المطروحة مع الآخرين واحترام أفكارهم، فالتعليم الفعال نمط تدريسي يساهم في تحقيق الأهداف التعليمية بكافة مستوياتها مما يسهم في بناء شخصيةٍ متوازنة للطالب.

## الطالب في التعليم الفعال:

يُفترض بالطلبة في ظل التعليم الفعال أن يصنعوا المعرفة والمفاهيم المختلفة، كما ينبغي استنتاج المعاني الخاصة بتلك المفاهيم بأنفسهم خلال التعلم، ويقدم التعليم الفعال أنشطة تعليمية للمتعلم بدلاً من السلوك المعرفي، بحيث يسمح للطلبة بالتفاعل في مواقف تشتمل الأخذ بعين الاعتبار تفسيراتهم الذاتية الظاهرة وطرح الأسئلة واقتراح البدائل إيجاد حلول للمشكلة، وهذا يتيح للطلبة فرصة تصميم أنشطة ذاتية بمساعدة من المعلم، فالتعليم الفعال يقوم على أساس التفاعل بين المعلم والطالب.

## المعلم في التعليم الفعال:

ينبغي على المعلم التخطيط لتوجيه الطلبة للوصول إلى المعرفة بأنفسهم وتيسير السبل أمامهم للقيام بذلك، فللمعلم دور كبير في إيجاد بيئة تعليمية فعالة، كما ينبغي على المعلم الفعال أن يعمل على تعرّف مشكلات الطلبة والصعوبات والتحديات التي تواجههم والعمل على وضع خطط للمعالجة من أجل مساعدة الطلبة على رفع معايير السلوك لديهم، ويتمتع المعلم الفعال بخصائص عدة لعلّ من أهمها وأبرزها:

- الفعالية والتشويق في سلوكياته والأنشطة التي يعرضها. بحيث يجذب انتباه الطلبة ويزيد من استمتاعهم بمجريات الحصة.
- الإحاطة التامة بتخصصه والاطلاع المتواصل على مستجدات هذا التخصص.
- استخدام أساليب وطرق تدريسية تُسهّل على الطلبة فهم المادة المعروضة.
- استخدام العبارات والمفاهيم والكلمات المألوفة والواضحة للطلبة.
- الوضوح والدقة والتنظيم وصفاء الفكر.
- احترام آراء ووجهات نظر واقتراحات وانتقادات الطلبة ومناقشتهم فيها للتوصل إلى حلول مناسبة.
- الحماس الكبير للتدريس.

**ويمتلك المعلم الفعال ثلاثة جوانب من الكفاءة هي:**

- الكفاءة العلمية (الأكاديمية): وتتضمن الإلمام والإحاطة بالمحتوى التعليمي للمادة التي يدرّسها.
- الكفاءة الإجرائية (التطبيقية): وتتضمن التميّز في الطريقة والأسلوب الذي يستخدمه المعلم في السلوك التدريسي.
- الكفاءة الإنتاجية: وتتعلق بمخرجات التعليم (الطلبة الحاليون) من حيث تأثير المعلم عليهم.

**وحتى يكون دور المعلم فعالاً في عملية التعليم يجب الانتباه إلى أمور عدة من أهمها:**

1. أن يكون التعليم متمركزاً حول الطالب.
2. أن تكون البيئة التعليمية ديمقراطية، ويسودها احترام الآراء وتشجيع الطلبة على التأمل والتحليل وتفسير الظواهر للمساهمة في صناعة المعرفة.
3. أن يعتمد المنهاج الدراسي بشكل رئيس على الأنشطة التي يقوم بها الطلبة.
4. أن تكون الأهداف التعليمية واضحة ومحددة ومترابطة.

5. أن يبتعد المعلم في أساليبه عن أسلوب التلقين، وعليه مساعدة الطلبة في أنشطتهم وأن يكون دوره توجيهياً فيما يعترض الطلبة من مشكلات.
6. إشراك الطلبة في عمليتي التقييم الذاتي وتقييم المعلم، ويكون تقييم المعلم من حيث: درجة الاهتمام، الحماس، التمكّن المعرفي، التحذير والتنظيم، فن الإلقاء والنقاش الصفي، وضوح الأهداف، العدل، الإدارة الصفية، التغذية الراجعة للطلبة، التحدي الذهني، احترام الطلبة.

إن اختيار الطريقة المناسبة للتدريس لها أثر كبير في تحقيق أهداف العملية التعليمية وتختلف الطرق باختلاف المواضيع والمواد وبيئة التدريس، وبشكل عام كلما كان دور الطالب فعالاً أكثر في هذه الطرق كانت الطريقة أفضل، ومن أهم الطرق والأساليب التدريسية التي أثبتت جدواها وفائدتها في النظم التربوية المختلفة ما يلي:

1. طريقة لعب الأدوار (التمثيل).
2. طريقة التساؤل: وتتضمن طرح التساؤلات، والتفكير الناقد، والتفكير بالتفكير
3. المجموعات الصغيرة والتعلم التعاوني: وفي معرض الحديث عن التعلم التعاوني كطريقة وأسلوب فاعل في التعليم الفعال، لا ضَيْر في تناول هذا الموضوع لتعرّف ماهيته ودوره في تعليم أكثر فاعلية وكفاءة، حيث يعتبر التعلم التعاوني أحد البدائل للعمل الصفي الجماعي، ويمكن تطبيقه لكل الأعمار وجميع المستويات، فلا شك أن عملية جمع عدد كبير من التلاميذ وتعليمهم في آن واحد يعتبر ترشيداً في الوقت والجهد والنفقات، ولكن هذا يكون على حساب مراعاة الفروق الفردية التي يتم تجاهلها رغم وجودها في الذكاء والميول والاستعداد والقدرة على التعبير والخلفيات الاجتماعية والثقافية، ومن الجدير بالذكر أن هناك الكثير من الدراسات التي تشير إلى أن الطلبة على اختلاف قدراتهم يصبحون أكثر اهتماماً بمهماتهم

التعليمية إذا كانت المجموعات متفاعلة مع بعضها البعض، كـما أن اتجاهـاتهم نحـو المدرسـة والنظـام يصبح أكثر إيجابية.

إن طريقة التعلم التعاوني تختلف عن طريقة التعلم الزُمري التي يكون أعضـاء المجموعـة فيهـا متجانسين في تحصيلهم الأكاديمي، كما أن المسئولية الفردية تنعدم فيها، فالفرد مسئول عن نفسه فقط في عملية يحكمها قائد واحد، كما أن من أهم الفروق بينهما أن المهارات الاجتماعية بـين الطلبـة يفترض تواجدها ويتم تجاهلها في نفس الوقت، إضافة إلى أنـه لا تتـوفر بهـذه الطريقـة معالجـة أو تقـويم للمجموعة وعملها من قبل أفرادها، كذلك يختلف التعلم التعاوني عن التعلم المفرد أن الأخـير لا تتـوفر فيه مسألة التفاعل الإيجابي المتبادل كما تنعدم فيه مسألة التواصل الاجتماعي.

إن الطريقة التي يتعامل فيها المعلم مع الطلبة أثناء العمل في المجموعات تؤثر على التفاعل بـين الطلبة وبالتالي على تعلمهم وتبادلهم للمعرفة، إن دور المعلم يكون مساعد للطلبة ومجيـب للأسـئلة في حالة عدم استطاعة أفراد المجموعة الإجابة على أسئلة يوجهها أحد أفراد المجموعة.ويمكـن تلخـيص دور المعلم بالنقاط التالية:

- تعليم المهارات التعاونية للطلبة.
- تكوين المجموعات.
- تحديد دور كل طالب في المجموعة.
- تقديم التوجيه والإرشادات لعمل المجموعات.
- دعم وتقوية التعاون بين الأفراد.
- التفاعل مع المجموعات بطرق مختلفة مثل المراقبة وفحص الحلول وإعطاء تلميحـات للحـل وتوجيـه الأسئلة للطلبة وتزويدهم بالتغذية الراجعة.
- تقويم عمل المجموعات واتخاذ القرار بشأن تغيير أدوار بعض أفراد المجموعة.

فالتعلم التعاوني عبارة عن محتوى حر من طرق تنظيم التفاعل الاجتماعي داخل الصف أو خارجه بحيث تتحقق العملية التربوية على أكمل وجه، ويتخذ التعلم التعاوني شكل الجلسة الدائرية للطلبة وأسلوب الحوار والنقاش لتحقيق النتاجات التعلمية التعليمية بحيث يتعلمون معاً دون اتكالية مطلقة على المعلم أو على بعضهم البعض.

4. التجارب العلمية: يحقق عمل الطلبة معاً في مجموعات تعاونية صغيرة ثلاث منافع رئيسة هي:
أ. تمكين الطلبة من التواصل معاً والتعبير عن أفكارهم ووجهات نظرهم وتفعيل النقاش والحوار فيها، الأمر الذي يساعد في الحصول على فهم أوسع وأوضح.
ب. دفاع الطلبة عن أفكارهم - في حالة تضارب الآراء - مما يجعلهم يعبرون عن مفاهيمهم الخاصة ويدافعون عنها.
ج. صناعة المعرفة بأسلوب تعاوني، حيث يبني الطلبة الفهم بناء على أفكار بعضهم البعض.

وينبغي على المعلمين الاهتمام بالتفاعل الذي يجري بين الطلبة أثناء عملهم في المجموعات الصغيرة، من خلال توجيه هذا التفاعل لتحصيل المعرفة والفهم الصحيحان ومن خلال البراعة في تصميم المهمات التي تساعد على ذلك إضافة إلى زيادة الوعي لأهمية تنمية المهارات التعاونية لدى المعلمين والطلبة معاً.

## المشرف التربوي في التعليم الفعال:

يقع ضمن مسؤوليات المشرف التربوي - كما تم توضيح ذلك في فصل سابق - جزء من التخطيط للعملية التعليمية، وكذلك التخطيط للطرق الفنية والتربوية المناسبة لتنفيذ المنهاج في المدارس، فعليه أن يعمل على تقديم الطرق والأساليب التدريسية الفاعلة، وأن يتيح الفرصة للمعلمين للمشاركة في التخطيط والتنفيذ في الميدان.

لذا ينبغي على المشرف التربوي وضع خطة إشرافية في بداية العام الدراسي لاستبعاد الطرق التقليدية وجعل التعليم فعالاً، فالتدريس الفعال يحتاج أيضاً إلى إشراف فعال، وحتى يحقق المشرف ذلك عليه أن يعقد عدة لقاءات هي:

- لقاء أول في بداية العام الدراسي يشمل جميع معلمي المادة الدراسية بهدف الاتفاق على تطبيق الأساليب الفعالة في التدريس، وتوزيع المنهج وتحديد الوسائل التعليمية اللازمة لتنفيذ المنهج.
- لقاء ثانٍ بهدف الاطلاع على ما تم تنفيذه بناءً على الخطة المرسومة للتدريس
- لقاء ثالث يتضمن زيارة المعلمين في المدارس لتعرّف مدى تطبيق الأساليب، ولتوجيه المعلمين.
- لقاء رابع للاتفاق على فعاليات إشرافية وتنفيذها، ومناقشة الصعوبات التي واجهت التطبيق والعمل على معالجتها.
- تقييم العمل الذي تم، وكتابة تقرير للاستفادة منه مستقبلاً.

وأخيراً يستطيع المشرف المتابع والمهتم بنتائج البحوث وما آلت إليه الدراسات في مجال التعليم، أن يكوّن إطاراً مرجعياً من المعلومات التي تشكل قاعدة معرفية واسعة تعينه على مناقشة وتفنيد نواتج الأساليب التعليمية المختلفة، وعليه لابد للمشرف التربوي من أن يبقى على تواصل مستمر بما أسفرت عنه البحوث والدراسات المختلفة، ذلك أن هناك تغيرات ومستجدات متسارعة تؤثّر في الواقع التربوي القائم باستمرار.

## ● أسس التحليل:

التحليل هو التجزئة أي تجزئة الشيء (الكل) إلى مكوناته الأساسية وعناصره التي يتركب منها (الأجزاء)، فمثلاً الكتاب المدرسي هو (كل) وإذا أردنا تحليله بشكل

مبسط نقول: إن الكتاب يتكون من وحدات دراسية محددة (أجزاء)، والوحدة الدراسية هي (كل) فإذا أردنا تحليلها نقول: إنّ كل وحدة تشمل عدة موضوعات (أجزاء)، وهكذا يكون التحليل المبسط لأي شيء يُراد تحليله، وكلما كان التحليل مُلمّاً ومفصلاً لجوانب الموضوع (الكل) كان التوسع في تفصيل الأجزاء أمراً حتمياً، للتمكّن من تعرّف الشيء المراد تحليله بدقة.

أما في الميدان التربوي فيعتبر المحتوى من أهم مكونات المنهج الدراسي وفيه تنظم مجموعة المعارف والمهارات على نحو معين يساعد في تحقيق الأهداف المخطط لها.

ويمكن تعريف تحليل المحتوى بأنه: الأساليب والإجراءات الفنية التي تفسر ـ وتصنف مضمون المادة الدراسية بما فيها النصوص المكتوبة والرسومات والصور والأفكار المتضمنة في الكتاب أو المنهاج.

وترتكز مهارات التحليل على ركيزتين رئيستين تتمثلان بالتركيز على البعد الوصفي في التحليل وليس البعد التقييمي، إضافة إلى توظيف الأسلوب العلمي والموضوعي في التحليل، ويسهم التحليل في المساعدة في إعداد الخطط الدراسية، وصياغة الأهداف التربوية والتعليمية، واقتراح استراتيجيات وأساليب تدريسية جديدة ومبتكرة، و الكشف عن مواطن القوة والضعف في الأساليب التدريسية والمناهج الدراسية، إلى غير ذلك من الوظائف التي تخدم عملية تحسين التدريس.

**وعند تحليل عناصر المحتوى الدراسي فإنه يتم تحليل ما يلي:**

- المفردات: وهي العناوين الرئيسة والفرعية في المنهاج الدراسي.
- المفاهيم والمصطلحات: تعرف المفاهيم بأنها (صور ذهنية تشير إلى مجموعة من العاصر المتقاربة ويعبر عنها بكلمة أو أكثر) أما المصطلحات فهي ما تم الاتفاق عليه لتعريف مفهوم معين.

- الحقائق والأفكار: تعرف الحقيقة بأنها عبارة عن بيانات أو أحداث أو ظواهر ثبتت صحتها، والأفكار هي مجموعة حقائق عامة تفسر الظواهر أو العلاقات.
- التعميمات: يعرف التعميم بأنه عبارة تربط بين مفهومين أو أكثر.
- القيم والاتجاهات.
- المهارات.
- الأدوات والوسائل التعليمية.

**وعند تحليل عملية التعلّم، فإنّ من أهم العناصر المستخدمة في ذلك تتمثل فيما يلي:**

- الدافعية.
- التلميحات التي توفرها المناهج المدرسية والدروس والمحاضرات
- تفعيل دور الطلبة في التعلّم الفعال من خلال التأكيد على الحوار والنقاش والتجارب المخبرية والتدريب.
- وسائل التعزيز والتقدير والثواب.

## نظم تحليل التفاعل:

يعد تحسين التدريس أحد الأهداف التربوية الهامة في النظم التربوية كافة في الوقت الحاضر، ويمكن أن يتحقق ذلك إذا زادت فاعلية سلوك التدريس، وهذا يتطلب قياس سلوك التدريس أثناء التفاعل بين المعلم والمتعلم في العملية التعليمية التعلمية، وقد تطورت أساليب الحكم على أداء المعلم في الغرفة الصفية وتنوعت ومن أهمها وأكثرها شيوعاً الملاحظة والتي تجرى بأساليب عديدة، وتحت مسميات كثيرة.

وقد أجريت دراسات وبحوث عديدة ركّزت على قياس مدى فاعلية السلوك التدريسي للمعلمين وذلك بأساليب مختلفة لعلّ من أهمها وأبرزها أسلوب التفاعل الصفي الذي يقوم على فكرة رصد أشكال التفاعل بين المعلم والطلبة في الغرفة الصفية

أثناء النشاط الصفي، ويعد أسلوب تحليل التفاعل اللفظي من أهم الاتجاهات السائدة في تقييم السلوك التدريسي وهو مدخل مباشر للتقييم وأسلوب يتم بواسطته رصد سلوك المعلم والمتعلم بطريقة علمية منظمة أثناء التدريس.

إن التفاعل عملية إنسانية طبيعية، تحدث في شتى مجالات الحياة بشكل عام، وفي النظام التربوي بشكل خاص، وبشكل أكثر تحديداً يبرز التفاعل ويتجلى في أبهى صوره داخل الغرفة الصفية، حيث يتم – أثناء النشاط الصفي –  التواصل لتبادل الأفكار والآراء والمعلومات والمشاعر بين المعلم وطلبته من جهة، وبين الطلبة أنفسهم من جهة أخرى، في جو تسوده الإيجابية، والعلاقات الطيبة، والسعي نحو تنظيم المواقف التعليمية.

وتتطلب عملية التفاعل خبرات تتعلق باللغة وما يرتبط بها من نبرات الصوت، والحركات الجسمية – حيث يستخدم المعلم يديه وتعبيرات وجهه في تفاعله مع التلاميذ – فالمعلم الناجح هو المعلم القادر على إحداث تفاعل جيد بينه وبين التلاميذ.

ويعد التفاعل الصفي تقنية تربوية نقلت المعلم – عند توظيفها بأسلوب ناجح – من أسلوب التلقين إلى أسلوب التوجيه والوساطة بين الطالب والمنهاج، كما نقلت الطالب من تلقّي المعارف ضمن قوالب جاهزة، والامتثال للتعليمات بكل حيثياتها إلى التفكير والتأمل والتحليل واستنباط العلاقات بين المفاهيم والأفكار واستكشاف المعرفة.

## تعريف التفاعل الصفي:

يُعرّف التفاعل الصفي بأنه: كل الأفعال السلوكية التي تجري داخل الصف، سواء أكانت اللفظية (الكلام) أم غير اللفظية (الإيماءات) بهدف تهيئة المتعلم عقلياً ونفسياً

لتحقيق تعلم أفضل، كما يعرف بأنه: الآراء والأنشطة والحوارات التي تدور في الصف بصورة منظمة وهادفة لزيادة دافعية المتعلم وتطوير رغبته الحقيقية للتعلم،ويمكن تعريفه أيضاً بأنه: إيصال الأفكار أو الأنشطة أو الانفعالات من شخص لآخر ومن مجموعة لأخرى.

والتفاعل الصفي هو كل ما يصدر عن المعلم والتلاميذ داخل حجرة الدراسة من كلام وأفعال وحركات وإشارات وغيرها بهدف التواصل لتبادل الأفكار والمشاعر، كما أنه: أنواع الكلام شائعة الاستخدام داخل الغرفة الصفية، ويمكن الإشارة إليه على أنه تطبيق عملي لمفهوم التغذية الراجعة وهو يستهدف التقدير الكمي والنوعي لأبعاد السلوك اللفظي للمعلم والتلاميذ والوثيق الصلة بالمناخ الاجتماعي والانفعالي في المواقف التعلمية، وهو أيضاً دراسة السلوك التدريسي للمعلم من خلال ما يصدر عن المعلم والتلاميذ من كلام أو أفعال أو حركات وإشارات داخل الغرفة الصفية بقصد مساعدته على مراجعة أسلوبه في التدريس وضبطه والتأثير على أداء التلاميذ لتعديله وتيسير حدوث التعلم، وأخيراً يمكن تعريف التفاعل الصفي بأنه:مدخل من مداخل ديناميات الجماعة يتضمن التسجيل المنظم لكيفية تفاعل أعضاء جماعة معينة مع بعضهم البعض في موقف معين وتحليل النتائج وتفسيرها.

وقد ظهر الاهتمام بالتفاعل الصفي في الغرفة الصفية منذ النصف الثاني من القرن العشرين، وذلك لاستيعاب المفاهيم، والحقائق، والاتجاهات، والقيم، والمهارات، والقوانين، والتعميمات، والنظريات، وغيرها، الأمر الذي يؤدي إلى فهم العملية التعليمية التعلّمية، كما اهتمت الدراسات التربوية الحديثة بهذا الموضوع، فتناولت التفاعل الصفي وتقييم أداء المعلم باستخدام أسلوب الملاحظة، حيث يعتبر تحليل التفاعل بين المعلم والتلاميذ من الأساليب الهامة لقياس السلوك التدريسي.

وتتأثر العملية التعليمية التعلمية بعمليات تواصلية وتفاعلية عديدة منها: عمليات التفاعلات الإنسانية، وعمليات التفاعلات الاجتماعية، وعمليات التفاعلات التواصلية، وعمليات التفاعلات اللفظية، وعمليات إلقاء الأسئلة.. وجميعها تؤثر على إدارة الصف وممارسة التعليم والتعلم فيه، لذا يجب أن يكون تواصل بمعنى المشاركة بين جميع الموجودين في غرفة الصف وليس اتصال من طرف واحد[1].

وللتفاعل الصفي المتمثل في أنماط التواصل بين أطراف العملية التعليمية التعلمية دوراً هاماً ومؤثراً في أداء المتعلمين التحصيلي وفي أنماط سلوكهم، فهو واسطة التعليم والتعلم، وسبيل تطور روح الفريق بين جماعة الصف، والعامل على توليد الشعور بالانتماء إلى المدرسة ونظامها، ووسيلة المعلم لتعرف حاجات المتعلمين واتجاهاتهم، وهو بالتالي الطريق إلى إنشاء علاقات يسودها التفاهم بين المعلم والمتعلمين ، وبين المتعلمين أنفسهم ، والميسّر لفهم الأهداف التعليمية وإدراك استراتيجيات بلوغها[2]، كما يعد تفاعل المعلم مع طلبته ذو أهمية في عملية التعلم والتعليم ، لذلك فإن نمط ونوعية هذا التفاعل تحدد بفعالية الموقف التعليمي والاتجاهات والاهتمامات وبعض السمات والخصائص التعليمية[3] والتواصل في حقيقته جوهر الأنشطة الصفية وأداة إذا امتلكها المعلم ساعدته على تسهيل مهامه وكذلك تحسين مستوى تحصيل طلبته وبناء شخصيتهم، والتفاعل الصفي الإيجابي يشكل الركيزة الأساسية في العملية التعليمية التعلمية.

ويوصف التفاعل الصفي بأنه ممارسة تربوية تستند إلى فرضية عامة تتمثل في أن الأفراد إذا ما اجتمعوا في مكان تربطهم صفة ما أو علاقة ما، فإنهم يميلون إلى أن

---

(1) توفيق مرعي، شريف مصطفى: التربية العملية، ص 24 – ص 30.

(2) محمد الحاج خليل وآخرون: إدارة الصف وتنظيمه، ص 216.

(3) يوسف قطامي، نايفة قطامي: سيكولوجية التدريس، ص 348.

يتوصلوا بإحدى أدوات التواصل اللفظي أو الجسدي بهدف الوصول إلى حالة تبادل للأفكار أو المشاعر لتحقيق حالة تكيف، وهذه الفرضية تتضمن أن يكون التفاعل الصفي لفظياً بالكلمات، وغير لفظي بالإشارات، أو الإيماءات الجسدية.

## أهمية التفاعل الصفي:

يشكل التفاعل بين المعلم والتلميذ الركيزة الأساسية للموقف التعليمي؛ لأنه لا يؤدي إلى تحقق الأهداف التعليمية الخاصة بالدرس فحسب بل يؤدي إلى اكتساب التلميذ لأنماط ثقافية واجتماعية مختلفة، سواء من المعلم أو من التلاميذ وذلك لكون التربية عملية اجتماعية، ويتأثر نمط التفاعل بين المعلم والتلميذ بالجو الاجتماعي والنفسي السائد في حجرة الدراسة والذي يؤثر بدوره على فاعلية التلميذ وبالتالي يزيد تحصيله الدراسي وعلى قدرته على تحقيق الأهداف التربوية.

وقد أكدت الدراسات حول أهمية التفاعل الصفي على دوره في تكوين بيئة تعليمية فعالة ويمكن إدراج هذه الأهمية كما يلي :

- التواصل وتبادل الأفكار بين الطلبة مما يساعد على نمو تفكيرهم.
- تهيئة المناخ الاجتماعي والانفعالي الفاعل.
- الضبط الذاتي.
- التعبير المعرفي وعرض الأفكار.
- تطوير المعلم لأساليبه التدريسية.
- زيادة فاعلية وحيوية ومشاركة التلاميذ في الموقف التعليمي.
- اكتساب التلاميذ اتجاهات إيجابية نحو المعلم ونحو المادة الدراسية ونحو زملائهم.

والمعلم الذي لا يتقن مهارات التواصل والتفاعل الصفي يصعب عليه النجاح في مهماته التعليمية، ولقد أكدت نتائج الكثير من الدراسات على ضرورة إتقان المعلم

لهذه المهارات[1] الأمر الذي يتطلب الاهتمام بعملية تحليل أنماط التفاعل اللفظي ورصد سلوك المعلم في أثناء تدريسه والتعرف إلى كمه ونوعه على نحو موضوعي.

## التفاعل اللفظي:

يشير التفاعل اللفظي في غرفة الصف إلى مجمل الكلام والأقوال المتتابعة التي يتبادلها المعلم والمتعلمون فيما بينهم في غرفة الصف، وأن ما يرافق هذا الكلام من أفعال وإيحاءات وتلميحات واستجابات ترتبط بالعملية التعليمية التعلمية، ويقوم مفهوم التفاعل اللفظي على فكرة التبادل الفعال للكلام في إطار عمليتي التعليم والتعلم الذي يستهدف إحداث تغييرات دائمة مرغوب فيها في سلوك المتعلمين يتصل بالأهداف التربوية والتعليمية المتنوعة وتكون جميع هذه الأقوال وما يرافقها من أفعال قابلة للملاحظة والتقويم لذا تعد عملية التحليل اللفظي أسلوب للتحكم في الأبعاد الكمية والنوعية (الكيفية) للسلوك اللفظي الذي يمارسه المعلم داخل غرفة الصف أي أن تحليل السلوك اللفظي يهتم ويركز بالدرجة الأولى على ما يدور من تفاعل في أثناء إجراء عملية التدريس وليس بما يجب أن يكون عليه، لذا يعد أسلوب التفاعل اللفظي تطبيقاً عملياً لمفهوم التغذية الراجعة بطريقة موضوعية تدعم مواطن القوة وتتلافى مواطن الضعف في سلوك المعلم ثم وضع خطة تدريبية لمعالجة ما يلزم.

إذن تعد عملية تحليل التفاعل اللفظي محاولة موضوعية ودقيقة يراد بها وصف وتنظيم ما يحدث من سلوك يمكن ملاحظته وتسجيله في أثناء الدرس أو جزء منه بحيث يعطي رؤية وصورة واضحتين عن هذا السلوك ويظهر ذلك في صورة كم السلوك التدريسي ونوعه سواء حدث من المعلم والمتعلمين فأسلوب تحليل التفاعل اللفظي في التدريس يستهدف دراسة السلوك وذلك عبر رصد ما يصدر عن المعلم

---

(1) عزت جرادات وآخرون: التدريس الفعال، ص96 .

والمتعلم من كلام؛ وذلك بغية مساعدة المعلم على مراجعة أسلوبه التدريسي وضبطه وتنظيمه.

والتفاعل اللفظي في غرفة الصف هو "مجمل الكلام والأقوال المتتابعة التي يتبادلها المعلم والمتعلمون فيما بينهم داخل الصف في أثناء التدريس، لتحقيق أهداف تربوية وتعليمية مخطط لها، وتحليل ذلك التفاعل بطريقة موضوعية ليظهر في صورة كمية يتطلب استخدام أداة ملاحظة مناسبة للموقف التعليمي التعلمي" وهو يعد من أفضل أساليب الملاحظة لأنماط التفاعل اللفظي في أثناء التدريس [1].

يشير التفاعل اللفظي في غرفة الصف إلى مجمل الكلام والأقوال المتتابعة التي يتبادلها المعلم والمتعلمون فيما بينهم في غرفة الصف، وأن ما يرافق هذا الكلام من أفعال وإيحاءات وتلميحات واستجابات ترتبط بالعملية التعليمية التعلمية، ويقوم مفهوم التفاعل اللفظي على فكرة التبادل الفعال للكلام في إطار عمليتي التعليم والتعلم الذي يستهدف إحداث تغييرات دائمة مرغوب فيها في سلوك المتعلمين يتصل بالأهداف التربوية والتعليمية المتنوعة وتكون جميع هذه الأقوال وما يرافقها من أفعال قابلة للملاحظة والتقويم [2].

لذا يعد أسلوب التفاعل اللفظي تطبيقاً عملياً لمفهوم التغذية الراجعة بطريقة موضوعية تدعم مواطن القوة وتتلافى مواطن الضعف في سلوك المعلم، ثم وضع خطة تدريبية لمعالجة ما يلزم، إذن تعد عملية تحليل التفاعل اللفظي محاولة موضوعية ودقيقة يراد بها وصف وتنظيم ما يحدث من سلوك يمكن ملاحظته وتسجيله في أثناء الدرس أو جزء منه بحيث يعطي رؤية وصورة واضحتين عن هذا السلوك ويظهر ذلك

(1) أحمد حسين اللقاني، فارعه سليمان: التدريس الفعال، ص 183.

(2) سامي محمد ملحم: سيكولوجية التعلم والتعليم الأسس النظرية والتطبيقية، ص391.

في صورة كم السلوك التدريسي ونوعه سواء حدث من المعلم والمتعلمين[1] فأسلوب تحليل التفاعل اللفظي في التدريس يستهدف دراسة السلوك وذلك عبر رصد ما يصدر عن المعلم والمتعلم من كلام؛ وذلك بغية مساعدة المعلم على مراجعة أسلوبه التدريسي وضبطه وتنظيمه.

فلا غرو إذن أن يعتمد أسلوب التحليل اللفظي على الملاحظة المباشرة لسلوك المعلمين وهم يقومون بالتدريس، وسلوك المتعلمين وهم يتعلمون، وهذا يظهر فعالية مصدر هذا الأسلوب ومقدرته على ملاحظة السلوك وتسجيله، بغية تفسيره، والعمل على معرفة مواطن القوة والضعف لحذف الأداء الخاطئ وتحسين الأداء الضعيف، وتدعيم الأداء السليم، وذلك يدل على زيادة إقبال الباحثين التجريبيين على استخدام منهج الملاحظة الطبيعية في دراسة سلوك المعلم في غرفة الصف والتفاعلات اللفظية التي تحدث فيه وبرامج التدريب بالاعتماد على الملاحظة المباشرة وخبرة الباحث وكفاءته[2] وتحديد أهداف الملاحظة وما يراد ملاحظته، ففي تحليل التفاعل اللفظي الصفي يجب التركيز على ملاحظة سلوك المعلم والمتعلم في الموقف التدريسي داخل الصف للظاهرة التي تحدث فعلاً وليس ما يظن المعلم أنه حدث أو يُفترض أن يحدث، فممارسة التفاعل اللفظي وتحليل أبعاده يفيد كل من المعلم والمتعلم والعملية التعليمية التعلمية. فالأسلوب الذي يتعامل به المعلم مع طلبته يقرر مواصفات مواطني المستقبل لذلك المجتمع[3].

ونظراً لأهمية التفاعل اللفظي، فقد اهتم التربويون بهذا التفاعل تحليلاً وتصنيفاً، وتحديداً لسلوك كل من المعلم والمتعلم والعوامل المؤثرة على أنماط هذا

---

(1) أحمد محمد عبد اللطيف: "أسس التفاعل اللفظي" مقال منشور على شبكة الإنترنت
http://www.anaschool.com/reserches/bahth.htm

(2) يوسف قطامي وآخرون: تصميم التدريس، ص605.

(3) أحمد أبو هلال: تحليل عملية التدريس، النظم المختلفة في تحليل التفاعل الصفي، ص11.

التفاعل، الأمر الذي أدى إلى بناء أدوات لقياس وملاحظة التفاعل اللفظي وإجراء دراسات تتصل بأنظمة للتحليل اللفظي ومن أدوات تحليل التفاعل الصفي نجد أداة فلاندرز التي تعد حجر أساس لدراسات عديدة جاءت بعدها، وأداة ويثول، وأداة أميدون وهنتر، وأداة حمدان، وأداة سولومون، وميكلانلد – زاريت ومونسي، وسميث وسنايدر وغيرها الكثير..[1] ، وسيتم فيما يلي مناقشة نظام فلاندرز لتحليل التفاعل اللفظي.

## ● نظام فلاندرز لتحليل التفاعل اللفظي:

وهو نظام معقد لملاحظة وتحليل التفاعل اللفظي، إلا أنه على الرغم من ذلك يتسم بالمرونة والقابلية للتعديل في ترميز التفاعل اللفظي داخل الغرفة الصفية، ويتضمن هذا النظام عشرة بنود (أبواب) تتصل بالمعلم والطلبة ومناخ الموقف الصفي ويمكن زيادتها بإضافة بنود أخرى يتطلبها تحليل التفاعل، حيث يتم رصد المعلومات والبيانات والمعلومات وتفريغها في نموذج خاص يتضمن هذه البنود وهي:

- كلام المعلم.

- كلام المعلم غير المباشر.

1. تقبُّل شعور الطلبة: ويعني تقبل المعلم لشعور الطلبة سواء أكان إيجابياً أم سلبياً، وكذلك مقدرته على التنبؤ بشعور طلبته، وتتضمن هذه الفئة أي سلوك للمعلم يبدي تعاطفاً واستجابة وتفهماً لمشاعر الطالب أو مشكلاته ويتقبل مشاعره في حالات المرض والحزن أو المشكلات الاجتماعية والخاصة، ويظهر كذلك عندما يعلن المعلم أن سلوك أحد الطلبة أو سلوك المجموعة مقبول لديه ويقبل أعذار الطالب سواء أكانت إيجابية النتائج أو سلبية.

---

(1) محمد زياد حمدان: أدوات ملاحظة التدريس, مفاهيمها وأساليب قياسها للتربية، ص 14.

2. المديح والثناء: ويعني قيام المعلم بالثناء على سلوكيات الطلبة وتشجيعهم على الاستمرار بها، كأن يقول المعلم للطالب: أحسنت، أشكرك، ممتاز، بارك الله فيك، ويعمل على إزالة تخوف الطلبة، ويزيد احتمال مبادرتهم ويمتدح جهودهم وسلوكهم الإيجابي، ويثني على بعضهم لحسن الإجابة أو حفظ النظام والتحلي بالسلوك السوي، ويستخدم لذلك الدعابات الإيجابية والمكافأة المادية أو المعنوية كمنح الدرجات.

3. تقبُّل أفكار الطلبة: ويعني ذلك إعطاء المجال للطالب للتعبير عن رأيه والإجابة عن الأسئلة وتقديم الاقتراحات، ومن ثمَّ القيام بتوضيحها والبناء عليها، وذلك عندما يقول الطالب جملة أو رأياً معنياً، أو يبدي اقتراحاً يوافق المعلم عليه بالتعليق الإيجابي، ثم يلخصها المعلم بأسلوب آخر واضح وسهل للطلبة، وكذلك عندما يعلن المعلم بأن سلوك أحد الطلبة أو سلوك الجميع مقبول لديه، أي أن سلوك المعلم يسجل هنا على أساس قبوله الإيجابي لأفكار الطلبة.

4. طرح الأسئلة: ويعني ذلك قيام المعلم بطرح الأسئلة على الطلبة، ليقوم الطلبة بالإجابة عليها، وتكون الأسئلة من النوع الذي يمكن أن يجيب عنها المتعلم وتتصل بصلب الدرس من أجل إعطاء المتعلمين فرصة للتفكير فيما يتم عرضه، سواء أكانت الأسئلة تقيس مستويات التذكر أو مستويات عقلية عليا.

## كلام المعلم المباشر :

5. المحاضرة: وتعني قيام المعلم بطرح الأفكار والمعلومات فيما يتعلق بالدرس والتي تتضمن أيضاً آراءه حول المواضيع المطروحة، ويدخل ضمن هذه الفئة توجيهات المعلم العامة التي لا يعقبها استجابة مباشرة من المتعلم، هذا فضلاً عن تصحيحه لأخطاء المتعلمين. والجدير بالذكر أن هذه الفئة هي أكثر أنواع السلوك استعمالاً وخاصة في غرفة الصف "التقليدي".

6. إعطاء التوجيهات: وتعني قيام المعلم بإصدار الأوامر والتعليمات والتوجيهات والتي يفترض بالطالب أن يلتزم بها ويطبقها، وتكون موجهة إلى متعلم واحد أو لكل الصف للقيام بنشاط معين أو سلوك صفي كأن يقول لأحدهم أكتب على السبورة... افتحوا كتبكم صفحة كذا.

7. انتقاد السلطة أو تبريرها: وتعني تلفّظ المعلم بعبارات تهدف إلى تعديل سلوك الطالب، وقد تكون هذه العبارات إيجابية أو سلبية، فقد تتضمن التشجيع أو التوبيخ، و قد يلجأ المعلم لنقد الطلبة أو أحدهم نتيجة لسلوك لا يوافقهم عليه كتقصيرهم في واجباتهم أو عدم تحضيرهم لدروسهم وتعنيفهم على سلوك غير نظامي في الغرفة الصفية أو نقد للباس أحدهم المتسخ أو غير المرتب، ويستخدم لذلك أساليب لفظية متعددة لتأنيب الطلبة، كما قد يرفض طلبات لهم كأن يرفض طلب من يريد الخروج للشرب، أو قد يهدد بخصم بعض الدرجات، أو إرساله إلى مدير المدرسة، وأي عمل سلبي يقوم به المعلم يتمثل في الشتم أو العقاب الجسمي والنفسي.

## كلام الطلبة:

8. الاستجابة: وتعني قيام الطالب بالكلام للإجابة عن سؤال قام المعلم بطرحه، وتكون عندما يجيب المتعلم عن سؤال مباشر من المعلم بعد إذن المعلم، أو عندما يقوم المتعلمون بالإجابة في دفاترهم عن أسئلة محددة كحل مسألة في الرياضيات أو العلوم أو التاريخ.

9. المبادرة: وتعني قيام الطالب بالمشاركة في الحديث والكلام بدافع ذاتي دون أن يطلب المعلم منه ذلك، أو عندما يرفع المتعلم يده ليسأل سؤالاً برغبته وليس بتحفيز من المعلم أو إيحاء منه، أو عندما يعرض المتعلم إجابة أخرى للسؤال أو فكرة أو تعليق

أو رأي، أو عندما يطلب طلباً من المعلم كالاستئذان بالخروج..، أو إعطاء معلومات حول موضوع الدرس.

## الموقف الصفي:

10. السكوت أو التشويش: ويتضمن ذلك حدوث لحظة صمت قصيرة، أو مدة انتظار قليلة، أو حدوث لحظات من التشويش بحيث لا يستطيع من يقوم برصد البيانات من رصدها.

والهدوء والسكوت هنا من أجل القيام بنشاط وصفي مثل حل بعض التمرينات في الدفاتر أو على السبورة من المتعلمين أو نقل ما هو موجود على السبورة أو من أجل القيام بالقراءة الصامتة أو الهدوء عند عرض الأفلام والشرائح والصور والوسائل التعليمية الأخرى، وعادة يبدأ التسجيل في بطاقة التفاعل اللفظي من هذه الفئة وينتهي التسجيل بها كبداية ونهاية منطقتين لتسجيل التفاعل اللفظي، أو قد يكون الهدوء بعد أن يوجه المعلم أسئلة أو تساؤلات، أو بعد أن يسأل بعض المتعلمين أسئلة تقتضي الإجابة عن تلك الأسئلة حدوث هدوء أو سكوت للتفكير قبل الإجابة.

وقد يتوقف التواصل بين المعلم والطلبة نتيجة لحديث المعلم مع زميل له خارج الغرفة الصفية، أو أخذ الغياب، أو عندما يتحدث الطلبة بعضهم مع بعض، أو عندما لا ينصاع الطالب لأوامر المعلم ويقاوم رغباته كأن يخرج بدون إذن أو يتظاهر بأنه لم يسمع تعليمات المعلم بخصوص حل الواجب مثلاً،أو يستمر فيما هو فيه على الرغم من تخدير المعلم له أو عندما يقول الطلبة: أنا يا أستاذ بصوت مرتفع[1].

---

(1) إسماعيل صالح الفرا، تقويم الأداء التدريسي اللفظي الصفي لمعلمي مرحلة التعليم الأساسية الدنيا من متخرجي الجامعات الفلسطينية ، دراسة منشورة على الإنترنيت
http://www.qou.edu/homePage/arabic/qulityDepartment/qulityConfernce/pepars/session4/esmael.htm

وقد تكون ثمة فترات للتداخل والاضطراب التي يسود فيها سلوك غير منتمٍ لدى بعض الطلبة كعدم انضباط الصف نتيجة لاعتداء بعض المتعلمين على بعضهم أما لفظياً كالشتائم أو جسدياً كالركل أو الضرب.. أو خطف الممتلكات كأخذ كتاب قرينه بالقوة أو تحطيم ممتلكات الآخرين أو رميها بعيداً لشدة الغضب.

# ملخص الفصل السادس

- يعتبر التدريس نشاطاً مستمراً يهدف إلى تحقيق التعلُّم بأسهل طريقة ممكنة.

- التعليم الفعال يساهم في تدريب الطلبة على اكتساب المهارات التعليمية المختلفة وليس اكتساب العلامات فحسب.

- ينبغي على المعلم التخطيط لتوجيه الطلبة للوصول إلى المعرفة بأنفسهم وتيسير السبل أمامهم للقيام بذلك.

- على المشرف التربوي أن يعمل على تقديم الطرق والأساليب التدريسية الفاعلة، وأن يتيح الفرصة للمعلمين للمشاركة في التخطيط والتنفيذ في الميدان.

- على المشرف التربوي وضع خطة إشرافية في بداية العام الدراسي لاستبعاد الطرق التقليدية وجعل التعليم فعالاً.

- ترتكز مهارات التحليل على ركيزتين رئيستين تتمثلان بالتركيز على البعد الوصفي في التحليل وتوظيف الأسلوب العلمي والموضوعي في التحليل.

- التفاعل الصفي هو كل ما يصدر عن المعلم والتلاميذ داخل حجرة الدراسة من كلام وأفعال وحركات وإشارات وغيرها بهدف التواصل لتبادل الأفكار والمشاعر.
- تتأثر العملية التعليمية التعلمية بعمليات تواصلية وتفاعلية عديدة.
- يشكل التفاعل بين المعلم والتلميذ الركيزة الأساسية للموقف التعليمي.
- المعلم الذي لا يتقن مهارات التواصل والتفاعل الصفي يصعب عليه النجاح في مهماته التعليمية.
- يشير التفاعل اللفظي في غرفة الصف إلى مجمل الكلام والأقوال المتتابعة التي يتبادلها المعلم والمتعلمون فيما بينهم في غرفة الصف.
- يعد أسلوب التفاعل اللفظي تطبيقاً عملياً لمفهوم التغذية الراجعة بطريقة موضوعية تدعم مواطن القوة وتتلافى مواطن الضعف في سلوك المعلم.

# الفصل السابع
# اللقاء الإشرافي

- مدخل.

- جو اللقاء الإشرافي.

- مناهج في الإشراف التربوي.

- { الإشراف المبــاشر، الإشراف غــير المبــاشر، الإشراف اللاتوجيهي }.

# الفصل السابع

## مدخل:

تعتبر اللقاءات الإشرافية بين المشرفين التربويين و المعلمين من الضرورات التربوية الملحة التي لا يمكن الاستغناء عنها في عملية الإشراف التربوي، فعن طريقها يتحقق المشرف التربوي من انتظام العمل في المدرسة، ويقف على مستوى سلوك المعلمين التدريسي ويرى كيفية التدريس في الغرفة الصفية والطرق المتبعة فيه والوسائل المُوظفة في ذلك، وكيفية تعلم الطلاب و أثر هذا التعلم في سلوكهم وحياتهم، وعن طريقها يتعرّف المشرف التربوي نواحي القوة في أداء المعلم فيدعمها ويعززها، وجوانب الضعف فيعالجها ويقدم له التغذية الراجعة المفيدة، كما أنّ اللقاءات الإشرافية تُشكّل فرصة مثمرة للمشرف التربوي في نقل الخبرات التدريسية من معلم إلى آخر، ومن خلال اللقاءات الإشرافية يقف المشرف على المستوى الأكاديمي للطلاب ويتمكن من تقييم ما حصلوا عليه من معارف دراسية، كما تمكنه من ملاحظة التحديات والمشكلات التي قد تواجه المعلم والطلاب في الغرفة الصفية ليساهم في معالجتها وتقديم المساعدة للمعلم والطلبة على حد سواء.

واللقاء الإشرافي هو ما يدور بين المشرف التربوي والمعلم من مناقشات وتبادل للآراء والأفكار حول بعض القضايا التربوية التي يشتركان في ممارستها، سواء أكانت هذه المناقشات مقتضبة أم مطوّلة، أم بناءً على اتفاق مسبق أم عرضيّة (مفاجئة، صدفة)، وقد تكون هذه اللقاءات قبل زيارة المشرف للمعلم في الغرفة الصفية أو بعد الزيارة، وقد تكون امتداداً لمناقشات بدأت في لقاءات سابقة، أو نتيجة لمناقشات دارت في اجتماع موسع، من اجتماعات المعلمين، وقد تكون لقاءات طارئة لمناقشة مستجدات تربوية معينة ، وقد تتناول هذه المناقشات مبادئ عامة في السياسة التربوية،

أو أساليب التدريس المتبعة من قبل المعلم، أو الصعوبات والتحديات والمشكلات التي تواجه المعلم.

وللقاء الإشرافي أهمية وقيمة كبيرة تتمثل في معرفة درجة التقدم الذي يحرزه المعلم في سلوكه التدريسي، والمناقشة وتبادل الآراء المهنية بطريقة موضوعية، وإتاحة الفرصة للمشرف التربوي لمساعدة المعلم بإشراكه معه فيما اكتسبه من خبرات، وما تعمله أثناء تدريبه ودراسته، بالإضافة إلى إتاحة الفرصة للمعلم الطموح والمتميز للاستفادة من خبرة وتجربة المشرف التربوي.

ولا يقتصر عقد اللقاء الإشرافي على المشرف التربوي، فقد يقوم مدير المدرسة بذلك أحياناً، ولابد من أن يقدم المشرف تقريراً حول المقترحات والموضوعات التي تمت مناقشتها أثناء اللقاء الإشرافي لمدير المدرسة ضماناً لعدم التضارب ولوحدة الاتجاه والتعاون.

ويهدف اللقاء الإشرافي بشكل رئيس إلى مساعدة المعلمين على النمو والتطور المهني الذاتي، إلا أنّ هناك أهدافاً فرعية لهذه اللقاءات تتمثل فيما يلي:

- التعرف على المعلم شخصياً ومهنياً، إذ يشكل اللقاء الإشرافي وسيلة هامة لتعرّف احتياجات المعلم والمشكلات التي تواجهه، ورغباته وآماله وتطلعاته واتجاهاته نحو مهنته.
- تعزيز الثقة بالنفس، والأمل، والطموح لدى المعلم.
- مساعدة المعلم على الشعور التام بالمسؤولية تجاه مهنته وطلبته.
- مشاركة المعلم في التخطيط للنمو والتطور المهني.
- الثناء على جهود المعلمين، وتشجيعهم على تقدير الذات.

- النقد البنّاء وتقبّل الرأي الآخر وتبادل الأفكار والمقترحات التي تهم العمل التربوي والتعليمي.

وتتعدد أنواع اللقاءات الإشرافية بين المشرف والمعلم بتعدد الأهداف التي تعقد من أجلها فقد تكون الزيارة الصفية التي يقوم بها المشرف للمعلم، أو مع المعلمين الجدد، أو مع المعلمين القدامى.

## ● جو اللقاء الإشرافي:

يعتبر اللقاء الإشرافي علاقة مهنية ينبغي من خلالها تعميق الاتصال بين المشرف والمعلم حتى يتمكن المشرف من تفسير تبادل الرسائل والملاحظات وأن يعين المعلم الذي يقوم بملاحظته.

إن المشاركين في اللقاء الإشرافي لابد وأنّهم قد مروا في الكثير من الاتصالات التي تجعلهم ميالين إلى بعض التوقعات والتحيزات، فالمعلمون داخل المدرسة يتأثرون ببعضهم البعض ممن تعاملوا مع المشرفين وأدركوا العملية الإشرافية، وهم يعرفون تمام المعرفة أن الطلبة يشعرون بالتوتر والارتباك أثناء زيارة المشرف للغرفة الصفية، وفي أغلب الأحيان يدخل المشرف إلى الغرفة الصفية بعد أن يكون قد سمع بعض التعليقات من المشرفين الآخرين عن قدرة هذا المعلم أو ذاك وعن صفاته وأساليبه ومهاراته، وعليه لابد للمشرف والمعلم على حدٍّ سواء من التحلّي بالمرونة ومراعاة التأثيرات والمتغيرات المحيطة بالنظام التربوي والبيئة المدرسة حيث تتميز هذه البيئة بأنها بيئة إنسانية تتضمن التفاعل مع البشر المتباينين في توجهاتهم ومعتقداتهم وآرائهم وقيمهم.

يوفر الاتصال المباشر بين المعلمين والمشرفين في بيئة اللقاء مجالاً خصباً لتحسين توجهات وأداء المعلم بشكل فردي، كما يوسع الاتصال بين المشرفين حلقة الاتصال

الإشرافية لتشمل المنظومة التربوية بكاملها، و تسبق الاتصالات بين المشرفين عادة أعمال المشرف أو تتطور بعد حدوث اللقاء.

ويرسل المعلم إلى التلاميذ رسائل ويستقبلها منهم وفي العادة تتعلق هذه الرسائل بالدرس الملاحظ. قبل الزيارة الإشرافية الرسمية وبعدها، ويقوم تلاميذ الصفوف الأخرى وكذلك معلموها الذين يشكلون البيئة الأكاديمية الواسعة للمدرسة بإبداء آرائهم حول الزيارة الإشرافية بما تتضمنه من لقاء إشرافي.

## ● مناهج الإشراف المباشر وغير المباشر واللاتوجيهي:

يمكن تصنيف اللقاء الإشرافي من حيث المنهج إلى:

- منهج الإشراف المباشر.
- منهج الإشراف غير المباشر.
- منهج الإشراف اللاتوجيهي.

ويكون هذا التصنيف بناءً على الموقف التعليمي والأشخاص المشاركين فيه. ويمكن تشبيه الإشراف وفقاً لهذا التصنيف بعملية الإرشاد التربوي بما تتضمنه من علاقة تعاونية وإنسانية مبنية على الثقة والاحترام المتبادل والسرية التامة لتفاصيل هذه العلاقة واحترام الرأي الآخر والإصغاء للآراء المخالفة والتحاور فيها.

## منهج الإشراف المباشر :

وهو الإشراف الذي يتضمن قيام المشرف بتزويد المعلم بطرق إنجاز العمل، فوفقاً لهذا المنهج هناك طريقة واحدة فضلى لإنجاز العمل، وهذا المنهج قائم على الإخبار بمعنى أن المشرف يمارس دور المخبر على افتراض أنه يعرف تماماً أساسيات ومهارات المهنة وباستطاعته بناءً على ذلك تحديد الأساليب التي ينبغي على المعلم اتباعها.

ولكن بما أن التعليم عملية معقدة، فمن النادر أن تكون هنالك طريقة واحدة فعالة لتحقيق هدف تعليمي ما، ويدل وجود أساليب تعليمية متنوعة على أن هناك طرقاً مختلفة لتحقيق أي هدف معين. ويشجع المنهج المباشر تفاعلاً من نوع تفاعل الرئيس والمرؤوس، حيث يقوم الشخص الذي يعرف بإعلام الشخص الذي لا يعرف بما يعرفه وهذه التبعية التي تنمو في هذا النوع من التفاعل تدع المعلم يعتمد على المشرف في قراراته وحلوله واقتراحاته، حتى إن كانت النتائج غير مرضية، تخلص المعلم منها بوضع اللوم كله على المشرف[1].

ويمكن توظيف هذا المنهج الإشرافي في تزويد المعلومات، فمن غير المناسب أن يبحث المشرف مع المعلم في كيفية الحصول على المعلومات وإعداد مشاريع المنح إذا كان بإمكان المشرف تقديم نموذج جاهز لمساعدة المعلم. ففي هذه الحالة، يشجع المشرف مبادرة المعلم، ويسهل عليه تنفيذ جهوده المبدعة بتزويده مباشرة بالمساعدة التي يحتاج إليها، وللمحافظة على سلامة ومتانة العلاقة بين المعلم والطلبة، على المشرف أن يحدد الوسيلة المناسبة للتحدث مع المعلم في هذا الأمر على حدة، مبتعداً عما يثير شكوك الطلبة حول كفاءة معلمهم وقدرته ومهاراته، وقد يستخدم المشرف منهج الإشراف المباشر؛ لأن بعض الأفراد لا يستجيبون إلا للتعليمات والأوامر المحددة.

ومن غير المستغرب أن يكون الانزعاج هو رد الفعل الطبيعي الذي يظهره المعلم تجاه منهج الإشراف المباشر؛ لأن المعلمين لا يشتركون ولا يؤخذ رأيهم في التخطيط ووضع الأهداف وصنع القرارات، فيتوقفون عن التفكير في البدائل أو الإجراءات الأفضل، ولكن باستطاعة المشرف الذي يعتمد هذا المنهج الإشرافي معالجة استياء وانزعاج المعلمين، وذلك من خلال إقناع المعلمين بتبني بعض التوجهات والآراء.

---

(1) إيزابيل فيفر و جين دنلاب، المرجع السابق نفسه، ص106.

**ويبدأ المشرف المباشر حديثه مع المعلم بما يلي:**

- يحدد المشكلة ويقول للمعلم: أرى أنك تواجه المشكلات التالية... ولديك مشكلة في..

- يسأل المشرف: لماذا حدثت هذه المشكلة؟ ما أسباب ذلك؟

- يقدم المشرف الحل: ويقول للمعلم: إن حل مشكلتك هو..

- يوجه المشرف المعلم ويخبره بما يجب فعله: إعمل.. ولا تعمل..

- يستوضح المشرف من المعلم: ماذا تحتاج لكي تنفذ ما طلبته منك ؟

- يجدول المشرف الخطوة التالية: سأزورك بعد....

- يقوم المشرف بتذكير المعلم بما يجب فعله: لقد طلبت منـك مـا يـلي.. وسـأزورك بعـد فـترة..لأجـد مـا نفذت؟

## منهج الإشراف غير المباشر:

وهو منهج استكشافي، وعادة يحدد المشرف مجال اهتمام معين، ويقود المعلم عن طريق الأسئلة والمناقشة إلى تحليل تدريسه، ويجب على المعلم والمشرف، وضع خطـة عمـل لـذلك بطريقـة تشاركية، ويتفاعل المشرف والمعلم كزميلين في العملية، مع أن المشرف هو الذي يختار الموضوع والاهتمام الـرئيس على أساس الأدلة الموضوعية، وفهم الموقف الكلي، والرأي المهني، وهذه العملية تعالج مواقف المعلمـين السلبية أو تقلل منها إلى أكبر قدر ممكن، نظراً لأن المعلمين الذين اشتركوا في تحليل المعلومات وتخطيط تطورهم المهني يضعون آراءهم موضع التنفيذ.

إنّ المنهج غير المباشر في الإشراف يتطلب ممارسة تأملية دقيقة وجهوداً حثيثة لضمان تطبيقه بفاعلية، ويستطيع المشرفون توظيف طريقة تسجيل اللقاءات وتحليلها

لتعرف جوانب القوة والضعف في هذه المهارات والممارسات، فاهتمام المشرف بأدائه في اللقاء الإشرافي هو الخطوة الأولى نحو التحسين والتطور والارتقاء.

ومع أن المنهج الإشرافي غير المباشر يقر بالخبرة المهنية للمعلمين وبإعدادهم المهني، ويشركهم في عملية فحص ما حدث واستقصاء استراتيجيات أخرى، إلا أنه يستنفذ الكثير من الوقت، ويصعب التنبؤ إلى حد ما بالاستجابات الصادرة عن المعلمين، ولا يستطيع المشرف أن يضع مخططاً مسبقاً لنشاطات المعلم، وبدلاً عن ذلك، يجب إبقاء اللقاء الإشرافي مرناً بحيث يستطيع المشرف استعمال آراء المعلم ومقترحاته.

وينجم عن المنهج الإشرافي غير المباشر استقلال المعلم والمسؤولية المهنية، حيث يسعى المشرف الناجح نحو تطوير معلمين غير معتمدين على مشرفين في نموهم الشخصي والمهني، وإنما يقومون بدلاً من ذلك بتقويم تعليمهم باستمرار، وبإعادة تنظيم نشاطاتهم، وبمواكبة التطورات الحديثة في ميادين تخصصاتهم.

**ويمارس المشرف غير المباشر حديثه مع المعلمين على النحو التالي:**

1. يطلب من المعلم أن يصف الموقف ويضع تصوراته لما حدث ويكتفي المشرف بالاستماع وإعادة كلام المعلم ليؤكد للمعلم أنه استمع جيداً.
2. يستوضح المشرف ويسأل عن المزيد من المعلومات: هل تحب أن تقول شيئاً آخر؟
3. يؤكد المشرف للمعلم أنه يرغب في الاستماع إلى المزيد من المعلومات ويشجعه للحديث.
4. يتأمل المشرف كلام المعلم ويعيد ما قاله المعلم فالمشرف مازال مستمعاً جيداً.
5. يطلب المشرف من العلم أن يقترح حلولاً ممكنة والمشرف يستمع.
6. يطلب المشرف من المعلم أن يفكر في نتائج كل حل.
7. يتدخل المشرف ويطلب من المعلم اختيار الحل الممكن.

8. يتدخل المشرف ويطلب من المعلم تحديد خطة التنفيذ.
9. يعيد المشرف كلام المعلم ليؤكد أنه استمع جيداً له.

## منهج الإشراف اللاتوجيهي:

يعد هذا المنهج الإشرافي مناسباً للمعلمين الناضجين مهنياً، ويتم بتعرف المشكلة، أو ترك حرية اختيار مجال التحسين للمعلم، ويكون دور المشرف التربوي مقتصراً على الإصغاء القائم على التأمل والتحليل والتفسير والتلخيص، ويجب على المشرف الذي يوظف المنهج اللاتوجيهي في الإشراف أن يراعي مشاعر المعلم. ويعبر هذا المنهج للمعلم عن قبول المشرف لمعرفته وأساليب تفكيره وتوجهاته وأفكاره ودعمه لها، وتنشأ عادة هذه العلاقة بين المعلمين والمشرفين بعد أن يعملوا معاً و يقيموا الاحترام المتبادل فيما بينهم.

وقد يكون المعلم الذي يفتقر إلى الخبرة، أو المعلم المحدود في ثقافته وتجاربه غير قادر على أن يستجيب للمنهج غير المباشر أو المنهج اللاتوجيهي، فقد يكون المعلم غير قادر على اقتراح بدائل لعمله لأنه لا يدرك الاحتمالات الأخرى، ولربما يكون للمعلم خبرة قليلة في حل المشكلات، لأنه كان يحميه من ذلك أشخاص آخرون، لذا يجب تشجيع المعلم على تطوير معرفته في حل المشكلات من خلال قراءة مواد مهنية مناسبة، وحضور اجتماعات مهنية، وممارسة نشاطات تغني خلفيته المهنية.

ويحتاج المشرفون إلى مهارات خاصة لإنجاح اللقاء الإشرافي، ويجب عليهم أن يعملوا على تطويرها وتحسينها، ويوصف المشرف أحياناً بأنه معلم المعلمين، وكما يكتسب المعلمون أساليب للتدريس يتميزون بها، كذلك يكتسب المشرفون أساليب إشرافية متميزة خاصة باللقاء الإشرافي، فالمشرف - كما المعلم - يجب أن يقيّم نتائج عمله، وأن يسعى دوماً وبكل طاقته لتعديل أسلوبه من أجل الوصول إلى نتائج أكثر فعالية.

## قواعد اللقاء الإشرافي:

- المرونة، فليس ثمة طريقة واحدة متفق عليها.
- تحديد الزمان والمكان المناسبين للقاء.
- أن تكون مدة اللقاء كافية لتبادل الآراء والمناقشة الهادفة.
- العلاقة الودية والمبنية على الثقة المتبادلة بين المشرف والمعلم.
- السرية التامة للمعلومات والبيانات التي تمت مناقشتها أثناء اللقاء.
- التعارف الشخصي بين المشرف والمعلم.
- تهيئة المناخ المناسب للحوار والنقاش من حيث الهدوء والترتيب.
- تحديد أهداف اللقاء.
- الدخول إلى اللقاء بروح التعاون والمشاركة.
- الإصغاء الجيد للطرف المقابل.
- التواصل مع الطرف الآخر من خلال توظيف مهارات الاتصال اللفظية وغير اللفظية.

## أهداف اللقاءات الإشرافية:

1. تعرّف الأساليب التدريسية ومناقشتها وتعرّف جوانب القوة والضعف فيها.
2. تبادل الخبرات التدريسية بين المعلم والمشرف وبين المعلم والمعلمين الآخرين.
3. تعرّف توجهات المعلمين نحو مهنة التعليم ونحو الأساليب الإشرافية المختلفة.
4. تقييم كفاءة ومهارات المعلمين في الميدان.
5. تحديد احتياجات المعلمين.
6. تشجيع المعلمين على النمو والتطور المهني المستمر.

# ملخص الفصل السابع

- اللقاء الإشرافي هو ما يدور بين المشرف التربوي والمعلم من مناقشات وتبادل للآراء والأفكار حول بعض القضايا التربوية التي يشتركان في ممارستها.

- لا يقتصر عقد اللقاء الإشرافي على المشرف التربوي، فقد يقوم مدير المدرسة بذلك أحياناً.

- يوفر الاتصال المباشر بين المعلمين والمشرفين في بيئة اللقاء مجالاً خصباً لتحسين توجهات وأداء المعلم بشكل فردي.

- التعليم عملية معقدة، لذا من النادر أن تكون هنالك طريقة واحدة فعالة لتحقيق هدف تعليمي ما.

- المنهج غير المباشر في الإشراف يتطلب ممارسة تأملية دقيقة وجهوداً حثيثة لضمان تطبيقه بفاعلية.

- يحتاج المشرفون إلى مهارات خاصة لإنجاح اللقاء الإشرافي.

الفصل الثامن

# مدير المدرسة مشرف تربوي مقيم

- مدخل
- المهام الأساسية لمدير المدرسة
- مدير المدرسة مشرف تربوي
- علاقة مدير المدرسة بالمشرف التربوي
- أدوار مدير المدرسة
- مقومات نجاح مدير المدرسة في الإشراف

# الفصل الثامن

## ● مدخل:

إنّ الأسرة المدرسية مُمَثّلةً بالجهاز البشري في المدرسة بما يضمّه من إداريين ومعلمين وأخصائيين وتلاميذ وعمال خدميين، فيقوم كل منهم بمهماته في نطاق اختصاصه وفق قدراته وإمكانياته، بحيث بينهم مجموع الأعمال في تحقيق أهداف المدرسة ومراميها، بعيداً عن التباغض والصراع وإنما في جو مفعم بالتفاهم والتعاون في سعي لتحقيق مفهوم الأسرة المدرسية بمعنى أنها أسرة مهنية كبيرة، يتفاعل فيها أعضاؤها ويتآزرون بطريقة إيجابية تعمق روح الانتماء والإخلاص للمدرسة.

وعلى الرغم من أنّ هناك مصادر عديدة تسهم في تربية الفرد وإكسابه المهارات والقيم والأفكار والسلوكيات التي ينتهجها في حياته، إلا أنّ المدرسة تتصدر قائمة هذه المصادر كونها المصدر الرئيس الذي يحتضن النشء، إذ لا بد للغالبية الساحقة من أبناء المجتمع من الالتحاق بها، فالمدرسة إذن تتبوأ مكانة مرموقة في أي مجتمع نظراً للرسالة العظيمة التي تقوم بتأديتها لتهذيب النشء ورعايتهم وتربيتهم.

ويستند نجاح هذه المؤسسة بكل مدخلاتها المادية والبشرية على الإدارة المدرسية الفاعلة ومقدرتها على إيجاد مناخ تربوي سليم بينهم لتحقيق الأهداف المتوخاة من العملية التربوية، فالمدير مسؤول عن حسن إدارة هذه المؤسسة لضمان تحقيق أهدافها، والإدارة الناجحة تعني فيما تعني مجموعة العمليات التي يمارسها الإداري ومن يساعده لتحقيق الأهداف الموضوعة للنظام التربوي وتشمل هذه العمليات التخطيط والتنظيم والإشراف والتوجيه والمتابعة.

وبما أن المدير يقف على قمة الهرم الإداري في المدرسة فإنه يعتبر المسؤول الأول عن المدرسة أمام الإدارات الأعلى والمجتمع المحلي، لذا يكون لزاماً عليه قيادة التنظيم المدرسي بفاعلية من خلال اهتمامه وإشرافه على أمور منها:

- تنظيم وتقسيم الأعمال بين الموظفين.
- الإشراف على التزام المجتمع المدرسي بالدوام الرسمي.
- مراقبة النظام العام والمرافق المدرسية.
- المحافظة على العلاقات الإنسانية داخل المدرسة نظيفة ولا تشوبها الخلافات.
- متابعة السجلات والملفات والامتحانات والنتائج المدرسية.

إذاً تسهم المدرسة في أي مكان في العالم في تربية الإنسان ومساعدته على النمو في المجالات كافة، ضمن أقصى حد يستطيعه وفقاً لاستعداداته وميوله، ويشرف على القيام بهذه المهمة قوى عاملة تشكل الهيكل التنظيمي للمدرسة، ولا بد لهذه القوى البشرية من فرد مسؤول يدير شؤونها هو المدير، الذي يهتم بالقيام بعمليات التخطيط والتنظيم والتنسيق والإشراف والتقييم، وإنجاز الأعمال الإدارية اليومية التي تتطلبها مهنته ويطور نفسه مهنياً لإفادة المؤسسة التي يعمل بها بكل جديد في تخصصه.

وعلى المدير أن يتصف بعدة صفات وسمات تسهم في قيامه بعمله على أكمل وجه ومنها: أن يتمتع بصحة جسمية ونفسية سليمة، وأن يكون قادراً على رؤية شبكة علاقات الموقف، واثقاً بنفسه، مرناً مثابراً صادقاً مخلصاً، مائلاً إلى التجديد والتغيير وغيرها من الصفات المساهمة في إدراك المدير لوظيفته وواجباته كمدير للمدرسة.

فلا شك في أن على المدير أن يحرص على تحقيق الأهداف من تربية الأبناء، ويقوم بالواجبات التي تحقق تلك الأهداف، والأهم من ذلك أن يدرك الطريقة التي يقوم من خلالها بالواجبات، فهناك واجبات إدارية تنظيمية وأخرى فنية ومهنية.

هذا بالإضافة إلى أنه ينبغي على المدير أن يتمتع بصفات ومهارات للقيام بأدواره بنجاح ومنها الذكاء الفطري المكتسب في التعامل مع المواقف، والمعرفة العميقة بأسس الإدارة الحديثة، والثقافة العامة والواسعة والخبرة في التدريس والتوجيه والتحلي بالأخلاق الفاضلة، والمقدرة على الإقناع والتأثير في الآخرين، وحب التعاون والمشاركة والاستقرار النفسي والعاطفي.

على أن هناك عدة عوامل تؤثر على المدير في تأديته لوجباته منها: طبيعة النظام السياسي والتربوي في البلاد، ومدى التطور الحاصل في البلاد، والفلسفة الاجتماعية السائدة، بالإضافة إلى مدى مرونة القوانين واللوائح، ومدى ممارسة السلطات التربوية للمتابعة والمراقبة والتوجيه، وأخيراً مدى الدعم والإمكانيات المتاحة للمدرسة، وما يحمله المدير من مؤهلات علمية وعملية، وحجم الصلاحيات التي يتمتع بها.

وعلى مدير المدرسة تقع مسؤوليات عديدة قبل بداية الدراسة من حيث المباني والأجهزة والميزانية والجداول والتلاميذ وخلال العام الدراسي من حيث الإشراف على النواحي السلوكية والفنية والصحية والمالية وتدريب المعلمين، وفي نهاية العام الدراسي من حيث الامتحانات والجرد السنوي والتقرير السنوي وغيرها.

فمع التطور الحاصل عبر الزمن تغيرت أهداف ومجالات الإدارة المدرسية، فلم تعد مجرد عملية إنجاز الأعمال الإدارية الروتينية، أو المحافظة على النظام وحسن سير التدريس داخل الحرم المدرسي، بل أصبحت عملية إنسانية تهدف لمساعدة التلاميذ والأخذ بيدهم لبلوغ الغايات التربوية وبناء الإنسان الصالح العالمي.

فالإدارة المدرسية اليوم تُعنى بتوفير مناخ مدرسي سليم ينمي شخصية التلميذ ويبقيه على تواصل مع المدرسة ويكسبه مقدرات على التعامل مع المجتمع الأكبر ومواجهة المشكلات التي تعترضه في مستقبل الأيام.

وفي هذا الصدد على المدير أن يتبع الخطوات العلمية في التعامل مع العملية التربوية واتخاذ القرار الرشيد في المواقف المختلفة والغامضة، فعليه بدايةً الإحساس بطبيعة الموقف (تحديد المشكلة) ومن ثم تحديد أبعاده والعوامل المؤثرة فيها، ومن ثم اقتراح عدد من الحلول البديلة ودراستها وبعد ذلك اختيار البديل الأفضل وإصدار القرار بشأنه.

**لذا لابد من الاهتمام ببرامج تطوير الإدارة المدرسية من خلال:**

1. تطوير مهارات ومفاتيح العمل الإداري.
2. تعرّف مزايا وخواص الإدارة المدرسية المستقبلية.
3. الاتفاق على وضع إطار تطوير الإدارة.
4. تعرف حاجات وتوقعات إدارة المدرسة.
5. التأهيل المهني للقيادات المدرسية بطريقة تتواءم ومعطيات القرى الحادي والعشرين.
6. تعزيز دور الإدارة في الرقابة على التعليم.
7. إعطاء الفرصة للإداريين لوضع خطط عملهم الخاصة.
8. الاستفادة من أفكار الإدارات الأخرى (التعاون بين الإدارات).

وتعتبر الإدارة من أهم الأنشطة المركزية الموجودة في أي نظام أو تجمع إنساني فنراها موجودة في الأسرة، المدرسة، الجامعة، والمنظمات الحكومية وغير الحكومية، وحتى في المراكز الدينية، فقدرة هذه المنظمات على تحقيق أهدافها مرتبطة إلى حد كبير بمدى توفر قيادة إدارية تكون قادرة على تنسيق جهود الجماعة وتوجيه طاقاتها لتحقيق أماني وتطلعات الجماعة ضمن الموارد المتاحة.

والإدارة في أساسها عملية إنسانية اجتماعية تتناسق فيها جهود العاملين في المنظمة كأفراد وجماعات لتحقيق الأهداف التي أنشئت المنظمة من أجل تحقيقها، متوخين في ذلك أفضل استخدام ممكن للإمكانيات المادية والبشرية المتاحة للمنظمة، والعملية الإدارية هي عملية تسعى إلى "استغلال الموارد المتاحة عن طريق تنظيم الجهود الجماعية وتنسيقها بشكل يحقق الأهداف المحددة بكفاية وفعالية وبوسائل إنسانية مما يسهم في تحسين حياة الإنسان سواء كان عضواً في التنظيم أو مستفيداً من خدماته، وأياً كان المجال الذي تمارس فيه.

## ● المهام الأساسية لمدير المدرسة:

لا شك في أن الإدارة قد لا تأتي بالمال أو بالاعتبارات الخاصة، لأن الإدارة هي قدرات خاصة ومواهب يعتمد عليها المدير وتضفي عليها التجارب وقوة التفكير وسعة الأفق ورحابة الصدر مهارات رائعة تجعله يمسك بزمام الأمور بثقة واقتدار، بل لا بد وأن يتولى المدير مهمات أساسية في المنظمة التي يديرها حتى يصلح أن يكون في هذا المقام، وتقسم مهام المدير في الغالب إلى قسمين هما[1]:

### 1. مهام رسمية:

**- أولاً: التخطيط والتنظيم:**

ينبغي لأي مدير يسعى لنجاح مدرسته وريادتها أن يبدأ بوضع خطة شاملة للعام الدراسي قبل بدايته ولمختلف المجالات المدرسية، ولا بد من أن تكون هذه الخطة تتسم بالمرونة والواقعية والشمول بحيث يراعي فيها إمكانيات المدرسة والظروف المحيطة به، ولا بد له من إشراك العملين معه في وضع الخطة وصياغتها لضمان أكبر قدر من التوثيق في تنفيذ بنودها.

---

(1) السيد سلامة ألخميسي، قراءات في الإدارة المدرسية، ص 111 – ص 128.

والتخطيط هو العنصر الأساسي في تحقيق سلامة العمل الإداري، حيث أن العمل الإداري يجب أن يكون مخططاً بدقة قبل بداية العام الدراسي، لذلك يجب أن يضع مدير المدرسة خطة عمل تغطي كافة الأنشطة الإدارية التي يقوم بها أثناء الدوام المدرسي من بدايته إلى نهايته، و يتضمن التخطيط التفكير الذي يسبق التنفيذ، كما يتضمن الاختيار المنظم من بين البدائل في ضوء ما هو متوقع منها، وتشمل عملية التخطيط وضع الأهداف والسياسات والنظم وتحديد الإجراءات، ووضع الميزانيات التقديرية، وإعداد البرامج.

ويقع ضمن مهام المدير القيام بتنظيم وحدته الإدارية سواء من الناحية الهيكلية أو البشرية وفقاً للأسس العلمية والتي تكفل إنجاز الأعمال بالطريقة الأمثل، وهذا ما يفرض عليه أن يراعي الخبرة والتخصص والقدرة والفاعلية في الأفراد، ويبقى للمدير دور الاستشارة والتوجيه لأنه في هذا يضمن تفرغاً كبيراً للإدارة الأهم، كما يضمن للأفراد طموحاتهم واحترام آرائهم فهذا الأسلوب يؤدي دوراً في دفع العاملين إلى المشاركة في العمل بحماس وقناعة، وضمن التزامهم في تحقيق الأهداف.

## - ثانياً: التنفيذ:

وتتضمن هذه المرحلة القيام بالعمل فعلياً في ضوء ما تم التخطيط له وذلك ضمن الأنظمة والقوانين المعمول بها، ولا بد أيضاً أن يتم التنفيذ بشكل تعاوني، وفي هذه المرحلة توضع الإجراءات الإدارية المقترحة موضع التنفيذ ويسير مدير المدرسة فيها طبقاً للمراحل التالية:

### - في بداية العام الدراسي:

وتشمل هذه الإجراءات الإعداد الجيد لبدء العام الدراسي ومراجعة سير العمل في الأيام الدراسية الأولى ومن هذه الإجراءات:

1. التأكد من توفر المعلمين في كافة التخصصات في المدرسة وعم وجود نقص في أي تخصص.
2. التأكد من أن عدد الإداريين يكفى لتيسير العمل المدرسي.
3. التأكد من توفر الكتب المدرسية وأن أعدادها تكفي طلبة المدرسة.
4. التأكد من توفر الأجهزة والوسائل التعليمية المناسبة لسير العملية التعليمية.
5. التأكد من جاهزية البناء المدرسي والمرافق.
6. عمل الجدول المدرسي.
7. المدرسية التي تسهم في تنظيم العمل الإداري المدرسي.

### - أثناء العام الدراسي:
1. الاجتماعات الإدارية مع المعلمين لمتابعة قضايا إدارية تهم المدرسة.
2. مراقبة دوام المعلمين والإداريين و الطلبة والعاملين.
3. كتابة التقارير إلى الإدارة العليا.
4. مواجهة المشكلات الطارئة.
5. تنظيم العمل التربوي المدرس.

### - في نهاية العام الدراسي:
وتشمل هذه المهام الجوانب التالية:
1. الإعداد للاختبارات وتنفيذها.
2. مراقبة سير الاختبارات.
3. جرد الكتب المدرسية.
4. استلام السجلات الرسمية من المعلمين والإداريين.
5. كتابة تقرير شامل عن العام الدراسي والمقترحات لتحسين سير العمل الإداري في العام الدراسي.

## - ثالثاً: التوجيه:

على المدير بصفته المسؤول الأول في المدرسة أن يطلع على أعـمال الأقسـام واللجـان المختلفـة في المدرسة، وتوجيه العاملين والإشراف عليهم وعقد اللقاءات المستمرة معهـم، وتشجيع المتميـزين منهم، ويعتبر التوجيه من أهم أعمال الإدارة وهو ذلك النشاط الذي يلازم ويعايش التنفيذ من جانب العـاملين الذين يقومون بأداء مسؤولياتهم وصلاحياتهم طبقاً للتوجيهات المباشرة وغير المباشرة مـن المـدير وطبقـاً للأهداف والخطط المحددة.

## - رابعاً: المتابعة:

وتعتبر المتابعة مساعداً في استمرار نجاح أي عمل، إذ أن أي عمل لا يتابع لا بد له أن يفشل ولا يحقق أهدافه، لذا لا بد أن تتسم المتابعة بالاستمرارية والشمول.

### وتشمل المتابعة ما يلي من أعمال:

- متابعة خطة العمل والتنظيم المدرسي.
- متابعة أعمال هيئة التدريس والعاملين وتسجيل كافة الملاحظات في سجلات خاصة.
- متابعة الأنشطة المدرسية.
- الإشراف على الشؤون المالية والإدارية.
- متابعة الخدمات داخل المدرسة.

## - خامساً: التقييم:

وهي خطوة هامة للوقوف على مدى نجاح التنفيذ أو عدمه ومـا حققـه العمـل المـدرسي خـلال العام الدراسي، ويتضمن ذلك ملاحظة ما تم تنفيذه من أهداف وتقويمها، ومعرفة الصعوبات والعقبات التي واجهت عملية التنفيذ ووضع الحلول لمواجهتها في المرات القادمة، ويشكل التقييم عملية مراجعـة شاملة للعمل ومعرفة

إنجازات وإخفاقات التنفيذ خلال العام واتخاذ القرارات الحاسمة بشأنها، هذا ويقوم مدير المدرسة بمسؤوليات فنية إلى جانب ما ذكر سابقاً ومنها:

- الزيارات الصفية لمتابعة المعلمين.
- تقديم التقارير الفنية للجهات العليا.
- الإشراف على أقسام المدرسة ومرافقها.
- حضور الاجتماعات والدورات الهادفة لتطوير عمل مديري المدارس.
- تشجيع المعلمين على تنمية أنفسهم مهنياً.
- التأكد من سلامة الأبنية والتجهيزات المدرسية لاستقبال العام الدراسي.
- متابعة حضور وغياب التلاميذ.
- رفع تقارير إلى الإدارات العليا حول احتياجات المدرسة.
- تنفيذ اللوائح والتعليمات على المخالفين من العاملين والتلاميذ.
- الإشراف على الشؤون المالية.

## 2. مهام غير رسمية:

تعتمد المهام غير الرسمية للمدير بشكل كبير على شخصيته وآفاقه وأسلوبه الشخصي في التعامل مع الآخرين، إلا أن لها الدور الكبير في تحقيق أهداف المنظمة وتطوير العاملين وتماسكهم، ومن هذه المهام اهتمام المدير بالجماعات غير الرسمية وهي عبارة عن جماعات تتكون بشكل طبيعي في كل جماعة تجمعهم مصالح مشتركة بشكل اختياري أو مخطط، فيعملون على فرض سياسة تخدم أهدافهم بعيداً عن شكل الإدارة الرسمي، كجماعات الاختصاص العلمي، أو الانتماء الحزبي أو الإقليمي أو الديني، وهنا يتوجب على المدير الاهتمام بهذه الجماعات وإقامة اتصالات جيدة معهم

بهدف الاقتراب منهم وتعرّف مشكلاتهم وأفكارهم من الداخل لتذليل الصعوبات وتحقيق ما يمكن تحقيقه بما لا يضر بمصالح المؤسسة بل يصب في خدمتها.

إن الاتصال مع الجماعات المختلفة في المنظمة يكسر الحاجز بين الطابع الرسمي الذي يفرضه العمل، وغير الرسمي الذي يفرضه الشعور أو الطموح أو المصلحة المشتركة، مما يجعل المدير متفهماً لمطالبهم، وبذلك يحتويهم نفسياً وفكرياً ويبعد عنهم المضايقات، كما يقرب وجهات النظر معهم من خلال شرح رؤيته، كما يمنع من الظن والتحليلات البعيدة عن الواقع، فيحول دون الانقسامات والاضطرابات التي قد تحدث جراء هذا الخلاف وبهذا يكون قد ضمن الوحدة كما ضمن التفاهم وتحقيق الأهداف المشتركة للعاملين وللمنظمة.

مما لاشك فيه أن إدارة المدرسة من المهام المعقدة التي تتطلب من المدير أن يتصف بعدّة صفات ليكون قادراً على القيام بواجباته خير قيام ومن هذه الصفات:

**1. سلامة الجسم والعقل:**

فالمدير الذي يعاني من اختلالات بدنية أو نفسية لا يمكنه تشخيص المشكلات التي تجابهه بحكمة وهدوء، بل على العكس من ذلك، فقد تظهر لديه عند تعرضه لأبسط المشكلات اضطرابات انفعالية تجعله يفقد أعصابه فيتصرف تصرفات خاطئة تؤدي إلى تفاقم المشكلات بدلاً من حلها.

**2. المقدرة على تحمّل ضغط العمل:**

لابد أن يكون مدير المدرسة قادراً على القيام بواجباته المدرسية، وعلى إيجاد العلاقات الإنسانية الطبيعية في المحيط المدرسي، ذلك أن مدير المدرسة بطبيعة عمله مسؤول عن النضوج الفكري للمعلمين والطلاب معاً، وإن أي جهل لهذه الحقيقة يسبب التوتر في العلاقات المدرسية، ويشيع الفوضى والاضطراب، وانعدام النظام،

ويؤدي بالتالي إلى عدم مقدرة المدرسة على القيام بوظائفها، وبالإمكان معرفة مدى قابلية المدير على ذلك من خلال عمله كمعلم، قبل أن يصبح مديراً، والجهود التي كان يبذلها لرفع مستوى طلابه في مختلف المجالات، ومدى ضبطه لصفه، ونوع العلاقات السائدة بينه وبين طلابه وزملائه المعلمين، ومدى احترامهم له.

3. **المقدرة على إقامة علاقات قائمة على الثقة مع المعلمين والمسؤولين التربويين.**
4. **المقدرة على تبصّر الأحداث والمشكلات التربوية:**

بحيث يستطيع تشخيصها بشكل دقيق والعمل على حلّها، ذلك أن مدير المدرسة يواجه كل يوم العديد من المشكلات الإدارية والتربوية داخل المدرسة وخارجها، منها ما يخص الطلاب، ومنها ما يخص المعلمين، والمدير الناجح هو الذي يستطيع البت في هذه المشكلات بحكمة وموضوعية وعقلانية.

## ● مدير المدرسة مشرف تربوي:

يشمل الإشراف التربوي إشراف المدير على عمل المعلمين والطلاب معاً، وقبل الدخول في هذا الموضوع لابد من أخذ الحقائق التالية بعين الاعتبار وهي:

1. أن يحدد المدير لكل معلم مكانته، وذلك بإظهار مدى إتقان كل معلم لعمله وقيامه بواجباته، مما يؤدي إلى الاستقرار النفسي للمعلم، ويجعله يقوم بعمله بحماس شديد، بدلاً من أن يذهب إلى الصف بخمول ولا مبالاة.
2. أن يبني المدير علاقات إيجابية مع كافة المعلمين، ويشترك معهم في المناقشات الخاصة بالأمور المدرسية، وأن يمد يد العون والمساعدة للمعلم لتمكينه من أداء واجبه على الوجه الأكمل.
3. أن لا يقوم المدير بإجراء تغييرات في برنامج توزيع الحصص، أوإسناد المهمات إلى المعلمين بمعزل عنهم.

4. أن يقوم المدير بتقدير المعلمين والطلبة والثناء على جهودهم الأمر الذي سيؤدي إلى أدائهم لواجباتهم بكل طاقاتهم.

إن الإشراف التربوي يشمل المعلمين والطلاب معاً، فإشراف المدير على المعلمين يتطلب من المدير أن يتعرّف مدى قيامهم بواجباتهم، والأساليب التربوية التي يتبعونها، ومدى فاعليتها، وطرق تحسينها وتطويرها، ومدى ضبط كل معلم لطلاب صفه، ومدى قابليته لجلب انتباههم للدرس، وذلك عن طريق زيارة المدير للصفوف، وسماعه للدروس وتدوين النقاط الإيجابية والسلبية في عمل المعلم، بهدف تطويرها، وتعميم الإيجابية منها، ومعالجة النقاط السلبية.

أما إشراف المدير على الطلاب فيشمل سلوك الطلاب وأخلاقهم داخل المدرسة، وملاحظة انتظام دوامهم، ومحاسبة المنقطعين عن الدوام، والمتسربين، وكذلك الإشراف على سير التعليم، وأداء الواجبات، وتشجيع المتفوقين منهم، ومحاسبة المقصرين، وذلك اعتماداً على الأساليب التربوية الحديثة، وبالتعاون مع المعلمين، وأولياء أمور الطلاب من خلال الاتصال المستمر بهم.

## ● علاقة مدير المدرسة بالمشرف التربوي:

يضطلع مدير المدرسة والمشرف التربوي بأدوار هامة في تحقيق أهداف المدرسة المتمثلة في تحسين تعليم الطلبة، وإكسابهم المهارات التي تجعل منهم أناساً منتجين، والقيم التي تكفل لهم سلوكاً قويماً، ويكون نجاح المدرسة في تحقيق أهدافها مستنداً على مدى التكامل بين دوريّ هذين القائدين التربويين، ويقود مدير المدرسة فريقه للقيام بحزمة من الواجبات المتنوعة التي تؤدي إلى تحقيق أهداف المدرسة، ويجعلها قابلة للنمو والتطور.

ويقوم المشرف التربوي بزيارة الصفوف الدراسية لتعرف حاجات المعلمين والطلبة، وعلى ضوء ذلك يخطط لتحسين سلوكيات المعلمين التدريسية بتدريبهم على استراتيجيات التدريس الحديثة، من خلال توظيف مجموعة من الأساليب الفاعلة مثل الزيارة الصفية والمقابلة الإشرافية الفردية والجماعية، والإشراف الإكلينيكي والتعليم المصغّر، وورش العمل، والبحوث الإجرائية، والنشرات الإشرافية (وقد سبق ذكر هذه الأساليب في فصل سابق)، كما أنه يشجع المعلمين على تحسين تعلم الطلبة، ويقوم مدير المدرسة والمشرف التربوي بالتخطيط للعمل، وبتنفيذ الخطط، وبتقويم الأداء، إلا أن مدير المدرسة يتميز بقدرته على الضبط، في حين يتميز المشرف التربوي بقدراته الفنية، وبالرغم من أن مدير المدرسة مشرف تربوي مقيم، إلا أن المشرف التربوي الأكاديمي هو الذي يضيء له المسارات من أجل تحقيق التفوق والوصول إلى مرحلة الإبداع.

## ● أدوار مدير المدرسة:

إنّ مدير المدرسة والمشرف التربوي يقومان بدورين متكاملين من أجل تحقيق أهداف المدرسة، ولن تستطيع المدرسة أن تحقق أهدافها بدرجة عالية من النجاح إلا إذا كانت العلاقة بين المدير والمشرف تستند على التفاهم والتعاون والتنسيق المشترك، ليتمكنا من العمل معاً بروح الفريق الواحد في مناخ اجتماعي سليم، وبمنهجية علمية واضحة، فيقوم مدير المدرسة بدوره في الضبط والقيادة، ويقوم المشرف التربوي بدوره الرامي إلى تحسين أداء المعلمين، للوصول إلى تحسين تعلم الطلبة.

وبمعنى آخر فإن مجالات عمل مدير المدرسة تتمثل فيما يلي:

## أ. دور مدير المدرسة في تطوير المعلمين وتنميتهم مهنياً:

ويقصد بالنمو المهني للمعلمين تطوير مهاراتهم التعليمية من الجانبين المعرفي والسلوكي، وحيث أن مدير المدرسة ينبغي عليه أن يدرك أن لامتلاك المعلمين لهذه المهارات أثراً واضحاً في تحسين التعلم في مدرسته، فإنه يجب عليه أن يسعى جاهداً نحو تحسين هذه المهارات وتطويرها، ويتضمن هذا الدور جانبين هما الجانب المعرفي والجانب السلوكي، و يتضمن الجانب المعرفي:

- خصائص التلاميذ النفسية والبدنية والاجتماعية.
- الأفكار والحقائق في المواد الدراسية.
- حاجات المجتمع البشرية والاقتصادية والعلمية.
- الأسس التي تستند عليها المناهج التعليمية.
- الأساليب التدريسية الملائمة للمواد الدراسية.
- المستجدات العلمية والمعرفية.
- تحسين تنفيذ المناهج التعليمية.

### أما الجانب السلوكي فيشمل:

- مقدرة المعلم على ضبط الصف.
- مقدرة المعلم على وضع الخطط - السنوية والفصلية واليومية - للدروس.
- مقدرة المعلم على توظيف الوسائل التعليمية في الحصة الصفية.
- مقدرة المعلم على صياغة وتنظيم اختبارات تقيس تحصيل التلاميذ الأكاديمي.
- مقدرة المعلم على طرح الأسئلة داخل الصف.
- مقدرة المعلم على ابتكار وسائل تعليمية.

- مقدرة المعلم على إثراء الحصة الصفية بحيث تكون أكثر تشويقاً للطلبة.

**ب. دور مدير المدرسة في زيادة فاعلية تنفيذ المناهج التعليمية:**

وتتضمن مجالات اهتمام مدير المدرسة فيما يتصل بالمناهج التعليمية ما يلي:

- إثراء المادة العلمية.
- توظيف الوسائل التعليمية.
- توفير الوسائل التعليمية اللازمة للمراحل الدراسية المختلفة.
- تفعيل دور الإذاعة المدرسية.
- تفعيل دور المكتبة المدرسية.
- تفعيل دور المختبر المدرسي.
- تنظيم الرحلات المدرسية العلمية والترفيهية.
- قياس مستويات التحصيل الأكاديمي للطلبة وتقييمها.

**ج. دور مدير المدرسة في رعاية الطلبة ويتضمن:**

- وضع برامج توجيهية لإرشاد وتوعية الطلبة تشمل تعريف الطلبة بأسس وأنظمة البيئة المدرسية، وشروط النجاح، وحقوق وواجبات الطلبة تجاه المدرسة.
- توفير الظروف المناسبة للدراسة الصحية ومعالجة الصعوبات والتحديات التي تواجه ذلك.
- مساعدة المعلمين في تنظيم برامج التوجيه والإرشاد الأكاديمي للمواد الدراسية.
- العمل على تمتين العلاقة بين المعلمين والطلبة.
- تعريف الطلبة بتعليمات الانضباط المدرسي وإطلاعهم على بنوده ليكونوا على بيّنة منه.
- تشجيع الطلبة على خدمة المجتمع المحلي.

**د. دور مدير المدرسة في التواصل مع المجتمع المحلي:**

ويعتبر هذا الدور من الأدوار الهامة التي تظهر الفروق في الممارسات الإدارية بين مدراء المدارس، فينبغي على مدير المدرسة توطيد وتمتين العلاقات بين مدرسته والمجتمع المحيط بها – بما يتضمنه هذا المجتمع من أفراد وجمعيات - والاستفادة من هذه العلاقات إلى أقصى درجة ممكنة لخدمة العمل التربوي.

وفيما يلي بعض الأساليب التي يمكن أن يتبعها مدير المدرسة في مجال إدارة وتنظيم المدرسة:

**أ. إدارة المدرسة:**

- الإدارة التشاركية.
- عدم التفرقة بين المعلمين في المعاملة، بل التعامل معهم دون محاباة.
- توزيع المهام و المسؤوليات في ضوء تخصص ومقدرة كل معلم.
- الابتعاد عن التطرف في التعامل مع المعلمين.
- الحزم والمرونة.

**ب. النواحي الإدارية والإشرافية:**

- إعطاء وقت كاف للأعمال الكتابية.
- التركيز على النواحي الإشرافية لمساعدة المعلمين في تحسين سلوكياتهم التدريسية.
- الاهتمام بالمعلمين والطلبة والمجتمع المحلي.

**ج. تنظيم المدرسة:**

- المرونة النسبية.
- التركيز على المواد الدراسية.
- الاهتمام بالأنشطة المدرسية.

- تشجيع المعلمين على التطور و النمو المهني.
- تشجيع العمل بروح الفريق.

## د. اتخاذ القرار:

- اتخاذ القرار بطريقة تشاركية مع المعلمين.
- اتخاذ القرار بحضور جميع الأطراف المتعلقة بالقرار.
- مراجعة الإدارة التعليمية بعد اتخاذ القرار.

## هـ الفاعلية والكفاءات:

- العمل على تحقيق الأهداف التربوية والتعليمية للمدرسة والمنبثقة من أهداف النظام التربوي.
- مراعاة الظروف المحيطة باتخاذ القرار.
- عمل توازن وتكامل في الأساليب الإدارية المتبعة مع المعلمين من حيث العلاقات الإنسانية وأداء العاملين.
- إدراك النواحي الإدارية والمالية والتربوية والإشرافية المتعلقة بالمدرسة.

لذا لابد أن يكون اختيار مديري المدارس من المدرسين ذوى الموهبة والخبرة التدريسية، والمقدرة على تحمل أعباء القيادة - مع الأخذ في الاعتبار أن المعلم الناجح ليس بالضرورة أن يكون مديراً ناجحاً-، وأن يكون على مستوى عالٍ من الكفاءة وقوة الشخصية.

فحين كانت التربية ينحصر هدفها في تلقين الطلاب للمواد الدراسية كانت الإدارة المدرسية تهدف إلى تسيير أمور المدرسة ضمن قواعد ثابتة وتعليمات محددة، وبعد إن أصبحت التربية تهدف إلى تكوين الشخصية وإعداد الأفراد للحياة السليمة في مجتمع صحي سليم تغير مفهوم الإدارة المدرسية فأصبحت وفقاً لذلك عملية

إنسانية، وهذا التغير في معنى الإدارة المدرسية جعلتها رسالة ذات شقين الشق الأول يتعلق بالأعمال الإدارية ومن أمثلة ذلك توفير متطلبات المدرسة المادية كالأدوات والأثاث والكتب والمحافظة على النظام ومراقبة الدوام المدرسي والشق الثاني ارتبط بالنواحي الفنية ومن أمثلة ذلك مساعدة المعلمين الجدد والقدامى والتلاميذ على العمل الجاد لتحقيق أهداف المدرسة والأخذ بيد المعلمين لتطوير أساليبهم التدريسية والتفاعل مع المجتمع المحلي باستخدام إمكاناتها المادية والبشرية لصالح المدرسة.

## ● مقومات نجاح مدير المدرسة في الإشراف:

الإشراف الفني أحد جوانب الإدارة التربوية الذي يعنى بالنواحي الفنية في العمل المدرسي، فمدير المدرسة لا يقتصر عمله على الجوانب الإدارية فقط، ولكنه مشرف تربوي مقيم يمارس الإشراف الفني في محيط مدرسته، ونجاحه مرهون بمقومات أساسية منها:

1. الخبرة الكافية لمدير المدرسة في مجال التدريس والإدارة.

2. إلمام مدير المدرسة بالأساليب الإشرافية والاتجاهات الحديثة في التربية.

3. مقدرة مدير المدرسة على اختيار الأسلوب الإشرافي المناسب لتوعية المعلمين مـن حيـث إعدادهم وإمكانياتهم وخبراتهم.

4. سلطة ومكانة مدير المدرسة المستمدة من قوة أفكاره ومهاراته الفنية والمهنيـة ومعلوماتـه المتجـددة باستمرار ومدى تأثير كل ذلك في معلميه.

5. إيمان مدير المدرسة بقدرة المعلم على تحسين نفسه بنفسه مع شيء من التوجيه والإرشاد.

6. الرغبة المشتركة بين مدير المدرسة والمعلمين في أداء العمل كاملاً.

7. قدرة مدير المدرسة على تنظيم العلاقات الإنسانية.

8. الموضوعية في التقويم، فالمعلم ليس هدفاً في حد ذاته وإنما هو وسيلة لتحسين أدائه والارتفاع بمستواه بما يحقق مصلحة طلابه والنظام التربوي والمجتمع ككل.

ويعتبر الجانب الفني لعمل مدير المدرسة أكثر أهمية من الجانب الإداري لما يتطلبه من مهارات وكفايات خاصة تتطلب إعداداً وممارسة وتنمية مستمرة ليبقى مدير المدرسة قادراً على تأدية عمله بفاعلية وكفاءة، والمدير الفعال هو الذي يتفهم طبيعة عمل المعلمين وما هو مطلوب منهم حتى يستطيع مساعدتهم في أداء أدوارهم وتحسين أساليبهم التدريسية وخلاصة القول إن مدير المدرسة يقع على عاتقه عبءِ المشاركة في عملية الإشراف الفني.

# ملخص الفصل الثامن

- مدير المدرسة هو المسؤول الأول عن المدرسة أمام الإدارات الأعلى والمجتمع المحلي.

- على المدير أن يتصف بعدة صفات وسمات تسهم في قيامه بعمله على أكمل وجه.

- تقع على مدير المدرسة مسؤوليات عديدة قبل بداية الدراسة، وخلال العام الدراسي، وفي نهايته.

- الإدارة في أساسها عملية إنسانية اجتماعية تتناسق فيها جهود العاملين في المنظمة كأفراد وجماعات لتحقيق الأهداف التي أنشئت المنظمة من أجل تحقيقها.

- تقسم مهام المدير في الغالب إلى مهام رسمية وغير رسمية.

- يشمل الإشراف التربوي إشراف المدير على عمل المعلمين والطلاب معاً.

- يقوم مدير المدرسة والمشرف التربوي بدورين متكاملين من أجل تحقيق أهداف المدرسة.

- يعتبر الجانب الفني لعمل مدير المدرسة أكثر أهمية من الجانب الإداري لما يتطلبه من مهارات وكفايات خاصة.

# الملاحق

# ملحق رقم (1) نموذج خطة إشرافية

| المجال | الأهداف | الوسائل والأنشطة |
|---|---|---|
| نمو المعلمين مهنياً | 1. أن يصبح المعلمون قـادرين عـلى تخطيط الدروس وإعدادها.<br>2. أن يصـبح معلمـو المرحلـة الابتدائيـة قـادرين عـلى توظيف الوسائل التعليمية.<br>3. إثراء كتاب الرياضيات في الصف الرابع الابتدائي بتمارين إضافية تعزز ما ورد منها في الكتاب. | ورشة تربوية تتضمن إعطاء المعلمـين معلومـات تتصـل بـالتخطيط التربـوي والإعـداد للـدروس وكيفية القيام بهذين الجانبين وتدريب المعلمـين على صياغة الأهداف السلوكية اللازمة.<br>1. الاجتماع بمعلمـي المرحلـة الابتدائيـة بغرض بيان استخدام الوسائل التعليمية.<br>2. درس توضيحي لبيان كيفية استخدام الوسيلة التعليمية في المرحلة الابتدائية. |
| إثراء المناهج وتحسين تنفيذها | | 1. الاجتماع بمعلمي الرياضيات بغرض الاتفاق على كيفية دراسة كتاب الرياضيات المـذكور دراسة تحليلية لتعرف مدى ملاءمة التمارين الحسابية الواردة فيه.<br>2. قيـام المعلمـين بتقـويم مـا ورد في الكتـاب المدرسي من تمارين.<br>3. اقتراح قائمة من التمارين البديلة أو الإضافية لتحقيق الإثراء المناسب لها.<br>4. تجريب ما اقترح في المواقف الصفية. |

# ملحق رقم (2)

## نموذج تقييم المشرف للزيارة الصفية

| السلوك | ممتاز | جيد جداً | جيد | مقبول | ضعيف |
|---|---|---|---|---|---|
| أولا: سلوك الطالب القبلي(قبل تعلم الموضوع الجديد). | | | | | |
| - الخبرات السابقة المتراكمة في المادة. | | | | | |
| - الاستخدام الوظيفي للخبرات السابقة. | | | | | |
| - متطلبات التعلم الجديد من: | | | | | |
| المعلومات والمعارف | | | | | |
| المفاهيم | | | | | |
| المهارات | | | | | |
| القيم والاتجاهات | | | | | |
| - الاستعداد لتعلم الموضوع الجديد: | | | | | |
| النفسي | | | | | |
| الفعلي | | | | | |
| الجسمي | | | | | |
| ثانيا: سلوك الطلاب في أثناء الدرس: | | | | | |
| - الانتباه إلى المواقف التعليمية والعلمية. | | | | | |
| - الإسهام الفعلي في الأنشطة والمواقف التعليمية والعلمية. | | | | | |
| - المبادرة الذاتية إلى طرح مشكلات | | | | | |
| - القدرة على تقديم أفكار إبداعية. | | | | | |
| - - القدرة على تقديم أفكار إبداعية.sh, | | | | | |

| | | | | | |
|---|---|---|---|---|---|
| ومسائل<br>-القدرة على تقديم أفكار إبداعية<br>-الاهتمام بما يجري من حوارات ومناقشات صفية.<br>- التزام أدب الحوار والعلاقات الإنسانية.<br>- ممارسة أساليب التقويم الذاتي المتنوعة.<br>- التوجيه العلمي في التفكير وممارسة النقد الموضوعي.<br>- سلامة التعبير وسلامة الأسلوب والاستخدام الوظيفي للغة.<br>- القدرة على الاستيعاب والفهم وحل المشكلات.<br>- الانفتاح على الحياة والقضايا المعاصرة.<br>- طموح الطلاب وتطلعاتهم المستقبلية | | | | | |
| ثالثاً: سلوك الطلاب البعدي (في نهاية التعليم).<br>* تحقيق التعليم في المجالات الآتية:<br>أ - في المجال المعرفي:<br>* القدرة على الحفظ والتركيز.<br>* القدرة على الفهم من خلال التعبير | | | | | |

| | | | | | |
|---|---|---|---|---|---|
| الذاتي والشرح والتفسير.<br>* القدرة على التطبيق والاستخدام الوظيفي للمعلومات.<br>* القدرة على التحليل والربط و إدراك العلاقات.<br>* القدرة التركيب والتنبؤ والاقتراح.<br>* القدرة على إصدار الأحكام والنقد والتقويم.<br>* القدرة على استخدام المراجع والمصادر للوصول إلى المعرفة.<br><br>* الانفتاح على موضوعات جديدة مستقبلية.<br>ب - المجال والوجداني:<br>* الاهتمام بما يقدمه الطالب.<br>* الإصغاء والانتباه.<br>* رد الفعل والاستجابة.<br>* تمثل القيم وتقبلها.<br>* انصهار القيم في مجمل الشخصية.<br>ج- المجال المهاري:<br>* قدرة الطلاب على ملاحظة الفعال ومحاكاتها.<br>*قدرة الطالب على أداء الأفعال في ضوء | | | | | |

| | | | | | |
|---|---|---|---|---|---|
| تعليمي محددة.<br>* قدرة الطالب على التمييز بين أنواع من الأفعال والسلوك انتقاء * أو اختيار السلوك المناسب.<br>* ممارسة الطالب لسلوك المختار بدقة وانسجام وتوازن.<br>* الممارسة العفوية غير المتكلفة بالأفعال والسلوك.<br>* الكفاية الداخلية في الانسجام النفسي- والتوافق مع الذات. | | | | | |

# ملحق رقم (3)

# نموذج إعداد لزيارة صفية

## أولاً: المهارات المعززة (المتطورة) وغير المعززة (غير المتطورة):

المدرسة:......................عدد سنوات الخبرة:.......... اسم المعلم:.............

| الرقم | المهارات المعززة (المتطورة) | الرقم | المهارات غير المعززة (غير المتطورة) |
|---|---|---|---|
| 1 | | 1 | |
| 2 | | 2 | |
| 3 | | 3 | |
| 4 | | 4 | |
| 5 | | 5 | |

## ثانياً: دفتر تحضير زيارة (بعد الزيارة الأولى):

اسم المعلم:...............المدرسة:......................المرحلة:.....................

تاريخ الزيارة الأولى:.................................

| الأهداف | الأساليب الأنشطة | التقويم |
|---|---|---|
| | | مدى التحسن<br>جيد متوسط ضعيف |
| | | - هل يحتاج إلي زيارة أخرى<br>نعم ( )<br>لا ( )<br>- وإذا كانت الإجابة بنعم أذكر الأسباب:<br>1 –<br>2 –<br>3 –<br>4 – |

# ملحق رقم (4)

## نموذج تقويم درس مصغر عن وضوح الأهداف التعليمية

اسم المعلم:........................ اسم المشرف:..............................

المؤهل العلمي:...................... المؤهل المسلكي:............................

الرقم الوظيفي:.........................

من خلال مشاهدتك الموقف التعليمي المصغر، يرجى الإجابة عن الأسئلة التالية، علماً بأنّ عـددها هـو (5):

1- يستطيع الطالب شرح ما هو مفروض أن يتعلمه في الموقف:

| نعم | نوعاً ما | لا |
|---|---|---|
| | | |

2 - يستطيع الطالب تحديد الأسباب التي تجعل الدرس هاماً بالنسبة له:

| نعم | نوعاً ما | لا |
|---|---|---|
| | | |

3 - يستطيع الطالب توضيح العلاقة بين كل خطوة من خطوات الدرس والأهداف المنشودة:

| نعم | نوعاً ما | لا |
|---|---|---|
| | | |

4 - يستطيع الطالب إظهار إنجازاته المنشودة والمكتسبة من الدرس:

| نعم | نوعاً ما | لا |
|---|---|---|
| | | |

5 - كان الطالب نشيطاً في الموقف كما ظهر في إجاباته عن الأسئلة وطرح الأسئلة:

| نعم | نوعاً ما | لا |
|---|---|---|
| | | |

ملاحظات أخري:

.........................................................................

.........................................................................

.........................................................................

# ملحق رقم (5)

## نموذج تقويم درس مصغر عن طرح الأسئلة

اسم المعلم:............................ اسم المشرف:............................

المؤهل العلمي:............................ المؤهل المسلكي:............................

الرقم الوظيفي:............................

من خلال مشاهدتك الموقف التعليمي المصغر، يرجى الإجابة عن الأسئلة التالية، علماً بأنّ الأسئلة تنقسم إلى جزأين الأول يحتوي على خمسة أسئلة مغلقة النهاية، والثاني يحتوي على خمسة أسئلة مفتوحة النهاية.

الجزء الأول: اختر الإجابة التي تراها صحيحة

1-أعطى الطالب إجابات تدل على التفكير وليس مجرد التذكر:

| نعم | نوعاً ما | لا |
|---|---|---|
| | | |

2- كان الطالب يشرح ويوضح ويطور إجاباته وإجابات الآخرين استجابة لأسئلة المعلم:

| نعم | نوعاً ما | لا |
|---|---|---|
| | | |

3- استطاع الطالب الإجابة لأن المعلم أعاد صياغة السؤال أو انتقل إلى سؤال أخر :

| نعم | نوعاً ما | لا |
|---|---|---|
| | | |

4- يستطيع الطالب ضرب أمثلة أو إعطاء إيضاحات حول الدرس:

| نعم | نوعاً ما | لا |
|---|---|---|
| | | |

5- تكلم الطالب:

| نعم | نوعاً ما | لا |
|---|---|---|
|  |  |  |

الجزء الثاني: أجب عن الأسئلة التالية بإيجاز:

1- هل كان المعلم يعيد صياغة الأسئلة بشكل واضح ؟
..................................................

2- كيف كان المعلم يوظف أفكار الطلاب؟
..................................................

3- أي الطلبة كانت مشاركتهم واضحة؟
..................................................

4- هل سار الدرس بخطوات منطقية؟
..................................................

5- كيف يمكن تحسين الأداء في الدرس القادم؟
..................................................

# ملحق رقم (6)
## أنموذج (ديمبو) للعملية التعلمية التعليمية

1. المحتوى الدراسي: ما الذي يعرفه المتعلم عن موضوع الدرس.

2. سلوك المتعلم: ما الذي ينبغي أن يفعله المتعلم لكي يتعلم.

4. مبادئ التعلُّم: السلوكية، والمعرفية، والإنسانية.

5. التعديلات الضرورية للتوافق مع استعدادات المتعلم.

6. سلوك المعلم: قدراته وكفاياته التدريسية.

3. الأهداف التدريسية: ما الذي ينبغي تعلمه؟

7. الأساليب والقرارات: ما الذي سيسهله المعلم للمتعلم لحدوث التَّعلُّم.

8. تحليل عمليتي التعليم والتَّعلُّم.

9. تقويم سلوك المتعلم

# ملحق رقم (7)
# نموذج تقييم درس تطبيقي

الدورة:....................          التاريـــــخ:............................

المادة:.......................          الصـــــف:.............................

الموضوع:..................          مدة الدرس:.............................

**أولاً: الإعداد للدرس التطبيقي:**

1. الهدف أو الأهداف التدريبية المنشودة:

2. هل كانت الخطة مناسبة للدرس؟

نعم ( )          لا ( )

3. من الذي أعد الخطة؟

الاسم:                              وظيفته:

4. هل نوقشت الخطة مع من أعدها؟

نعم ( )          لا( )

5. هل أعدت نسخ كافية من خطة الدرس لتوزيعها على المتدربين؟

نعم ( )          لا( )

**ثانياً: تنفيذ الدرس التطبيقي:**

1. هل كان الموقف التعليمي تمثيلياً أم طبيعياً؟

2. هل تم توظيف الوسائل التعليمية توظيفا فعالاً؟

نعم ( )          لا ( )

3. هل كانت أساليب التقويم مرتبطة بأهداف الدرس؟

نعم ( )          لا ( )

4. هل كانت النشاطات الاستهلالية والتنموية والختامية مناسبة؟

نعم ( )          لا ( )

5. هل تمكن المشرف على الدرس من توضيح الهدف التدريبي؟

نعم ( )    لا ( )

6. هل نفذ الدرس حسب الخطة الموضوعة له؟

نعم ( )    لا ( )

7. هل نفذ الدرس في الوقت المحدد له؟

نعم ( )    لا ( )

8. هل كان تصوير الدرس واضحاً؟

نعم ( )    لا ( )

**ثالثاً: مناقشة الدرس التطبيقي مع المتدربين:**

1. هل أعطى المنفذ فرصة لتقويم عمله ومناقشته مع المتدربين؟

نعم ( )    لا ( )

2. هل كان جو المناقشة تعاونيا وهادئا؟

نعم ( )    لا ( )

3. هل شارك في المناقشة أناس غير المتدربين؟

نعم ( )    لا ( )

إذا كانت الإجابة ب (نعم) فاذكر أسماء المشاركين ووظائفهم.

..............................................................................................................................

..............................................................................................................................

..............................................................................................................................

4. هل طرحت أسئلة بقصد الإحراج؟

نعم ( )    لا ( )

5. هل أعطيت المناقشة وقتاً كافياً؟

نعم ( )       لا ( )

6. ما مدى استفادة المتدربين من هذا الدرس؟

جيد ( )       مقبول ( )       ضعيف ( )

7. هل تقرر إعادة تنفيذ هذا الدرس التطبيقي؟

نعم ( )       لا ( )

أذكر الأسباب:

.............................................................................................

.............................................................................................

.............................................................................................

8. هل تقرر نتيجة المناقشة تنفيذ أي نشاط بعدي يستلزم المتابعة؟

نعم ( )       لا ( )

<u>رابعاً: ملاحظات أخرى:</u>

.............................................................................................

.............................................................................................

.............................................................................................

.............................................................................................

....

# ملحق رقم (8)

# نموذج لقاء قبل الملاحظة

| | |
|---|---|
| اسم المدرسة: | مستواها: |
| اسم المعلم المزار: | مؤهله: |
| الدورات التي حضرها: | المبحث: |
| موضوع الدرس: | الحصة: |
| اسم الزائر الملاحظ: | صفته: |
| اليوم: | التاريخ: |

**أولاً: البيئة الصفية:**

ما الأشياء التي كنت أنت وطلابك تقومون بها في الدروس القليلة السابقة؟

**ثانياً: خصائص التلاميذ:**

أ. هل هناك متطلبات أساسية من المهارات والمعرفة يحتاج إليها الطلبة لكي يحققوا الأهداف؟

ب ـ هل هناك أية خصائص ينفرد بها طلاب الصف؟

**ثالثاً: الأهداف:**

أ. ما الأهداف التي تتوخاها لهذا الدرس؟

ب. ما الأشياء التي سيقدر المتعلم على عملها نتيجة لتدريسك؟

**رابعاً: التقييم:**

أ. كيف ستعرف أن الطلاب حققوا أهداف الدرس أم لا؟

**خامساً: الاستراتيجيات والمواد التعليمية:**

أ. ما دورك في هذا الدرس؟

ب. ما الذي تتوقع أن يقوم به الطلبة فيما يتعلق بانشغالهم معك أو مع بعضهم بعضاً؟

ج. ما المواد التي ستستعملها في الصف؟

**سادساً: الدور الإشرافي:**

ما الذي يجب أن أركز عليه أثناء زيارة صفك؟

# ملحق رقم (9)

## نموذج أداة ملاحظة لتحليل التفاعل اللفظي الصفي باستخدام نظام الملاحظة المباشرة للصفوف الستة الأولى من التعليم الأساسي

| | |
|---|---|
| اسم المعلم: | |
| اسم المدرسة: | |
| تخصص المعلم: | |
| الصـف: | |
| التاريـخ: | |

| أنواع السلوك اللفظي | فئات السلوك اللفظي الصفي | عدد تكرارات كل فئة سلوكية | المجموع |
|---|---|---|---|
| أ.كلام المعلم المباشر (مبادرة المعلم):ويظهر ذلك عند الشرح والإلقاء وإعطاء توجيهات وانتقاد تصرفات أو توجه أسئلة للمتعلمين. ويلاحظ أن توجيهات المعلم التي لا يعطيها استجابة مباشرة تسجل ضمن الفئة (1) وكذلك الأسئلة التي يسألها المعلم ويجيب عنها هو تسجل ضمن الفئة (1) أما الأسئلة التي تحمل التهكم تسجل ضمن الفئة(3) مثل، لماذا تتكلم بدون إذن ؟ | 1-يشرح ويعطى معلومات وأفكار. | | |
| | 2-يعطى توجيهات وأوامر وإرشادات. | | |
| | 3-ينتقد تصرفات غير مرغوبة. | | |
| | 4-يوجه أسئلة. | | |
| ب.كلام المعلم غير المباشر (استجابة | 5-الثناء والتعزيز (المكافأة والتعليق، | | |

| | | | | |
|---|---|---|---|---|
| المعلم): ويظهر ذلك عند الثناء والتعزيز وقبول مشاعر المتعلمين وقبول أفكارهم والإجابة عن أسئلتهم. | والتغذية الراجعة). | | | |
| يلاحظ أن الدعابات الخالية من التهكم وتصحيح الدفاتر تدخل ضمن الفئة (5) وإذا قال المعلم للمتعلم المريض مثلاً:شفاك الله... واذهب واطلب إذن من الإدارة تسجل في فئتين الأولى في فئة (6) والثانية في فئة (2) | 6-قبول مشاعر المتعلمين وعواطفهم | | | |
| | 7-قبول أفكار المتعلمين وتعليقاتهم | | | |
| | 8-الإجابة عن أسئلة المتعلمين | | | |
| ج.كلام المتعلمين وتفاعلاتهم (استجابة ومبادرة):ويظهر ذلك عند إجابة المتعلمين عن أسئلة أو عند سؤالهم للمعلم أو استجابتهم بالقراءة أو التسميع أو حديث بعضهم مع بعض أو الإجابة التلقائية من المتعلم دون الطلب منه ذلك.وما يلفظه المعلم من كلام يسجل في الفئة رقم (1) وما يردده المتعلمون بعده يسجل في الفئة رقم (10). | 9-إجابة المتعلم عن سؤال شفاهة أو كتابة. | | | |
| | 10- استجابة المتعلم بالقراءة أو الترديد الجماعي خلف المعلم. | | | |
| | 11- سؤال المتعلم أو إعطاء معلومات مبادره منه. | | | |
| | 12-إجابات المتعلمين لأقرانهم. | | | |
| د.انقطاع التواصل (الهدوء والفوضى):وذلك عندما يكون الهدوء بناءً هادفاً للقيام بنشاط | 13-الهدوء البناء الهادف. | | | |
| | 14-هدوء المتعلمين من أجل التفكير | | | |
| | 15-فوضى المتعلمين. | | | |

| | | | |
|---|---|---|---|
| صفي كحل التمارين في الدفتر أو على السبورة أو الهدوء قبل الإجابة، وكذلك فوضى المتعلمين الناتجة عن اختلاف المتعلمين بعضهم مع بعض أو مع المعلم وكذلك الارتباك والشغب الذي يسود لعدم انضباط الفصل والسيطرة عليه ويبدأ التسجيل في هذه الأداة من الفئة رقم (13). وينتهي بها أيضا. وعندما يقول المتعلمون أنا يا أستاذ بصوت مرتفع تسجل في الفئة رقم (15). | 16-شغب وارتباك . | | |
| تعليقات وإضافات أخرى: تتعلق بأي سلوك لفظي لم يذكر آنفاً يرغب الملاحظ في تدوينه. | | | |

# قائمة المراجع

## • أولاً: المراجع العربية:


1. إبراهيم عصمت، الإدارة التعليمية في الوطن العربي، القاهرة، عالم الكتب، ط1، 2001.
2. إبراهيم علي، الحاجات التدريبية أثناء الخدمة لمعلمي الرياضيات في المرحلة الأساسية العليا في مديرية تربية عمان الأولى، رسالة جامعية، إشراف هاني عبد الرحمن، عمان، الجامعة الأردنية. 1993.
3. إبراهيم ياسين الخطيب، أمل إبراهيم الخطيب، الإشراف التربوي، فلسفته، أساليبه، تطبيقاته، ط1،، دار قنديل للنشر والتوزيع. عمّان. 2003.
4. أحمد أبو هلال: تحليل عملية التدريس، النظم المختلفة في تحليل التفاعل الصفي، عمان: مكتبة النهضة الإسلامية، 1979م.
5. أحمد إبراهيم أحمد، الإدارة التعليمية بين النظرية والتطبيق، الإسكندرية، مكتبة المعارف الحديثة 2002.
6. أحمد حسين اللقاني، فارعه سليمان: التدريس الفعال، القاهرة: عالم الكتب، 1985م.
7. أحمد محمد الطبيب،الإدارة التعليمية أصولها وتطبيقاتها المعاصرة، ط1، ليبيا، المكتب الجامعي الحديث 1999.
8. أحمد محمد عبد اللطيف: "أسس التفاعل اللفظي" مقال منشور على شبكة الإنترنت .http://www.anaschool.com/reserches/bahth.htm
9. إسماعيل صالح الفرا، تقويم الأداء التدريسي اللفظي الصفي لمعلمي مرحلة التعليم الأساسية الدنيا من متخرجي الجامعات الفلسطينية، جامعة القدس المفتوحة - منطقة خان يونس التعليمية، ورقة علمية 2004.

10. السيد سلامة الخميسي، **قراءات في الإدارة المدرسية**، الإسكندرية، دار الوفاء لدنيا الطباعـة والنشرـ 2002.

11. أوجيني مدانات، برزة كمال، **الإشراف التربوي لتعليم أفضل**، ط1،، دار مجدلاوي.عمّان، 2002.

12. أونروا / يونسكو، **دور مدير المدرسة كمشرف تربوي مقيم**، عمّـان، مركز التطـوير التربـوي، وكالة الغوث، 1976.

13. إيزابيل فيفر و جين دنلاب، **الإشراف التربوي على المعلمين: دليل لتحسين التدريس**، ترجمة محمد عيد ديراني،ط3، عمان، مكتبة وائل 2001.

14. تشارلز بوردمان، وآخرون. ترجمة وهيب سمعان. **الإشراف الفني في التعليم**، القاهرة: مكتبة النهضة العربية، 1963م.

15. جـودت عـزت عطـوي ، **الإدارة التعليميـة والإشراف التربـوي** ، الطبعـة الأولى، دار الثقافـة للنشرـ والتوزيع. عمان. 2001.

16. حسن الطعاني، **التدريب: مفهومه وفعالياته**، عمان، دار الشروق للنشر والتوزيع2002.

17. راتب السعود، **الإشراف التربوي اتجاهات حديثة**، ط1، مركـز طـارق للخدمات الجامعيـة. عمّـان، 2002.

18. رداح الخطيب، وآخرون، **الإشراف التربوي**، الأردن: دار الأمل، 1998م.

19. سامي محمد ملحم: **سيكولوجية التعلم والتعليم الأسس النظرية والتطبيقية**، عمان: دار المسيرة، 2001م.

20. سعيد جاسم الأسدي، مروان عبـد المجيد إبـراهيم، **الإشراف التربـوي**، ط1، الـدار العلميـة الدوليـة ومكتبة دار الثقافة للنشر والتوزيع، عمّان، 2003.

21. سلامة عبد العظيم حسين، عوض الله سليمان عوض الله، **اتجاهات حديثة في الإشراف التربوي**، ط1، دار الفكر للنشر والتوزيع، عمّان، 2006.

22. سيد حسن حسين، **دراسات في الإشراف الفني**، القاهرة: مكتبة الإنجلو المصرية، 1969م.

23. عبد الرحمن المشيقح، **رؤى في تأهيل معلم القرن الجديد**، الرياض ط1 2002.

24. عزت جرادات وآخرون: **التدريس الفعال**، ط4، عمان: دار الفكر. (د - ت)

25. كمال دواني، **الإشراف التربوي، مفاهيم وآفاق**، ط1، مكتبة وائل. عمّان، 2003.

26. محمد الحاج خليل وآخرون: **إدارة الصف وتنظيمه**، برنامج التربية (5301)، فلسطين جامعة القدس المفتوحة، 1997م.

27. محمد جاسم محمد، **سيكولوجية الإدارة التعليمية والمدرسة وأفاق التطور العام**، مكتبة دار الثقافة 2004، عمان.

28. محمد حامد الأفندي، **المشرف التربوي، ندوة التوجيه التربوي الأولى**، المنطقة الغربية: المديرية العامة للتعليم، 1396هـ.

29. محمد زياد حمدان: **أدوات ملاحظة التدريس، مفاهيمها وأساليب قياسها للتربية**، عمان: دار التربية الحديثة، 2001م.

30. محمد عيد ديراني، **أسباب نفور المعلمين من المشرفين التربويين كما يراها المعلمون والمديرون والمشرفون في الأردن**، بحث منشور في المجلة العلمية، كلية التربية، جامعة المنصورة، 2003.

31. محمد عيد ديراني، **درجة التزام المشرف التربوي في الأردن بأصول الزيارة الصفية كما يراها المعلمون والمشرفون**، بحث منشور في المجلة العلمية، كلية التربية، جامعة المنصورة، 1995.

32. محمود المساد، **تجديدات في الإشراف التربوي**، عمّان، المركز الوطني لتنمية الموارد البشرية، 2001.

33. محمود شوق، **تربية المعلم للقرن الحادي والعشرين**، الرياض، مكتبة العبيكان ط1 1995.

34. مشعل القاضي، **دور التدريب المهني في إعداد القوى العاملة**، القاهرة، مكتبة مدبولي، 1998.

35. مصطفى القمش، **إعداد برنامج تدريبي أثناء الخدمة لرفع كفاءة معلمي الأطفال المعوقين عقلياً في مجال أساليب التدريس وتقييم فاعليته**، رسالة جامعية، إشراف خولة أحمد يحيى، عمان، الجامعة الأردنية، 2004.

36. منصور حسين ومحمد مصطفى زيدان، **سيكولوجية الإدارة المدرسية والإشراف الفني**، القاهرة: مكتبة غريب 1979م.

37. نزار الأحمد، **أثر برنامج تدريب المعلمين أثناء الخدمة على الممارسات التدريسية الصفية لمعلمي الرياضيات للصف العاشر الأساسي في الأردن**، رسالة جامعية، إشراف هاني عبد الرحمن، عمان، الجامعة الأردنية، 1993.

38. هاني عبد الرحمن الطويل، **الإدارة التربوية والسلوك المنظمي**، عمّان، دار وائل للطباعة والنشر 1999.

39. هشام مريزيق، **دراسات في الإدارة التربوية**، ط1، دار غيداء للنشر والتوزيع. عمّان، 2007.

40. وفيق مرعي، شريف مصطفى: **التربية العملية**، برنامج التربية (5419)، فلسطين: جامعة القدس المفتوحة، 1996م.

41. وليد أحمد أسعد، **الإدارة التربوية**، عمان، مكتبة المجتمع العربي للنشر والتوزيع، ط1، 2005.

42. يحيى محمد نبهان، **الإشراف التربوي بين المشرف، المدير، المعلم**، ط1،، دار صفاء للنشر والتوزيع، عمّان، 2007.

43. يوسف قطامي ، نايفة قطامي: **سيكولوجية التدريس**، عمان: دار الشروق، 2001م.

44. يوسف قطامي وآخرون: **تصميم التدريس**، برنامج التربية (5302) فلسطين: جامعة القدس المفتوحة، 1995م.

● ثانياً: المراجع الأجنبية:

1.Allport,G.W.Personality: A Psychological Interpertation.N.Y.: Halt, Rinehart and Winston,1937.

2.Brent Davies and Linda Ellison , School Leadership for the 21st Century, London 1997.

3.Kaplan,A.,"Power Perspective ", in power and Conflict in Organizations,R. Kahn and E. Boulding, (eds).N.Y.: Basic Books,1964.

4.Parsons,Talcott,The Social System.N.Y.: the Free Press, 1951.

5. Robbins,S.P.,Organizational Behavior: Concepts , Controversies and Applications. Englewood Cliffs,N.J.: Prentice-Hall,Inc, 1983.

6. Ruch,F.L.,Psychology and Life, 6th ed. Chicago: Scott,Foresman, 1963.

7. Russel , Bertrand, "Philosophy: Its Nature and Values ", in Young Pai and Joseph T. Myers (eds) , Philosophic Problems and Education. Philadelphia: J.B.Lippincott Company, 1975

## ● ثالثاً: مراجع شبكة المعلومات العالمية (الإنترنت):


http://www.alaql1.jeeran.com/eshraf1.htm

http://www.taqhail.com/page3.htm

http://www.imam1.com/vb/showthread.php?t=3363

http://www.geocities.com/f_bal3awi/1.htm

http://www.riyadhedu.gov.sa/alan/fntok/6.htm

http://www.angelfire.com/ma4/halim/ph.htm

http://www.moudir.com/vb/archive/index.php?t-376.html

http://almdares.net/vz/showthread.php?t=19770

http://www.qou.edu/homePage/arabic/qulityDepartment/qulityConfernce/pepars/session4/esmael.htm

http://www.mct-edu.net/upload/a37821322.doc

http://www.alkharjedu.gov.sa/ashraf4/asaleeeeeep%20mdawalat.htm

http://nb2.jeeran.com/products.htm


وآخر دعوانا أن الحمد لله رب العالمين

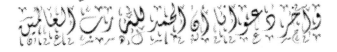